本书受国家自然科学基金（51208138）资助

珠三角地区城市边缘村落的更新与可持续发展

马 航◎著

中国社会科学出版社

图书在版编目（CIP）数据

珠三角地区城市边缘村落的更新与可持续发展／马航著 . —北京：
中国社会科学出版社，2016.11

ISBN 978 - 7 - 5161 - 8776 - 0

Ⅰ.①珠…　Ⅱ.①马…　Ⅲ.①珠江三角洲—城市化—可持续性
发展—研究—中国　Ⅳ.①F299.21

中国版本图书馆 CIP 数据核字（2016）第 196896 号

出 版 人	赵剑英
责任编辑	孔继萍
责任校对	董晓月
责任印制	何 艳

出 　 版	中国社会科学出版社
社 　 址	北京鼓楼西大街甲 158 号
邮 　 编	100720
网 　 址	http://www.csspw.cn
发 行 部	010 - 84083685
门 市 部	010 - 84029450
经 　 销	新华书店及其他书店

印刷装订	北京兴怀印刷厂
版 　 次	2016 年 11 月第 1 版
印 　 次	2016 年 11 月第 1 次印刷

开 　 本	710×1000　1/16
印 　 张	17
插 　 页	2
字 　 数	270 千字
定 　 价	65.00 元

目　　录

第 一 章

绪 论

　　珠三角地区是指位于中国广东省珠江三角洲区域的9个地级市组成的经济圈，这9个地级市是指广州市、深圳市、珠海市、佛山市、惠州市、肇庆市、江门市、中山市和东莞市。珠三角地区各城市边缘都有大量即将或已被城市建成区包围的工业村庄，由于它们一般没有完全被城市建成区包围，除居住用地外，多工业用地，部分村庄还有较多农业用地，第三产业比较落后，在区位、土地利用、社会经济和产业结构、空间形态、人口组成与发展前景上，与位于城市内部的典型"城中村"有较大区别。结合其社区特征、产业特征和地域特征，本书采用"城市边缘社区"来指代这些位于珠三角城市边缘区的原工业村庄，并把居住其中的原本地农业户籍人口依旧称为"村民"，这些"村民"和"城市工业边缘村"一起构成独特的城市边缘社区，是珠三角城市化进程中的特殊现象。

第一节　研究定位

　　城市边缘社区问题由珠三角地区城市化过程中的多种因素综合促成，本书将体现以下背景。

一　珠三角城市边缘村落是一种特定城市化现象——背景1

　　珠三角地区的城乡结合部充满了大量的工业边缘村，它是珠三角地区乡村工业化背景下逐渐形成的一种特殊类型的城中村，是珠三角地区城市边缘区特殊城市化的产物，其形成机制、空间特征与发展模式不同于中国其他地区的城市边缘村。当这些工业村庄的集体土地被征用为国有土地后，"城市边缘村落"的转型和发展问题逐渐显现。本书为珠三角地区的城市边缘区正在和即将出现的边缘社区提出明确的发展目标和合理的发展模式。

与背景 1 相关的主要研究是国内外的城市边缘区研究。

二　对一种特殊类型城中村的研究——背景 2

从空间形态演化的角度来看，城市边缘社区属于城中村演化的一种早期形态，其土地利用、空间特征与典型"城中村"存在较大差异，近年来，中国的城市化已步入快速发展阶段，城市化现象变迁速度超过了相关研究的跟进速度，这种相关研究滞后于城市化的问题在城市边缘区尤其突出。

在典型"城中村"改造的过程中，由于现状住宅面积大，政府需要补偿安置的数额巨大。深圳城市边缘村数量众多，龙岗区与宝安区的城市边缘村数量分别达到 91 个和 138 个，远远超过位于深圳城市内部的城中村的数量和规模。随着城市化的推进，如果以现有的改造模式进行，将给政府带来巨大的改造成本与风险，将进一步加重城中村改造与城市空间整合的困境。如何增强城市边缘社区内生的发展动力，通过社区发展来缓解或消除向城中村演化的压力，是城市边缘社区的社区发展研究的重要内容。

与背景 2 相关的主要研究是国内城中村和国外的相似住区研究。

三　对一种城市空间的研究——背景 3

城市空间，从广义上包括城市的社会空间和建成环境，其中社会空间主要是地理学和社会学的研究范畴，建成环境主要是建筑学的研究范畴，一般认为社会空间决定建成环境的物质特性。狭义的城市空间仅指城市建成环境中的建筑外部空间。珠三角城市边缘社区问题的根源在于经济和社会层面，发展与改造应以多层面的综合性研究为基础，而不仅仅关注狭义的物质空间层面。本书认为空间内涵既包括社会空间、经济空间等抽象性空间，也包括物质空间等外显性空间，共同构成系统化的城市边缘社区的空间研究体系。

与背景 3 相关的主要研究是国内外城市边缘社区的研究。

第二节 研究对象与概念界定

一 研究对象

本书的研究对象是位于珠三角地区的城市边缘村，以深圳、广州村落为主，它们具有珠三角地区城市边缘村的典型特征。

（一）城市边缘村与典型"城中村"的比较

"城中村"的空间形态特征在整体上有很大的相似性，诸如建筑密度、布局方式、户型选择、居住人群等；同时又因为区位分布的不同，展现出不同的特点，如特区内外的建设强度区别、居住人群的不同等。结合不同时期的发展背景和区位分布的特点，"城中村"与城市工业的分布有着极其密切的联系。

从"城中村"与工业的关系出发，周毅刚将"城中村"分为城边工业旧村与典型的"城中村"两个类别，从土地利用、经济结构等多方面探讨了它们的特点（见表1—1）。为了更全面地探讨城中村住房与工业的关系，本书将城中村居住形态分为三种类型：居住服务型、工业依赖型、工业辅助型。

表1—1   城边工业旧村与典型城中村的比较

比较内容	城边工业旧村	典型城中村	备 注
空间位置	城市边缘区，一般没有被城市建成区包围	城市中心或附近，被城市建成区包围	"商村"为典型城中村的代表形态
土地使用	除居住用地之外，多工业用地，部分村庄还有较多农业用地	除居住用地之外，多为商住混合用地	用地性质不同决定了两者空间整合的内容和方式有很大的区别

续表

比较内容	城边工业旧村	典型城中村	备　注
社区经济和产业结构	第二产业独大，出租经济欠发达，第三产业也较落后，部分城边工业旧村的村民收入低，甚至有村民外出打工	出租经济和第三产业发达，其村民依赖出租经济足以为生，整村村民成为食利阶层的现象屡见不鲜	城边工业旧村近期内难以简单地通过土地开发获得足够的地租收益，村民生计也因此成为社区发展必须考虑的问题，而典型城中村在理论上只要给予适当的容积率即可改造，村民生计问题并不迫切
空间形态	空间体验往往是不连续的，且"牵手楼"相对少见	珠三角地区典型城中村往往有以"牵手楼"为普遍特征的高度紧张而连续的空间形态	通常的城中村改造中有关物质环境改造的策略对"城边缘工业旧村"的适用性有限
人口组成	村民、在工厂务工的农民工为主体，职业构成单一	村民、不同来源的流动人口为主体，各种职业混杂	都属低收入人口的居住区，但城边工业旧村的人口更加贫困
发展前景	多数将长期承担工业区的职能，参与城市更新，转变为环境良好的工业园区	在城市更新中参与住宅市场，重建为环境良好的居住区	除了少数可能纳入市中心的城边工业旧村外，发展前景不同导致两者的社区发展方式必然有所区别

资料来源：周毅刚：《珠三角"城市工业旧村"的社区发展与城市空间整合研究》，博士后研究工作报告，哈尔滨工业大学，2007 年。

在居住服务型城中村居住空间或者周围几乎没有工业厂房的存在，整个城中村的产业结构特点是出租经济和第三产业发达，村民依靠出租经济满足个人生活需要。人口构成上有不同来源的流动人口，各种职业混杂，有在大型公司上班的白领，有在附近商业中心打工的外来人员，同时还有相当数量在村内从事餐饮等服务业的流动人口以及数量相对较少的城中村居民。

工业依赖型的城中村在产业结构上的特点是第二产业主导，出租经济欠发达，服务业等第三产业比较落后。在空间上没有居住服务型那么密集。村民依靠出租经济能满足生活需求，收入相对较低。城中村住房的居住人口结构非常单一，村民和外来务工人员是绝对主体。

工业辅助型的城中村在产业结构上，是介于居住服务型城中村和工业依赖型城中村之间的一种城中村形态。其表现为，第二产业和第三产业都比较发达，出租经济比较繁荣，村民依靠出租经济完全可以满足自身生活需要。其人口结构相对复杂，但在附近企业务工的流动人口占有不小的比例。

下面从区位分布、空间布局和建设强度特征三个方面分别加以区分概括。

1. 区位分布差异

从区位分布上讲，深圳三种类型的城中村居住空间明显地呈圈层性分布，即城市中心（原特区内）、特区边缘、特区外三个区域（见图1—1）。

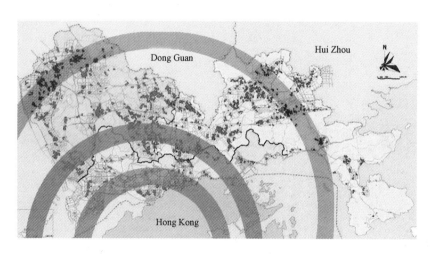

图1—1　深圳城中村分布的三个圈层（王鹏绘制）

居住服务型城中村大多聚集在城市中心，即主要在深圳市罗湖区、福田区及南山区，在龙岗区和宝安区的商业中心区域也有少量居住服务型的城中村住房。该类城中村居住空间数量虽然不多，但所处区位相对重要，发展成熟，整体分布比较零散。

工业依赖型城中村住房的分布范围较广，主要分布在深圳市宝安区和龙岗区，如西乡、福永、沙井、松岗、石岩、平湖、坪地、坑梓、坪山、龙岗等。离城市中心在空间上有一定的距离，其所处区位越边缘，对工业的依赖性越强。

而工业辅助型的城中村住房主要分布在原特区边缘和靠近原特区的外围区域，例如布吉、坂田、明治、新安、南湾等区域，在原特区内工业加工企业的区域也有少量存在。

2. 空间布局差异

从整体空间布局上讲，居住服务型的城中村居住空间的连续性最强，工业辅助型的城中村次之，而工业依赖型最弱。

在空间肌理上，都表现为规整的网格系统，但在程度上有所差别，居住建筑群体的密集程度也有所差别。居住服务型网格系统最为明显，同时也最为密集，周边无工业设施，并被城市建成区紧密包围；工业辅助型网格系统同样很明显，居住建筑群体密集程度次之，周边有部分工业设施，同样被城市建成区紧密包围；工业依赖型的网格系统较弱，居住建筑群体密集程度则较低，周边有大量的工业设施，大部分不被城市建成区包围，另外这三种类型的城中村都非常缺乏居住空间。

图1—2 居住服务型案例——罗湖区蔡屋围

　　例如：城市中心罗湖的蔡屋围，周边没有工业，其居住空间非常整体统一，居住空间密集程度非常高，并被城市建成区紧密包围，形成强烈的反差，北边是密集网格形态的城中村居住空间，南边就是深圳知名的商业中心区华润万象城（见图1—2）；在特区边缘区域布吉的向南新村，其居住空间布局显得不够连续，网格系统比较强烈，居住空间密集程度高，周边有部分工业企业存在，但同时也存在大量其他城市社区；而在宝安和龙岗边缘的城中村则表现得比较分散，网格系统较弱，居住空间密集程度较低，该区域内只有工业和居住两种建筑类型，非常单一（见图1—3）。

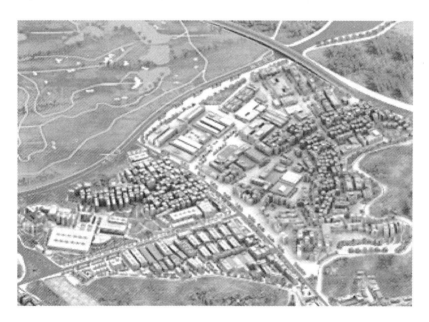

图1—3　工业依赖型案例——龙岗坳背社区

3. 建设强度差异

　　三种不同类型的城中村有着明显的差异性。居住服务型的城中村居住空间的建设强度是最高的，工业辅助型的居次，工业依赖型的则较低。

　　居住服务型的建筑层数普遍在6层以上，以福田区城中村住房为例，其平均层数为6.61层，并且以7—9层的住房为主，建筑密度超过50%。从建筑功能来讲，这类城中村居住空间多为商住混合类型，即临近街道的底层为商铺，上层为居住空间。

工业依赖型的城中村住房的建设强度是三种类型中最低的，其平均层数只有三层，并且在某些地区还存留了一些只有一层的原始村落建筑，但其建筑密度超过30%，在工业规模较大较为集中的工业区附近，城中村的住房层数和容积率都会相应地增高。靠近主要街道的底层有少量的商业，但都是没有规模的小型零散的商业，基本满足生活需求，整体配套设施非常缺乏。

工业辅助型这类住房的建设强度同样比较高，明显高于龙岗区和宝安区的边缘区域，又低于特区内的建设强度。靠近主要街道的底层作为商业，但规模和质量上都明显高于宝安区、龙岗区的边缘区域。由于周边的建成区域有大量的社会公共资源，因此其配套也相对完善。

（二）城市边缘村与传统村落的比较

珠三角地区城市边缘村是由传统村落演变而来的，具有岭南地区传统村落的特征。

1. 岭南传统村落的特征

（1）活力

一个聚落形态对于生命的机能、生态的要求和人类能力的支持程度，一个有益健康的、有良好生态功能的、有利于生物生存的环境，由三个重要的特征构成。

①延续性

村落的生存条件受到各种因素的影响，例如：物质的供应与弃置；居住的密度与资源的相对比例；聚居位置；建筑物的布局对日照和空气流通的影响；对空间、土壤和作物采取恰当的保存方式，使其能维持所需的供应。耕地、暖房、保护林、灌溉系统、水井、室内通风、排水道、垃圾场等是提供人类生存条件的空间设施中的一部分。

②安全

好的聚居地是一个没有各种危险、毒害和疾病或者是能够控制的地方。要达到这种安全目标，要注意空气和水的污染问题；食物的污染问题；对有毒物质的管理；对疾病和传染的控制；对意外事故的预防；对暴力的防范；防洪，防水，防震。

③和谐

环境和人类需求的温度、生理节奏、感受、人体功能等相互协调的程度；地域社会的传统特色，使散见于各地的村落呈现出不同的文化内涵，气候、地形、地方材料等自然条件的差异，传统村落的布局及建筑形式具有鲜明的特性。一般地，"封闭"是南北各地汉族民居的空间特征，"开放"常见于偏远山区的少数民族聚集地区。

（2）感受

聚落在时空上可以被居民感受、辨识和建构的程度以及村民的精神构造与其价值观和思想间的联系程度，即：空间环境、村民的感觉和精神能力以及文化的建构间的协调程度；最简单的感受形式是"地方特色"，狭义的，地方特色就是"一个地方的场所感"。地方特色就是使人能区别本地与他地的差异，能唤起对一个地方的记忆，有一些重要而显著的基本感受能被大多数的村民共同接受，这些相同的基本感受是来自村民共同的生理结构和认知能力，来自那些习惯使用某种空间的同类人群身上所流露出的共同文化气质。有的场所感觉强烈，有的地方感受微弱。

例如，宗庙前的广场是信奉者聚集的地方，在那里进行宗教仪式和带有神秘色彩的活动和行为。村落环境是一个交流和沟通的媒介，展现着明确的与模糊的符号：草地、标语、门廊、屋顶、栏杆等，这是一个感觉的构成，这些环境标志系统几乎是整个社会的产物，对于不熟悉当地文化的外来者常常是无法辨识的。一个好的聚落场所，就是通过一些对人及其文化都非常恰当的方法，使人能了解自己的社区、自己的过去、社会网络，以及其中所包含的时间和空间的世界。这些象征符号不仅是特定文化的产物，也表达了共同的生命体验。

（3）适宜

即一个聚落中的空间、通道和设施的形态及其村民习惯从事的活动和想要从事的活动的形式和质量的协调程度。例如，中国村落的交通运输大多通过人力和动物托运，因此街道形式是通过最便捷的路径从集市到达自家的大门口，结果形成蜿蜒崎岖的、不规则的小路，连接公共空间和私密的空间、宗庙和市场。从自发形成的小径网络到次要道路再到通往市场的主要道路，通常形成一种鱼骨形状。同时存在着建筑物通过栈桥的形式越过街道，形成有机的、非正式的、令人惊异的景观，但同时也是一种魅力场所。

2. 可及性

即一个聚落村民接触其他的人，其他的活动、资源、服务、信息，或其他地方的能力，并包括能够接触的元素的数量和多样化的程度。一个理想的聚落被想象成一个能够方便地获取大量不同的物品，并易与其他的人接触的中心地区。

市场作为中国传统村庄的最重要的公共空间，不像狭窄的道路那样，将功能性让位于交通联系，在多数情况下，规模较大的、灵活的市场仍然存留至今。它包含以下三种形式：

①一般位于或靠近村落中心的市场本身是一个广场；

②主要街道拓展成广场；

③在村落主要入口处形成集市。

大多数情况下，市场常呈不规则形状，是自发形成的，因为市场周围的建筑物已经形成，公共空间只能利用剩余的空间。

3. 岭南传统村落形成的影响要素

中国乡村聚落周围的环境分为自然环境、社会环境和文化环境三大类。各种环境因素对乡村聚落的影响，集中反映在聚落的分布位置、聚落类型、规模、房屋结构形式等方面。

（1）社会因素对传统村镇聚落形态的影响

家庭是组成村落社会最基本的单位，受到思想观念、政治制度、宗教信仰、伦理、道德观念、血缘关系、生活习俗等多种物质功利因素的影响。在封建社会中，农业生产占有特别重要的地位，农民被紧紧地束缚在土地上，繁衍后代，并世世代代地从事农业生产劳动。为了耕作方便，就近定居下来，虽然是自给自足的小农经济，但有一些剩余的农产品可以进行交换，手工业和商业便从农业生产中逐渐地分离出来，于是出现了集市贸易，原来以农业为主的村，如果兼有手工业生产，特别是商品交换的功能，那么就逐步地演变为镇。某些经济富庶、交通方便的枢纽，已不满足集市贸易，而力求使商品交易经常化、固定化，就出现了街。沿街设立商号，各种商业活动集中在这里进行，而为商业活动提供方便，又开设了茶楼、酒肆、旅店，这样就促进并扩大了人们的交往活动范围。

（2）宗法、伦理、道德等文化环境对传统村镇聚落形态的影响

由于传统的村镇都聚族而居，所以宗族、血缘关系便不可避免地成为

维系人际关系的纽带，这反映在村镇聚落的形态上，常常是以宗祠为核心而形成节点状态的公共活动中心。凡祭祖、诉讼、喜庆等宗族中大事均在这里进行。宗祠成为村民心目中的政治、文化和精神上的中心。在主村口设立牌坊是村落非常普遍的现象。目前，牌坊仍然是村民们潜意识里显示宗族光耀的丰碑。同时，牌坊也是村落地理区域的界标，成为村民们区分村里村外的心理分界点。从这种意义上说，牌坊又强化了村落的区域感，它体现了家族和团体地域的观念。血缘关系是影响村镇聚落形态的主要因素，早在原始社会，人类就以血缘关系为纽带形成一种聚族而居的村落雏形。这种聚族而居的状态，历经奴隶社会和封建社会。因生产力的发展而开始有私有财产，并随着财产的继承关系而得以巩固和发展，从而形成一种相当稳固的宗族观念。一个家族栖息在一块土地上，世世代代地繁衍生长，为求得自身的安全与发展，还必须团结一致以抵御可能来自外族的侵袭。家族内部凝聚力日益增强，聚族而居的规模随之而扩大，但人口过多集中，村落规模过分庞大也会给生产带来诸多不便，宗族内部不可避免地产生矛盾，致使宗族聚落发展到一定规模便会走向分裂。以血缘关系为纽带的家族观念至今在乡村中还有广泛而深刻的影响，聚族而居仍然是中国乡村常见的一种聚落形式。

（3）自然因素对传统村镇聚落形态的影响

村镇景观所呈现的丰富多彩的形式和风格是地理、气候、社会、经济、文化等诸多因素综合作用的结果。当时的乡村由于独家独户地经营，无论是财力、人力方面都不具备这种改造地形的能力，必须向自然让步，自建的房屋尽量地屈从于各自地段的地形条件。例如，山区的住宅，多用石料建筑，就地取材，形成一种特有的聚落外观。华南地区渔民聚居的村镇临于江河湖海之滨，为下水作业的方便，渔民的住房多建于水边，有的甚至支撑于水中。

二 概念界定

（一）边缘效应

在城市规划学科中，邢忠把边缘效应定义为："异质地域（含地质、地貌等自然属性与用地性质、权属、活动方式等社会属性的区别）间交界的公共边缘处，由于生态因子的互补性会聚，或地域属性的非线性相干协同作用,产生超越各地域组分单独功能叠加之和的生态关联增殖效益,赋予边缘区、相邻腹地乃至整个区域综合(涵盖了社会、经济、环境)生态效益的现象。"[1] 边缘效应的运用就是合理利用异质区域,使其产生一种超越各自地域单独叠加所产生的值,形成 $1+1>2$ 的效果。

在城市边缘区中存在两个层面的边缘效应:其一是城市和城市之间,其二是更新地和周围自然环境之间。

在城市的尺度上,随着信息产业进一步发展和新经济时代的到来,地域单元间人流、物流、资金流、技术流、信息流、生物流等各种"流"的流动愈来愈频繁,边缘区是各种"流"的节点或汇聚地,运用边缘效应正是合理分配这些"异物质",利于本地区发展。深圳市龙岗区坪地街道年丰社区处于城市边缘,同时也处于深圳与东莞、惠州的交界地带,具有形成边缘效应的可能性。在第二个层次上,年丰社区处于城市建设地和自然用地的边界,工业与农业、建筑与绿地、乡村和城市等多种因素相互叠加,应对这些丰富的异质资源进行整合,产生增值边缘效应。

(二)共生理论

共生理论涉及多种学科领域,本书综合了生物学、社会学的共生理论,将其引入城市规划领域。本书的共生理论强调的是对立与矛盾双方建立起来的一种互惠互利的关系,达到双方共赢共荣的和谐状态。古村落与城市共生是指历史古村落与城市作为两个基本的共生单元,在自身价值挖掘及需求的推动下,选择合适的达到互利共生模式,在强有力的政策资金等共生环境的推动下,共生单元通过对自身进行多方面的改变并与对方协调融合,最终古村与城市可以协调发展,实现互惠互利、可持续的共生关系。共生系统包括共生单元、共生模式、共生环境等共生概念。

1. 共生三要素

在共生关系的三要素中,共生模式是共生的关键,共生单元是共生的基础,共生环境是共生关系重要的外部条件。也就是说,共生的三要素相互影响、相互作用,共同反映着共生系统的动态变化方向和规律。其中共生模式的关键性体现在它不仅反映了共生单元之间复杂的生产、交换关

---

[1] 邢忠:《"边缘效应"与城市生态规划》,《城市规划》2001 年第 6 期。

系，而且体现了共生系统对共生单元和共生环境的作用，并且提出了共生单元对环境产生的影响和贡献。

2. 共生的基本原理

（1）共生的和谐原理

①共生的整体性

共生单元间、共生单元与共生环境不是孤立的，而是相互作用的整体。一方面，共生单元间各要素的作用受共生环境整体性的制约；另一方面，共生单元影响着共生环境的变化与整体性，共生体间的协作与制约，共同构成共生的整体性与秩序性。

②共生的协调性

共生的协调是指共生单元间的共生共存关系，共生单元间多是矛盾、对立的元素，但共生体间共生不是某个共生单元取代另一个共生单元的过程。共生体的共生强调共生单元双方始终存在于共生环境之中。共生的共存特征突出体现在共生的协调性。

（2）共生的方向原理

①共生的多样性

共生单元与共生模式的多样化，突出体现了共生的多样性。一方面，共生不是单一化的共生单元间的共生，而是不同共生单元的共生；另一方面，共生单元间以及单元外部作用方式的多样化，使共生呈现出复杂性。因此，共生的发展方向呈现出多样化趋势。

②共生的发展性

共生单元在其相互作用过程中，一般来说，在共生环境的整体作用下，表现为对共生环境适应度较高，且能从共生环境变化中获得更有利条件的共生单元来取代相对无序的共生单元。因此，共生的这种替代性与前进性，突出体现了共生的发展性。

（3）共生共荣原理

不同的共生单元在协调性、发展性与互动性的基础上，不断调整共生单元内、外相互作用的关系，最终实现共生的互利共荣。共生单元内各要素不断走向融合，共生单元间亦由反抗逐步走向激励。

共生的和谐、方向与共生共荣原理共同构成了共生的创造性关系。基于共生的整体性与协调性带来了共生的多样性与发展性，最终实现共生的互利互动，共生共荣又促使共生体间更加和谐。

3. 引入共生理论的适用性及指导意义

（1）对古村落保护更新的适用性

①古村落与城市都具有生命特征

共生是生物界普遍存在的生存方式，人类的生存也离不开共生。人们基于共生的生存需求，渐渐适应自然规律，构筑了古村落的物质空间，并逐渐发展成为城市①。城市是一种有机体，是人类为生存创造的，大自然中某些生物的生长、变化的规律与城市建设有相似点。因此，古村与城市都是具有共生潜质的有机体。

②共生是古村落进化的根本生存机制

竞争是社会科学的基本关系之一，经济学认为市场经济发展的推动力就是竞争。随着城市经济快速发展与扩张，城市渐渐将古村包围，位于城市边缘区的古村落与城市渐渐成为对立与竞争的关系。在两者的竞争关系中，城市往往具有较强的实力，古村由于在城市发展进程中经济衰弱，缺少话语权②。

古村落与其周边的城市社区形成鲜明对比。古村周边城市社区居民众多，社会生活丰富多样，白天夜晚都有不同的活力。相比之下，古村缺少社会活动，经济发展停滞，与城市缺少人群、物质和生活的联系。要改变这种现状，就需要建立古村落与其所在的城市社区的共生关系，实现古村与城市在社会、经济方面的互通有无，使古村获得与城市同步发展的长久动力。因此，共生既是生物界生存进化的重要机制，也是位于城市边缘区的古村落"进化"的根本生存机制。③

③共同的宏观中观微观的研究层次

宏观、中观、微观三个层面均有关于古村落保护与更新的策略研究。宏观层面主要从社会经济、开发主体、政策指导等方面研究保护更新策略；中观层面一般研究古村落保护开发策略，如采用商业开发、地产开

① 吴良镛：《人居环境科学导论》，中国建筑工业出版社2001年版。

② Roger Smith, "New Towns: Regional Planning and Development", *Urban Studies*, 2001, p. 14.

③ Berke R. Philip and Maria Manta Conroy, "Are We Planning for Sustainable Development", *APA Journal*, No. 1, 2004, pp. 126-136.

发、文化旅游等开发模式；微观层面着眼于古村落物质空间，包括历史遗迹的等级评价、保护技术手段及空间改造方法等。

共生三要素也是对应了宏观、中观、微观三个层次，其中共生单元是共生作用的具体对象，共生发生在共生单元的各个要素之间，是较为微观的层面。反映共生单元间竞争与协调作用的共生模式是较中观的层面。共生环境是共生单元所处的全部外部要素，在系统中属于较宏观的范畴。

共生思想的研究层面与古村落的保护层面具有一致性，因此古村落与城市共生需从三个层次入手，宏观层面的政治、经济文化等共生环境影响着共生的发展方向，中观层面的共生模式的确定，需要对古村落与城市街区的价值与需求进行研究，微观层面上需要在古村与城市街区内部做出一定的改变才能最终实现共生。

（2）对古村落保护与更新的指导意义

①研究视角的转变

现有的古村落保护更新多着眼于古村落自身保护，将城市看作古村保护的巨大威胁，尽力避免城市对古村的影响。共生思想的引入，可打破这种保护观念，从系统与外界环境之间的能量、物质以及信息交流的视角来看待古村落的可持续发展，使古村落与其外围城市空间相联系并实现资源共享。这提供了研究古村落保护更新的新视角，将消极的对立转变为古村与城市积极的对话。

②从宏观到微观的系统性理论

古村落保护理论多从宏观、中观、微观探讨古村落保护与更新，但往往只涉及一个层面，缺乏系统的联系，可操作性差。共生理论的引入，可以从较宏观的背景环境，到中观的开发策略，再到微观的物质空间保护与更新三个层次，系统地探讨古村落的保护与更新，提高了理论的系统性与可操作性。

4. 基于共生的古村落保护性更新体系构建

（1）古村落与城市的共生三要素及相互关系

①古村落与城市共生单元的内涵

古村落与城市共生的共生单元是历史古村落与其所在的城市社区，是共生模式的作用对象和落实共生策略的物质空间。

②边缘区历史古村落与城市社区内共生

按古村与城市的相对位置，其共生关系可分为内共生及外共生。外共生即古村落临近城市或离城市有一定距离，比较靠近自然环境，没有被城市社区完全包围，如深圳观澜版画村（见图1—4）。内共生即古村落被城市包围，古村位于城市系统内部，如位于深圳中心城区的下沙村和宝安区的凤凰古村（见图1—5）。

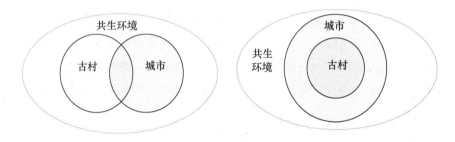

图1—4 古村与城市外共生（刘琳绘制） 图1—5 古村与城市内共生（刘琳绘制）

历史古村落被城市边缘区紧紧包围的现状是由于古村落与城市经济发展不同步造成的。随着经济发展，古村落无法满足人们对现代生活生产的要求，人们选择拆掉重建古村或者在古村周边选择用地建造城市社区。周边城市不断发展壮大，逐渐形成了城市边缘区包围古村落的形态。因此，位于城市边缘区的古村落与城市社区属于内共生关系，是相互影响关联最大的一种共生关系。

③共生单元的特色价值及共生需求

古村落与城市社区自身存在发展问题是彼此需要建立共生关系的原因。古村落与城市各自具有的特色价值是两者相互促进发展的条件，也是建立共生关系的基础。为了在一定的共生环境中更好地发展，古村落与城市都需要发挥自己的优势，为共生关系服务，并从共生关系中获得对方的帮助。

④历史古村落特色价值及保护更新需求

历史古村落具有历史、艺术、社会和科学等多方面的价值。历史古村落在漫长的历史演变过程中不断记录着不同历史阶段的人们的活动与生活，反映了历史的变迁与更迭，是不可恢复和复制的。历史古村落中的建筑造型优美，传统建筑装饰精美且寓意丰富，风水格局考究，具有独特的地域性文化和艺术内涵。历史古村落的社会价值体现在它是传承地域文化的重要载体，是当地社会风俗及生活习惯的体现。历史古村落的科学价值与村镇保存状况密切相关，保存完整的村镇更能完整地反映不同时期村落营建思想与社会生活，在历史、艺术及社会风俗等方面比单栋的文物建筑都具有更高的科学研究价值。[1]

古村落的历史文化价值需要最大限度地保留，然而古村落空间因无法满足工业化生产和城市化生活的要求被大量空置，建筑逐渐破败。古村保护与更新需要大量资金，需要城市社区给予保护资金支持。因此古村落需要在与城市建立共生关系中，发挥自己的优势，使自身历史文化价值得到合理应用，并通过来自城市经济及社会活力的支持，重现古村活力。

⑤城市社区共生价值及需求

古村落周边城市社区作为共生单元，经济发展迅速，相比古村落具有一定的资金优势，可以为古村保护更新提供资金支持。城市社区功能多样，聚集着大量不同人群，社会生活丰富，与古村相比较有活力[2]。

但因为城市的快速扩张，城市空间同质化现象较严重，造成了千城一面的现状。人口的大量涌入使城市用地越发紧张而不断侵蚀古村落空间。古村落具有历史文化价值，但若只是将其单纯地保护，不加以充分利用，一定程度上也是城市土地资源的浪费。因此城市也需要在与古村的共生中，探索如何有效地挖掘及利用古村历史文化资源中潜在的经济价值及文化价值，提高古村落土地使用效率并打造城市特色。

⑥共生单元间共生存在的问题

从共生的角度分析古村与城市的现状，两者多处于文化生活、功能、交通三方面都缺乏共生联系的状态。首先，古村破败萧条的景象与城市充满活力的现代生活形成极大对比。古村逐渐空置使村落只保留了物质空间，缺少历史文化的传承与原有的社会生活氛围的延续。

其次，古村的功能单一与城市多样化发展不同步。古村是农耕时代的

---

① 张松：《历史城市保护学导论——文化遗产和历史环境保护的一种整体方法》，上海科学技术出版社 2005 年版。

② Blakely J. Edward，"Competitive Advangtage for the 21st-centure City"，*APA Journal*，No. 2，2001，pp. 133 – 140.

产物，除少量宗祠等公共建筑之外，大部分为居住功能。其内部缺少与现代生活相配套的公共服务设施及活动空间等。古村落占据大片土地却被空置，与城市的发展不同步，不仅使其无法创造经济效益，更会加速古村落的衰落。

另外，古村落与城市交通联系薄弱。古村落街巷一般较窄，窄的巷道只容一人通过，较宽的街巷也只能满足自行车双向穿行。古村落内建筑顺地势建造使道路较曲折，缺乏与城市道路的联系。城市车行道一般从古村落周边经过，将古村与城市分割，使城市居民无法有效利用古村落内部的交通。

（2）古村落与城市的共生模式内涵

古村落与城市共生的共生模式，即古村落与城市应该采用何种发展方式，才能使古村与城市相互利用彼此优势，弥补自身的缺乏，实现两者共同发展。

①共生模式相关的两个层面

共生模式是解决古村落与城市共生单元间存在的文化生活差异大、古村功能单一、古村与城市交通缺乏联系等问题的途径。已有的古村落保护更新策略研究主要涉及经济产业层面的开发模式和社会文化生活层面的文化传承方式两个方面，因此古村落与城市共生模式也应从产业发展和文化生活两方面进行研究，对共生单元存在的问题进行分析，指导共生方向。

古村落功能单一与城市功能联系不紧密，主要反映的是古村发展与城市发展不同步的问题。城市发展由商业、服务业或地产业等产业支撑，吸引人们在城市中工作生活。古村落要与城市发展相协调，就需要寻找适合自身的产业功能进行置换来促进古村落经济发展，获得与城市在经济上的平等地位。这样才能使古村落在自身的保护与更新中拥有更多话语权。①

古村落与城市文化生活存在差异，一方面是因为古村生活环境恶化、缺少生活配套服务设施而无人居住，缺少了基本的生活活力。另一方面是历史文化传承与现代文明未找到合适的契合点。古村应适当引入城市的基本生活功能，创造古村多样化的生活活力。

---

① Williamson P. Ian, "Land Administration 'Best Practice' Providing the Infrastructure for Land Policy Implementation", *Land Use Policy*, Vol. 18, 2001, pp. 297 – 307.

与城市产业经济和文化生活共生，最终也会反映到共生单元的功能空间布局中。产业经济和文化生活的共生模式没有明确，就无法指导古村落与城市真正建立功能空间上的联系，即使采取了一定的空间改造手段，也只是改善了物质空间，并未真正为古村注入生命力，对古村与城市全面的共生作用有限。

因此，古村落与城市共生的共生模式应该包括产业经济与文化生活两个方面，才能最终指导共生单元在功能空间上建立真正的联系，实现物质空间和文化生活的全面共生。

②共生模式需注意的问题

古村落与城市的共生模式，按作用结果可以分为偏利共生和互利共生。偏利共生往往过度注重开发更新，虽在产业经济层面达到了很好的效益，但对古村落的文化生活的保护有所欠缺。如房地产业的保护性开发常常只保留古村落几处重点的建筑，其余大面积拆除。这种做法严重破坏了古村落历史文化遗产的完整性和历史氛围。商业开发常过度引入酒吧、餐饮、娱乐等功能，新的商业氛围与古村落原有的文化并不和谐，因此未实现古村与城市文化层面的共生。

互利共生的模式需要考虑经济产业和文化生活两方面，古村落的文化价值应得到充分尊重，保证古村落格局的完整性、原真性，将其与城市经济发展同等看待，并作为促进城市发展的新的动力因素。例如文化旅游产业对古村落和城市共生具有很大的促进作用，但开发过程中也要注意控制容量，避免开发过度对古村落的历史文化造成破坏。

因此，古村落与城市的共生模式，要遵循保护性更新的适度性、保证历史古村的完整性与原真性原则，从产业经济与文化生活两个方面综合考虑。这样才能更好地处理好保护与更新的关系，尊重与保护古村的文化价值并适度利用城市的优势，以实现两者的互利共生。

（3）古村落与城市的共生环境内涵

古村落与城市社区位于更大范围的城市中，也处于更大的社会经济背景下。古村落和城市共生与经济文化发展趋势、政府管理、社区居民的保护意识等共生环境息息相关。共生环境可以影响共生模式的选择、影响共生策略的实施。

①共生环境的三个层面

在经济文化发展层面，古村落保护发展趋势、较重要的城市事件或项目的推进，都可以影响古村与城市的共生模式。随着文化意识的觉醒，各地文化项目成为城市发展的亮点和强大推动力。如上海世博会的举办，赋予亟待更新的工业区新的活力，极大地带动了上海南区的经济发展。历史古村落所拥有的物质文化遗产包括地域性建筑、文物古迹、街巷格局、自然风光等，非物质文化遗产包括传统手工艺、传统民俗、文化表演等，如何利用这些物质及非物质文化遗产，将其与现代社会文化生活相结合越发受到重视。历史古村落作为文化项目打造已有许多成功案例，如深圳观澜版画村通过引入中国版画文化研究机构，将古村落打造为艺术家进行创作及展示销售版画作品的基地，获得了更多的政策与资金支持，成为国家级的版画艺术基地。广州岭南印象园由于附近大学城的建设提高了周边的文化氛围，因此有利于其充分发挥自身文化特色，成为岭南风情的展示中心。

在政府管理层面，政府是古村落保护更新的主导力量。首先，政府能够掌控历史村落与城市社区的共生方向，避免片面追求效益的过度开发。其次，古村落建筑年久失修，保护修缮及更新需要大量资金支持，政府管理者可给予一定的财政资金支持。另外，政府可制定一系列古村落保护法律法规并推进执行，对古村落的保护与开发进行强有力的保障。

在社会参与层面，古村落的村委及居民的保护意识、对古村更新改造的态度，直接影响着古村落保护与更新的策略能否真正实施。当地居民传承历史民俗和积极的改造意愿与参与程度，都将减少古村落更新措施落实过程中的阻力，因此应激励当地居民自发参与到保护更新古村落的行动中。

②共生环境存在的问题

首先，中国虽然对文物保护越来越重视，但古村落文物保护起步较晚，经验不丰富，因此许多古村落的历史文化价值利用不充分。其次，中国制定的古村落保护规划，往往只注重古村落的保护及修缮，未充分考虑古村落与城市的联系，这样的规划往往会因不符合古村落所处的城市社区情况而无法落实。政府在决策中，由于对古村落保护利用认识的局限性，常常过于注重经济利益而忽略文化价值的保护。社区居民保护意识淡薄，有的古村落居民为改善居住环境，将老屋拆建，新建筑风格与古村整体风貌格格不入。

（4）共生三要素的相互关系

古村落与城市的共生系统中，古村落与城市是共生单元，是共生系统的物质基础和共生模式的作用对象；共生环境包括共生单元之外的社会经济、政策管理、保护意识等各方面，对古村落的共生模式选择具有指引作用。古村落与城市应如何相互作用实现共生即共生模式，是共生的关键，决定古村落与城市间需要交换共荣的物质、信息的内容，即在产业及文化生活中实现共生。

共生模式与共生单元、共生环境具有作用力与反作用力。共生模式的选择既应基于对共生单元特色价值及共生需求的分析，还要考虑共生单元所处的共生环境对共生的影响，即古村与城市共生模式的确定，要基于古村落与城市社区的实际情况，寻找能发挥两者特色价值及满足共生需求的模式，同时也需顺应社会经济、文化保护的发展趋势。共生模式的落实，需要共生环境的支持与共生单元的协调更新（见图1—6），即强化共生环境中对共生模式有利的因素，并对古村与城市两共生单元进行功能、交通等方面的协调。

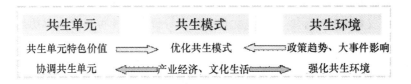

图1—6　共生三要素关系及策略构建示意（刘琳绘制）

5. 古村落与城市共生的保护性更新策略

（1）共生步骤

首先应对共生模式进行优化，找到可实现古村与城市多层次共生的方向；其次在共生模式确定后，建立正向的共生环境推动及保证共生模式的落实，还要在共生单元的层面，对共生单元的功能、空间进行协调并建立联系，以实现古村与城市在功能及物质空间上的共生。

（2）优化共生模式

共生模式需结合古村落与城市的各自特色价值及发展需求，并顺应共生环境，以充分发挥古村的历史价值并利用城市优势形成互补，使两者共同提升。优化共生模式需要从经济产业及文化生活两方面进行探讨。

①与经济产业相关的共生模式

与城市经济产业共生，就是要逐步建立古村的经济产业体系，是古村落发挥其潜在经济价值、抵御生存威胁、与城市平等对话、走向持续发展的关键。引入古村落的产业需要在促进经济发展的同时，还要注意兼顾古村落风貌的保护。目前的古村落保护与利用模式多以商业、旅游业和文化产业开发为主，不同的古村落应结合自身特点和与其共生的城市社区的条件，寻求适合自身保护与更新的模式。

古村落的商业开发是实现其经济价值、复兴古村的重要途径。与现代城市商业空间不同，古村落的商业空间因具有独特的历史文化空间特征，对城市的消费人群有足够的吸引力。商业的开发可以结合古村落原有商业街道进行，或者规划新的商业功能区。古村落的商业开发需要开发负责人对商业经营项目进行认真研究筛选，严格控制开发量，确保商业的持续发展，避免因过度商业开发和不适当的商业经营破坏古村的文化氛围，给古村落的保护带来负面影响。

旅游产业常常作为历史古村落保护性利用的主导产业，既能实现经济价值，又能发挥古村落的历史文化、环境等价值，使古村落原有功能得以最大限度地延续。随着旅游产业的不断发展，古村落部分功能需要做适当调整以适应不断增长的客源，同时旅游活动不应只是供游客观看式的游览参观，可结合休闲度假产业发展增加旅游的体验及生活性。旅游开发要做到适度，不可过分强调旅游经济效益，坚决避免给古建筑旧貌换新颜或模仿古建筑再造古街等盲目复古的不恰当做法，以保持古村落的原真性。

历史古村落是人工与自然有机结合的产物，具有传统建筑艺术、居住、饮食、宗族等多方面的文化内涵。这些历史文化资源在文化产业开发中具有较大市场潜力。同时，随着现代生活方式的改变和经济收入的提高，生活在现代都市的人们越发对传统文化及空间感兴趣，因此文化遗产可通过文化产业的发展获得经济效益并发挥教化、传承精神文明的作用。文化资源是文化产业的基石并可以创造经济价值，因此可以较好地解决古村落历史文化遗产保护与开发利用的矛盾。

②与文化生活相关的共生模式

第一，考虑城市生活的融入。城市与古村落相比，最大区别是社会生活丰富、城市功能复合、充满生活与经济活力。古村落与城市共生，需承担一定的城市功能，吸引居民留在古村落中工作生活，这样才能维持古村落长久的生命力。

虽然引入经济产业一定程度上可激发古村落新的活力，促进经济发展，但产业发展是相对漫长复杂的过程，尤其在发展初期对古村落发展的促进作用效果不明显。城市生活功能的引入可使人们在古村落安居，为古村带来基本的生活活力，创造良好的生活氛围，这样可促进人们在古村落寻找新产业中的工作机会，在一定程度上会促进新产业的融入。

第二，挖掘古村落物质空间的现代使用功能。物质空间是各种活动的载体，古村融入城市生活需要其物质空间与城市具有一定的协调性。随着时代的发展、人们生活方式及理念的改变，古村落逐渐展现出适合现代生活并融入城市街区的潜质。

首先，历史古村落的规划建造符合当下提倡的生态环保理念。历史古村落周围具有良好的自然环境，传统建筑的建造采用了许多适应当地气候的做法，如珠三角地区许多历史古村落的传统建筑利用凉庭、冷巷等营建手法使其具有冬暖夏凉、自动调节温度的作用。与现代建筑因过度依赖各种设备而造成高能耗相比，古村落更具有生态节能优势。其次，古村独特的建筑风格与空间，具有改造为办公空间、小商业空间和居住空间的可能性。最后，历史古村落的格局尺度有利于促进人际交往，塑造和谐的人居环境。古村落具有纵横交错的路网，交通联系便利，街道曲折幽深，充满趣味性，亲近宜人的尺度，拉近了人们之间的距离。古村内部因街巷较窄、汽车无法通行而形成了安静的步行街区。因此，历史古村落具有更新为充满独特魅力的小尺度步行城市片区的潜质。

第三，产业发展推动古村文化生活氛围恢复。产业的发展将会为古村创造较多的就业机会，吸引更多人回到古村开展经营活动，在古村重新安居乐业。如深圳观澜版画村的版画设计出版产业，将大部分居民组织起来，参与技术含量相对较低的版画印刷制作。这样既促进了版画的生产，又解决了当地居民工作就业的问题，并吸引着更多的人参与到生产生活中，在一定程度上增加了古村落的人气，促进了文化生活氛围的形成。

（3）强化正向的共生环境

共生模式与共生环境具有相互作用力，共生环境影响了古村落与城市共生模式的确定，反过来实现共生还需要在共生模式的指导下，强化正向的共生环境，即对共生环境中可以促进产业发展的有利条件加以筛选并加以利用，充分发挥政府在产业发展中的引导与管理作用。加强社会各界对古村落保护更新的关注与支持，推动古村落与城市共生。

（4）协调共生单元

古村落与城市是共生的物质基础，在合适的共生模式的指导下，两者需要在功能与空间上相互协调并建立联系，才能实现古村落与城市的共生。协调共生单元，应该加强古村落格局、尺度、古建筑、巷道的保护，改造和完善基础设施和公共服务设施，统筹调整古村落与城市社区的用地功能，对非重点保护的古建筑进行功能置换，使其适应生活与产业发展需要。

①保护古村落历史文化价值

古村落具有独特的物质空间和非物质文化遗产。对于物质空间的保护，主要包括整体格局保护、街巷空间及建筑保护整治。古村落非物质文化遗产包括历史影响、文化风俗和社会生活，应在古村落中提供展览空间及举行民俗活动的空间。

②调整古村落与城市社区用地功能

产业的引入以及与城市文化生活的融合，需要调整城市及古村落的用地功能。功能调整需要综合两个层面的共生模式对用地功能的要求并结合古村落实际情况统筹安排。

③建立古村与城市空间的联系

要实现古村与城市的共生，必须建立各个功能区之间交通、公共服务设施、公共空间等各方面的联系，保证古村落与城市社区进行生产、生活的交流，将古村与城市联结为一个整体。

（三）现代与传统的关系

1. 现代与传统的对立关系

（1）滕尼斯：共同体与社会

滕尼斯把人类组织分为两种类型：乡土社会与法理社会，认为前者是简单小型的社区社会，里边进行着"熟人"之间的互动，受着传统规范的制约，有着高度群体一致性的归属感；后者则是一种复杂而大型的个人取向型社会，里边进行着"陌生人"之间的互动，受着法律与正式制度的约束。依据滕尼斯的观点，共同体与社会是两个理想类型，它们是出于与事实世界相比较的目的而构想出来的。在共同体中，权威是传统性质的，所有的交往都完全是友好的，情感原则超过逻辑，这样的共同体从未存在过。在社会中，权威是以法律为基础的，人们总是为达到目的而生活，逻辑完全代替了情感，这样的社会也未存在过。所有的人类组织总是处在两种极端之间，即没有一个地方是完全的共同体或社会支配的关系。深圳的城市边缘社区就是一种半社区、半社会的状态，是中国宏观社会里一种从社区向社会过渡的社会空间模式。

（2）迪尔凯姆：机械团结社会与有机团结社会

机械团结是指在共同信仰和习惯、共同仪式和标志基础上建立起来的社会联系，这是部族式乡村的特征；相反，有机团结则是现代社会特别是城市的特征，它是建立在相互差别基础上依赖复杂的劳动分工的联系。迪尔凯姆论证了复杂劳动社会分工在不同部分的人口中造成了相互依存的关系，而在传统乡村部落社会只有最低限度的分工，同时人们彼此间是按照"集体意识"和传统来相互产生影响，社会组织是建立在机械结合的基础上。他认为前者是"集体意识"基础上凝结起来的共同体，这种社会由于缺乏精细分工，人们分享着共同的经验与规范，以共同的模式进行着社会化，形成各种集体性共识并受其支配，而后者是复杂分工基础上联结起来的共同体，分工的深化强化着功能需求上的相互依赖，从而实现着社会的有机整合。

2. 现代与传统的并存关系

本来理论界认为在现代化过程中，传统自然会消失，可是中国自1979 年改革以来，随着现代化的推进，民间传统仪式、信仰、社会交往模式却得以复兴。无论是经济人理念还是韦伯或吉尔茨（Clifford Geertz）式的文化观，都把"传统"看成与"现代"格格不入的文化模式。经济人理念认为对理性和利益最大化的追求是全人类的共同点，相信只有西方"启蒙"以后才可能"抛弃传统"并发挥"理性"的潜能。吉尔茨式的文化观表面上承认非西方社会固有传统的存在合理性，而在本质上却把它们当成没有变迁动力的"顽固历史残余"的文化体系。传统与现代化之间的复杂关系，引发了社会思想界对经济人和文化范式理论的重新思考。怀特对中国家庭在改革开放以来经济转型中的推动作用的研究，证明在特定的情况下，传统社会形式可以起到经济动力的作用，而不一定是与经济人理念相对抗的东西。[①]

笔者认为，传统要素和现代要素共存是有可能的。在这种模式下，城市边缘社区是一种"大体系下的小社会"，是"跨越两个世界的家庭和社区"。项飙认为在传统性与现代性、城市与乡村之间，存在着这样的一个场所，让巨大的差异与冲突能够消融在演变的过程中，使这样的"巨变"与转型平稳与和缓[②]。"亦村亦城，非村非城"的城市边缘社区就成为在传统村社与城市化、现代化之间过渡的平台。通常，具有弱"势能"特质的社会群体与文化是以自己的"小传统"为"桥梁"与中介，进入或者融化到具有强"势能"特质的"大传统"中去寻求自身的生存与发展空间。村社共同体的组织化网络是农民社会生活中诸多的"小传统"所依附的最重要的社会空间。与此相关，无论是杜赞奇（Prasenjit Duara）在华北乡村研究中提出的"权力的文化网络"[③]，或者是费孝通的《乡土中国》对"差序格局"的解说[④]；无论是庄孔韶在黄村追踪研究中提出的"类蛛网"式人际关系模式[⑤]，还是阎云翔在人类学调查中提出的关系网络既是权力游戏，又是一种生活方式的观点[⑥]，所有这些都共同表明，村社共同体是一个具有多重内容糅合在一起的复杂社会网络，由此形成了人们的"生活世界"，诸多的社会特点就依附在这个共同体组织的网络中。虽然经过市场化与城市化的洗礼，村社共同体的组织化网络在渗透理性化

---

① Whyte, Martin King, "The Social Roots of Chinese Economic Development", *The China Quarterly*, Vol. 144, 1995, pp. 999 – 1019.

② 项飙:《跨越边界的社区——北京"浙江村"的生活史》，生活·读书·新知三联书店2000年版。

③ Duara, Prasenjit, *Culture, Power, and the state Rural North China, 1900 – 1942*, Standford University Press, 1988.

④ 费孝通:《乡土中国》，生活·读书·新知三联书店1948年版。

⑤ 庄孔韶、林宗成:《金翼》，生活·读书·新知三联书店1989年版。

⑥ Yan Yunxiang, *The flow of Gifts: Reciprocity and Social Networks in a Chinese Village*, Standford University Press, 1996.

精神的同时，它在农民社会生活中的"保护"与"束缚"功能也在趋向弱化，但它依然是群体成员拥有，并可以借助的唯一最重要的社会资源，这些应该成为城市边缘社区改造的前提和基础。

（四）生存理性与经济理性

最早从经济学角度分析农民经济行为是否具有经济理性的是俄国组织和生产学派的代表人物恰亚诺夫（Chayanov）。他认为小农经济行为是非理性的，农民在两个方面区别于资本家：（1）他依靠自身劳动力而不是雇佣劳动力，难以核算其工资；（2）他的产品主要满足家庭自身的消费而不是在市场上追求最大利润，无法衡量其利润。这两个方面的区别决定着农民的行为不能用单位生产成本和收益进行衡量，而应该通过满足消费需要和劳动辛苦程度的平衡来衡量，一旦达到均衡点，即生活需要已基本满足，那么农民就不愿意进一步进行劳动投入。①

美国著名人类学家斯科特（Scott）在1976年以20世纪初东南亚小农特征为背景，对这类观点作了较为完整的阐述，提出"小农道德经济"学说。他认为农民不仅有强烈的互惠观，他们的经济行为是基于道德而不是理性，而且奉行"生计第一"和"安全第一"的原则，他们以获取可能的较为稳定的产出为其进行生产抉择的标准，即使这种抉择以平均收益减少为代价，但只要能使家庭生计有所保障也在所不惜。同时，处于边际生计的小农，具有追求安全高于利益的偏好，当任何一项新生产技术既具有较高收益的期望值，又存在收益的不确定时，小农总是选择风险小的生产技术，哪怕它的收益低很多。②

与这种小农理性的解释相反，另一派经济学家论证了"经济理性"解释小农经济行为的"普适性"。诺贝尔经济学奖获得者西奥多·舒尔茨（Schultz）对农民经济行为是理性的论述最为成功，其观点也最具代表性。在其名著《改造传统农业》（*Transformating Traditional Agriculture*）中，他根据社会学家对危地马拉和印度等地的详细论述资料，认为过去人们所指责的传统农业中小农愚昧落后、经济行为缺乏理性的观点是错误

①　[俄]恰亚诺夫：《农民经济组织》，萧正洪译，中央编译出版社1996年版。

②　Scott, James C., *The Moral Economy of the Peasant Rebellion and Subsistence in Southeast Asia*, New Haven: Yale University Press, 1976.

的。全世界的农民，在考虑成本、利润及各种风险时，都是很会盘算的生意人。农民所种植的谷物的数量，耕种的次数和深度，播种、灌溉和收割的时间，手工工具、灌溉渠道、役畜与简单设备的配合等，这一切都很好地考虑到边际成本的收益。也就是说，农民是在传统技术状态下有进取精神并已最大限度地利用了有利可图的生产机会和资源的人，是相当有效率的，是理性的经济人。[1] 波普金（Popkin）进一步认为，小农是一个在权衡了长、短期利益及风险因素之后，为追求最大生产利益而做出合理选择的人，是"理性的小农"。[2]

黄宗智在对明清时期中国华北、江南农村经济运行的文献资料进行考证研究的基础上，认为他们描述的任一理论模式都不符合中国实际，在长江三角洲的商品经济中的农民实际上包含着这两套逻辑。他认为满足家庭需要的小农农业生产会随着商品化过程被追求市场利润的经营式农业生产所取代。农民也会从恰亚诺夫的"非理性"而过渡到舒尔茨的"理性"。[3]

第三节　现存问题

下面以深圳凤凰古村为例，主要从村落与城市发展脱节、公共服务配套设施滞后两方面，提出古村更新改造具体存在的问题。

一　村落与城市发展脱节

1. 村落保护更新不够全面

现阶段深圳凤凰古村的保护更新只是局部修整，以大将军巷为界，北侧还处于较差的居住环境中，街巷仍需要疏通。南侧做了一定的更新改造，但是只梳理了主要道路网，更多体现古村落韵味的曲折的小巷道仍处在较差的卫生环境中，通行环境较差。

---

① Schultz, Theodore W., *Transformating Traditional Agriculture*, New Haven and London: Yale University Press, 1964.

② Popkin, Samuel L., *The Rational Peasant: the Political Economy of Rural Society in Vietnam*, University of California Press, 1979.

③ 黄宗智：《长江三角洲的小农家庭与乡村发展》，中华书局 1992 年版。

2. 保护更新手段对古村风貌造成破坏

古村落虽是尽力依照原样修复，对建筑雕刻、墙面进行重新粉刷，使建筑焕然一新，但原有的经过时间长久作用留下的斑驳的墙面不复存在，破坏了古村本来体现的厚重的历史沧桑感，缺少了耐人寻味的细节。

3. 交通空间及公共服务等联系未建立

现状内部断头路较多，未和城市主要干道形成环路，不能满足发展旅游产业对交通通畅的要求。文博会期间，大量自驾游游客的涌入，对凤凰社区的交通造成极大压力。因为缺少配套停车场，大量车辆停靠在路边，使原本就不宽阔的马路更加拥挤。另外，若要引入文化旅游产业，融入城市文化生活功能，古村内还需配套相应的居住和旅游公共服务设施，现状设施需要进一步完善。

4. 古村功能未充分利用而缺少活力

物质空间已经被更新的古村建筑在文博会后都处于空置状态，没有人居住和使用，缺少活力。古村功能的重新定位还有待进一步明晰，以指导建筑的利用，吸引人来使用古村，恢复活力。

5. 政府主导力量过于强势

政府对古村的发展提出了高定位、高要求，并且采取一系列举措推进实施，无疑加快了古村的保护更新进程。但从另一方面来看，现在的发展定位不一定完全适合凤凰古村发展，有诸多需要研究的地方，过于盲目的更新改造会对古村保护造成一定不可逆的损害。即使现在采取了一些物质改造更新措施，但也会由于对未来古村产业功能和文化生活定位缺少充分考虑，而使改造后形成不合理的使用功能，难以维持长久活力。

6. 更新改造资金压力较大

根据 2009 年编制的《凤凰村古建筑群保护规划》方案，为了拯救凤凰古建筑群，需投入 4.95 亿元对古建筑进行重建、修复以及对村容进行整治，以努力重现凤凰古村美景。计划近期投资 0.88 亿元，中期投资 1.71 亿元，远期投资 2.36 亿元（近期为 2008—2010 年，中期为 2011—2015 年，远期为 2016—2020 年）。仅从投入的资金规模来看，保护凤凰古村不是一个街道、一个社区就能够承受的。除了保护性投入之外，每年要承担维护费用和人员管理费用。因此，凤凰古村的保护更新资金应考虑民间资本，寻找合适途径参与古村保护更新。

7. 经济产业存在问题

文化产业的引入,打造文化产业示范基地,符合凤凰古村的历史文化特征要求,也是目前古村落保护利用的趋势。但是,文化产业的开发与利用是个长期的过程,现在的文化产业只是停留在设想与定位层面,今后如何发展还需要进一步研究。现阶段的文化定位只局限在古村文化的利用,凤凰社区的产业以工业为主,文化性较弱,凤凰古村周边文化氛围还有待加强。古村的文化产业没有与凤凰社区的产业格局形成关联,应当加强凤凰社区与古村的产业经济互动。

旅游资源整合利用只是初见雏形,凤凰古村整个旅游开发还未成系统,特色还未完全体现。文博会期间的非物质文化遗产展览只是对古村的旅游利用起到了一定的刺激作用,但并不能维持古村长久的旅游吸引力,旅游潜力还需进一步挖掘。

8. 文化生活存在的问题

将居住人口全部迁出,将建筑仅作为参观对象的博物馆式保护的方法,忽略了居住功能在古建筑保护中的作用和古村原有生活气氛的保留,尤其在文化产业起步初期,还未形成支柱产业时,因缺乏居住使用人群,古村的活力将不可持续。原有居民在古建筑里居住,可以对建筑保持基本的维护,延续建筑的居住功能。而将居民迁走,房屋空置,会使房屋在较长的更新过程中,缺乏日常维护,其间若要政府承担维修费用,也将是一笔较大的财政开支。古村落若要与城市协调发展,就应保证在经济产业与文化生活两方面都有所考虑,共同引导古村的可持续发展。

二 公共服务配套设施滞后

2013年11月5日和2014年5月18日,笔者及调研组对深圳凤凰古村走访调研时发现,现状有教育设施、医疗卫生设施、体育设施、管理服务设施、商业服务设施、金融邮政设施,缺少文化娱乐设施,种类缺失,项目单一,配套不完善,不能满足居民日常生活的需求。由于深圳凤凰古村搁置已久,年久失修,很少有游客来到这里,因此这里的旅游服务设施种类缺失、缺少最佳游览路线等都是制约文化旅游业发展的问题。

1. 公共服务设施不完善

古村是一个具有文化性的场所,它的配套设施应当充分体现出它的文化性，并且与周围的古建筑风格统一。笔者对凤凰古村走访调研时发现，凤凰古村周边目前只有小饭馆、小型超市、厕所、小诊所等一些小型设施，还缺少一些日常基本的公共服务设施。例如，教育设施方面，现状只有凤凰小学，数量不足，并且缺少幼儿园设施，种类不足。

2. 旅游服务设施不完善

笔者在调研中发现，凤凰古村要发展文化旅游产业，还缺少相关旅游服务设施，现状周边只有公共厕所、小型餐饮、超市和广场，没有提供其他旅游服务设施，例如公共标识、文化娱乐设施、机动车和非机动车停车场等。服务设施在满足当地居民的情况下，也要承担凤凰古村作为旅游景区对旅游服务设施的需求。2014 年 5 月，在"中华巧艺——中国非物质文化遗产百项技艺联展"没有选定凤凰古村作为举办基地之前，即凤凰古村没有作为第十届深圳文博会分会场前，凤凰古村的知名度不高，很少有将凤凰古村作为旅游地的。随着凤凰古村慢慢地被人熟知和政府出资进行维修建设，凤凰古村的旅游业会逐步成熟和发展壮大，公众对旅游服务设施的需求也在日益增长，因此凤凰古村公共服务设施的建设迫在眉睫。

以上内容虽只是针对深圳凤凰古村的现状而论，但是由于存在的问题具有一定的普遍性和典型性，可作为珠三角地区城市边缘村落存在问题的写照。

第四节　研究意义

本书将珠三角地区城市边缘社区作为"城中村"的一种特殊类型，通过城市社会学、城市经济学、城市规划等多学科交叉，多角度地综合分析其社会空间、经济空间、物质空间的特征与演变规律，以及背后的内生因素与外生机制，并以此为基础阐述边缘社区与城市空间整合的策略和方法，不仅对丰富和发展中国"城中村"研究具有重要的理论价值，而且对解决改造的问题和难点也具有重要的现实意义。整合各类空间要素，构成多层面的、系统化的空间研究体系，强调在促进城市空间整合的基础上做出多方共赢的改造设想，避免城市边缘村演化成典型的"城中村"，有效降低政府改造的社会成本和经济成本，为解决中国其他地区的类似问题提供理论基础和决策支持。

综上所述，本书不仅为珠三角地区的城市化进程中的城市边缘社区改造提供指导，也为其他地区的类似问题提供参考。本书研究的必要性如下：

（1）珠三角地区城市边缘社区具有独特的产生和发展规律，将城市边缘村落作为一类现象从城中村中剥离出来进行专门研究，有助于更加深入地理解珠三角地区的城市化规律，丰富"城中村"的研究方向和内容，也有助于在"城市病"产生的早期对其进行根治，避免城市边缘村进一步演化为典型"城中村"，有效减少政府投入改造的经济成本和社会成本，并促进社会的整体和谐发展。

（2）将城市边缘社区的物质空间研究扩展到社会的、经济的与物质空间层面的研究，通过分析这些转变过程与背后深层次原因，为制定合理的、多元化的改造策略提供依据。

（3）事实证明，单纯地依靠外部力量解决珠三角地区城市边缘村落发展问题的做法，不能很好地解决社区发展中面临的问题，必须从研究对象自身的"内源性"发展规律中，找到村落发展与城市整体空间发展"双赢"的结合点。

第五节　研究方法

1. 文献研究与现场调查相结合

主要采用社区调查法、实地研究法和文献分析法。把城市边缘社区作为一种组织机构，从综合的视角研究社区社会、经济、物质空间与城市空间的互动关系。

文献资料收集包括各时期的各类地方志（市志、县志、地名志）、图籍（多年测绘图、古地图、地图集）、相关研究著作及论文、城市规划与建设的法规及文本等，通过这些文献全面了解深圳城市边缘社区的自然地理环境、历史沿革、社会经济以及风土人情，帮助建立一个系统、完整的脉络。同时了解珠三角地区城市边缘社区保护与利用中存在的问题，为下一步规划研究提供思想来源和现实依据。

现场调查是对文献研究结果的检验和校对。调查的主要对象是实物遗存，同时要注意调查自然、人文因素与痕迹以及周边环境。考察方式包括实地踏勘、人物访谈、摄影摄像等，考察过程中还就一些重要问题与当地政府管理机构和相关领域的专家学者交换了意见。通过考察，收集第一手资料，对珠三角地区城市边缘社区有了较为全面和深入的了解，补充修订了文献资料的不足和错误，加强了对资料的掌握、解释与理解，增强了规划的客观性与科学性。

2. 数据分析方法

采用 GIS 空间分析软件研究城市边缘社区的空间形态特征，采用 SPSS 统计分析软件与 SWOT 分析方法进行数据分析和比较。空间信息技术在收集、处理多源、多分辨率空间数据方面具有其独有的优势，对于本书研究对象分布区域面广、资料信息量庞大、评估要素构成复杂等特点具有很强的适用性，便于调查采集的海量数据的查询、分析与管理，而且能及时对上一步工作中的不足或错误信息进行回馈与修正。通过空间信息技术的应用，将历史信息与现状调查信息准确地置于空间当中，在统一的空间坐标系上配准、叠合，将文献与图片在相应地理位置挂接，实现准确定位与分析评价。

本书第三章第一节以深圳凤凰古村为例，运用网络分析法，对公共服务设施配置进行分析与优化。

3. 评价方法

层次分析法（Analytic Hierarchy Process）是对一些较为复杂、较为模糊的问题做出决策的简易方法，它特别适用于那些难以完全定量分析的问题。它是美国运筹学家 T. L. Saaty 教授在 20 世纪 70 年代初期提出的一种简便、灵活而又实用的多准则决策方法。这种方法的特点是在对复杂决策问题的本质、影响因素及其内在关系等进行深入分析的基础上，利用较少的定量信息使决策的思维过程数学化，从而为多目标、多准则或无结构特性的复杂决策问题提供简便的决策方法。尤其适用于对决策结果难以直接准确计量的场合。层次分析法的步骤如下：

（1）通过对系统的深刻认识，确定该系统的总目标，弄清规划决策所涉及的范围、所要采取的措施方案和政策、实现目标的准则、策略和各种约束条件等，广泛地收集信息。

（2）建立一个多层次的递阶结构，按目标的不同、实现功能的差异，将系统分为若干等级层次。

（3）确定以上递阶结构中相邻层次元素间的相关程度。通过构造两个比较判断矩阵及矩阵运算的数学方法，表明两个方案的相应重要性等级。

（4）计算各层元素对系统目标的合成权重，进行总排序，以确定递阶结构图中最底层各个元素在总目标中的重要程度。

（5）根据分析计算结果，考虑相应的决策。

层次分析法的整个过程体现了人的决策思维的基本特征，即分解、判断与综合，易学易用，而且定性与定量相结合，便于决策者之间彼此沟通，是一种十分有效的系统分析方法。在本书第四章第一节对广州小洲村的公共空间优化中，充分借鉴了其多层次的递阶结构和多准则的决策方法，以期使评估结果更加科学。

第六节　资料来源

本书研究所依据的资料主要是笔者及团队对城市边缘村调查的第一手资料，也包括其他一些机构进行调查所取得的二手资料，它们分为以下三类。

1. 对城市边缘村的实地考察

包括珠三角地区大城市（广州、深圳等）周边的城市边缘村考察和若干特定村落的详细考察。这些详细考察的村镇包括深圳市福永街道辖区的凤凰古村（简称深圳凤凰古村）、广州市小洲村（简称广州小洲村）、深圳市大鹏新区观澜街道大鹏版画基地、深圳市大鹏街道较场尾民宿区（简称深圳较场尾民宿区）、松岗街道辖区的燕川村、石岩街道辖区的浪心村、龙华街道的清湖村、深圳市龙岗区坪地街道年丰社区（简称深圳年丰社区）、观澜街道辖区的马坜大屋、观澜古墟、贵湖塘老围、鹅地吓、大水田、新围场。

2. 对城市边缘村居民问卷和相关政府部门及其他组织的访谈

简称深圳凤凰古村、简称深圳较场尾民宿区、广州小洲村等地对村民和外来游客进行了问卷调研。对市、区、街道、村的建设，规划、国土部门相关负责人进行了访谈；对研究对象所在村镇政府各部门以及村（居）民自治机构主要负责人进行了访谈。

3. 相关规划和统计资料的收集

笔者曾参加深圳若干社区的更新改造规划等项目，为此所收集的基础资料和这些项目的成果部分地被引用为本书研究的论据。除此之外，本书还收集研究了若干相关的旧城更新的规划和设计方案。同时，收集省、市政府发布的统计公报和年鉴，各研究对象村镇近年来的统计年报和年鉴，以及研究对象近年来的人口资料、地方年鉴、史志等资料。

第七节　更新改造的基本原则与改造模式

一　更新改造的基本原则

（一）更新的整体性

城市是一个协调统一的整体，城市边缘社区更新应当注重保持城市的"整体性"，也就是说，要研究更新地段及其周围地区的城市格局和文脉特征，在更新过程中遵循城市发展的历史规律，保持该地区城市肌理的相对完整性。

（二）更新的自发性

主张"自上而下"和"自下而上"的城市规划方法相结合，维护弱势群体的权益，鼓励各种类型的居民参与，以便充分调动居民和单位的积极性，从居民的现实需求出发来制定更新规划。社区保护，特别是对低收入社区的保护，以及居民参与下的环境改善，自20世纪70年代末开始成为各方普遍接受的新战略。政府对旧住宅改善的经济补贴增加，一方面用于补贴更新地区的低收入居民，另一方面用于组织居民和社区的参与。社会学家特纳指出："一旦居民掌握了主要的决策权并且可以自由地对住房的设计、营造维护与管理等程序以及生活环境作出贡献时，则不但激发个体和社会全体的潜能。相反地，如果人们对居住过程的关键决策缺乏控制力与责任感，则居住环境可能变成个人价值实现的障碍和经济上的负担。"[1]

对建筑师、规划师或其他专业人士而言，应努力结合自己的技术与知

---

[1] Turner John F. C. , *Freedom to Build：Dweller Control of Housing Process*，MacMillan Publishing Company，1972.

识，协助居民解决自身环境存在的问题，成为"促成者"和"教育者"，而不是以往站在高处施舍专业智慧的"传教者"与"供应者"。对于地方政府来说，应该促成居民参与的发生而不加以阻止，应提供相应的立法上的保证，成为居民的支持者与帮助者，而不仅仅是管理者。对居民而言，应该接受营造环境的"责任"，从消极的被动接受者转变为积极的"自愿行动者"。对每个参加者而言，社区合作的理念意味着和其他参与者一起发展出"创造性的合作伙伴"关系，共同为营造良好社区做出努力。

（三）更新的延续性

城市边缘社区更新是在历史积淀而成的城市现状基础上延续进行的，因此，它不可能脱离城市的历史和现状。更新的规划设计应当尊重历史和现状，了解该地区物质环境的主要问题及其与地区的社会、经济和城市管理等方面的关系，同时尊重居民的生活习俗，继承城市历史留存下来的有形和无形的各类资源和财富。新、旧及多层次居民交融的多样的居住文化应该而且必须共存，这样不仅可以减缓"隔离"现象，构成丰富多彩的居住社区，还能够保护城市总体的文化个性。

（四）更新的经济性

应区分不同质量的房屋，采用不同的更新方式，尽可能减少更新对城市现有的社会经济生活的破坏。在经济方面，改造力求不过分提高被更新住宅单元的面积和设施标准，使这里的住宅消费符合单身居民、年轻人、外来流动人口的经济支付能力，并通过租金封顶的政策使原有居民在改造后能够继续住在这里，减少搬迁和房租提高对居民产生的压力。改造还力求保留原有的商业和其他经济活动，以增加就业。

（五）更新的人文尺度

各种社会层次的多样化居民混合居住在城市里，构成了丰富多彩的街区，它与现代城市规划体制中设计出的功能分区明确、彼此戒备森严的"小区"有着本质的区别，它是保持城市多样性的根本基础，是城市生活的基础。

小尺度街区可以增加居民室外活动场地的数量和面积，增加人们交往的机会。

不同年代建筑的共存可以满足各种不同经济能力居民的需要，对城市旧建筑的再利用也是节省资源、实现城市可持续发展的重要措施。

人口的集聚可以使城市的各种公用设施充分发挥作用，增加城市的舒适性，减少由于居住和工作地点距离过远对社会资源造成的浪费。

二 改造模式

(一) 村落的开发利用模式

以深圳市宝安区城市边缘社区为例，根据村落现状特点，以传统文化展示为主线，选取历史文化游览、都市游憩休闲、爱国主义教育、特色产业基地多个主题功能，提出以下几种开发利用模式。

1. 文化旅游型

宝安区的重点古村落，均具有相当厚重的文化积淀，多数古村落拥有良好的旅游开发基础，可结合古村落保护开展古村文化游览项目，通过详尽的现状调研及价值评估，将其中最具价值特色、保存最为完好的古村作为宝安区历史文化游览线路的主要节点，与其他价值较高的文物古迹建立结构性联系，在区域尺度上进行统筹开发，例如凤凰村、观澜古墟、新桥村、新二村、清平古墟、清湖村。

2. 文史纪念馆型

这类开发利用模式适合古村历史悠久，为重大历史事件的发生地或历史名人的出生地，村内拥有至少一处具有重要历史意义的文保单位（点）或历史建筑，如燕川古村（东宝抗日督导处旧址、中共宝安县"一大"旧址）、鹅地吓古村（陈烟桥故居）。

3. 功能置换型

通过改造和修缮，改变老房子的用途以做他用，赋予新的功能和作用，如作为特色商铺、客栈、主题酒吧、茶馆等。充分利用古村落传统文化优势，如观澜街道的大水田古村、新围场古村，现已开辟为深圳市版画基地，成为版画创作和集散之地，不但提升了古村落的文化层次，而且古村的历史风貌得到切实有效的保护，是目前宝安区古村落开发利用最为成功的案例，值得其他城市借鉴。

4. 非物质文化遗产传承型

此种开发模式以展示传统的广府及客家文化为主题，在保护的基础上引入一定的商业元素，如客家传统饮食文化、蚝文化、万丰粤剧、客家山歌及醒狮舞表演等，逐渐将古村落打造成宝安区乃至深圳市的一张传统文化名片，这与宝安的非物质文化遗产保护工作也是相辅相成的，例如浪心村、贵湖塘老围。

5. 都市休闲型

对于城市建成区中保存较为完好的古村落，可以考虑与城市相关规划相结合，将古村内部的流动人口全部迁出，在保护古村传统空间格局、修缮历史建筑的基础上，增加内部休闲及文化设施，改善自然环境，将其改造为面向公众的小游园或文化活动中心，既是城市绿色休闲空间的组成部分，又能在都市化的生活氛围中增加历史文化要素，例如马坜大屋、林屋村。

（二）历史建筑的保护性利用

对历史建筑进行适当的再利用，是保护历史建筑的一种行之有效的方式，在再利用过程中延续历史建筑原有的用途，或者根据实际情况，中断某些历史建筑的原有用途，将其改作他用。

1. 延续居住功能

居住功能是大多数历史建筑承担的原始功能，反映了传统风貌的真实社会生活场所。因此，居住功能的延续不仅是对历史建筑的继续利用，还为传统文化和生活方式的保护提供了空间，延续历史建筑原有的居住功能对于其保护与利用都显得尤为重要。

相关措施：在发挥居住功能时，应提升其吸引力，考虑传统生活风貌的合理展示，为更好地发挥历史建筑的其他功能创造条件。由于居住功能的利用改造涉及众多的产权人或租户，因此调动公众参与显得尤为重要。居住功能的保护性利用很难单纯作为经营性项目开展，政府应对居住保护性利用项目重点扶持，使产权人在整个保护利用中有合理的利润空间可能性，同时又能按照保护与再开发的要求延续历史建筑的居住功能。对于无力承担居住建筑维护的住户，可以通过安置补偿的方式迁出，收购产权用于统一更新。对于有一定经济能力的住宅产权人，可以通过与政府合作的方式，促使产权人出资维护住房。

2. 社区文化设施

历史建筑是城市重要的历史文化资源，也是城市空间场所，它能够为市民提供感受历史文化的活动区域。对规模较小、呈点状分布于各个社区（村）保存基本完好、无重大文物价值、周边多为村民私宅的围屋或祠堂，进行适当修复，作为社区文化设施，如老年人文化活动室、青少年活动室，社区警务室、社区居委会等；或将仅剩祠堂或角楼的围堡或围村的倒塌建筑清空，开辟为社区公园或体育活动中心。将历史建筑的保护同社区生活品质改善相结合，提高社区道路交通设施、市政基础设施和公共服务设施服务水平，改善周边环境质量。

相关措施：根据历史建筑具体的留存情况，合理确定功能的转化类别。建筑的修缮改造应符合历史风貌，切实贯彻以文化为核心的利用策略。慎重清理倒塌建筑的废墟，必要时征询文物管理部门的意见。发挥历史建筑的现实生活功能，使社区居民的活动能够参与其中。加强社区居委会及文物管理部门的控制与引导，防止过度开发，同时还应当有合理的开发时序计划。

3. 商业旅游

历史建筑是社会的共同财富，旅游的发展能促使更多的人接受历史文化的熏陶，体验历史的气息。从历史建筑利用的经济效益来看，旅游能够为其带来直接的经济效益，带动周边地区的文化产业发展，同时也给当地居民创造大量的就业机会。对于地理位置优越、环境优美，特色鲜明，并与自然环境结合良好的历史风貌保护区、优秀历史建筑，可结合现有资源，开发成为旅游景点，形成旅游线路，并修缮完善部分内部设施后开辟为家庭旅馆、青年旅社或商铺，提供价格低廉且洁净完善的旅游度假服务；部分处于活力社区中心的历史建筑可适当发挥一定的商业职能，实现原有功能的部分扩展和延伸。

相关措施：挖掘地域的文化内涵，利用历史建筑的文化资源突出旅游文化个性，避免旅游主题相近而造成竞争力不够的困境。依据市场需求的变化，结合自身文化不断探索社会、经济、环境效益好的旅游项目。通过市场营销手段，实现较好的旅游收益。鼓励居民积极参与，不仅能够使旅游者参与体验真实的社区生活，促进历史建筑旅游业的发展，还能为居民提供就业机会，有利于原有社会结构的稳定。明确历史建筑的环境承载力，将旅游开发量、旅游人数控制在环境容量之内，确保旅游资源的可持续利用。分析历史建筑自身特点与周边区域条件，确定符合周边其他产业发展要求的旅游及商业发展计划（如影视基地、画廊等），通过旅游业和商业的发展协同地区内部产业，并带动周边经济的发展。发展旅游的同时尽力延续居住职能,将文化娱乐、展览等功能与旅游融为一体。

4. 博览建筑

将博物馆及相关展览设施的建设纳入历史建筑的保护与利用之中,能够使人们直接地了解地域的历史信息和文化内容,博物馆自身也能成为旅游线路中重要的游览景点。对建筑特点鲜明、独特,保护基本完好,具有较高的保护价值,现状居住人数较少的优秀历史建筑,要将其开发成为博物馆,进行相关的展览和民俗、建筑方面的研究工作等。

相关措施:深入调查与收集体现深圳历史、文化元素,研究作为博物馆及相关展示设施的历史遗存,进而明确博览的文化主题,做到定位清晰,特色鲜明。通过依托市场手段的项目策划及产品生产,在强化博览的文化效益的同时实现经济价值。强调公众参与的重要性,使体现深圳历史文化的民间艺术、收藏被更多人所认识。组织特色鲜明的展览活动,定期举行结合节庆或特定主题的展览活动,扩大其影响力。

5. 非物质文化遗产的开发利用

对深圳历史建筑的利用,在非物质文化遗产方面也应有一定的探索。通过寻找和挖掘深圳文化的亮点和精髓,开发具有深圳特色的文化旅游产品,并与深圳一年一届的深圳文博会进行资源对接,推动深圳在文化旅游市场的影响力。如举办大型的节事活动,展示客家和广府的人文特色、民间舞蹈、饮食、服饰等。

第 二 章

相关研究综述

一 城市边缘区的研究

（一）国外相关研究

1. 地域结构特征研究

R. G. 果勒杰（Golledge）认为，城市边缘区与农村、市区相比有七个方面的差异，即少量的农业、集约型农作物生产、人口灵活易变、密度中等、新居住区扩展很快、提供不完全的服务及公用设施、投机性住房普遍存在。

2. 郊区特性研究

R. E. 伯尔（Boll）从社会学角度论述城市边缘区具有如下郊区特性：按阶层居住倾向；选择性移民；频繁的通勤；削弱的地理、社会等级体系。Adedayo Adesina 以尼日利亚为例，分析发展中国家城市边缘区的社会结构特征，指出非正规经济活动对政府政策的潜在影响。[①]

3. 城乡连续统一体研究

强调城区与乡村腹地间的连续统一体的概念，探究诸如房地产结构、土地利用结构、农业结构以及社会和社区结构之间的变化关系等，并相应找出不同城市间这类地域转变过程中存在的环境差异性。

4. 土地利用差异研究

根据土地利用性质和强度，进一步把城市边缘区划分为内缘区和外缘

---

① Adedayo Adesina, *Social-Spatial Transformations and the Urban Fringe Landscape in Developing Countries*, presented at United Nation University Institute for Environment and Human Security (UNU-UHS) Summer Academy on Social Vulnerability and Resilience Building in Mega City, Munich, Germany. July 22nd – 28th 2007.

区。所谓内缘区，即土地利用已处于农村转变为城市的高级阶段，正向城市利用作最终转变。所谓外缘区，是指以农业土地利用为主要景观，但城市指向性因素渗透明显，土地利用具有明显的郊区特性。

从研究历程看，国外城市边缘区的研究多集中在城市化快速发展时期，研究的内容从最初的空间状况认识开始，逐渐深入讨论城市边缘区发展的规律、影响因素、动力机制等方面。

（二）国内相关研究

顾朝林、丁金宏从空间划分、组成与功能结构、人口特征和社会特性、经济特性和土地利用等方面进行理论梳理，分析中国大城市边缘区空间演化的规律。[①] 刘江涛、杨开忠、冯长春指出中国城市边缘区土地利用规制的主要内容和存在问题，提出改进方向。[②] 隆少秋从产业、文化、城市化、空间和生态可持续发展等方面提出广州市城市边缘区可持续发展的措施。[③] 吴晓从区位分布、居民构成、土地利用、空间布局、居住环境等方面，在对京、宁、深三市典型边缘性聚居区调研基础上，提出缘聚型聚居区和混居型聚居区的特征差异。[④] 王玲慧主要基于"社会—空间"的关系范畴，提出上海外来借住型群体与边缘自生社区的主要特征与居住问题。[⑤] 刑忠剖析了城乡异质空间交接边缘区的形态、层次性特征、类型及边缘效应的内在自组织作用机制和途径。[⑥]

以上国内外城市边缘区的空间演变机制研究将为本书珠三角地区城市边缘村落提供宏观的研究背景。

二 城市边缘村的研究

（一）国外相关研究

欧美各国经历了"清除贫民窟—邻里重建—社区更新"三个阶段，

---

① 顾朝林、丁金宏、陈田、郑兴年：《中国大城市边缘区研究》，科学出版社1995年版。

② 刘江涛、杨开忠、冯长春：《城市边缘区土地利用规制：缘起—失灵—改进》，新华出版社2005年版。

③ 隆少秋：《广州市边缘区发展研究》，广东科技出版社2005年版。

④ 吴晓：《"边缘社区"探察——我国流动人口聚居区的现状特征透析》，《城市规划》2003年第7期。

⑤ 王玲慧：《大都市边缘地区空间整合与社区发展》，中国建筑工业出版社2008年版。

⑥ 刑忠：《边缘区与边缘效应——一个广阔的城乡生态规划视域》，科学出版社2007年版。

利益的存在与争夺是贫民窟问题产生的本质。以英国为例：起初大规模开展"贫民窟"清扫运动，清除大量非标准住宅；后来工作重点转向保留现存的社区型制，对社区内非标准的住宅进行修缮和改造。20 世纪 90 年代开始建立相应的机构组织，政府对其提供经济资助，并制定优惠政策，提供必需的社区服务设施。虽然在形成机制和本质特征等方面，国外的贫民窟与珠三角地区城市边缘村落存在不同，但都作为吸纳以进城农民为主的流动人口的低成本居住区，国外贫民窟的相关治理经验将对本书有一定的借鉴作用。珠三角地区城市边缘村落是在快速城市化过程中催生的独特的城市形态，国外没有与之完全相对应的城市空间概念。目前相关专门性研究成果不多。

（二）国内相关研究

1. 侧重概念解析

中国对于城边村的关注最早开始于 20 世纪 90 年代，是伴随着对城市边缘区的研究展开的，这个时期对城边村的研究针对性不强，只是作为城市边缘区研究的附属。中国学界对城边村的广泛关注开始于 2005 年。由于该研究还处于起步阶段，因此对于城边村的概念还没有形成统一的界定标准，甚至对城边村的命名都存在数十种，例如边缘村、边缘社区、边缘聚落、城边农村等。综观相关文献，学界对于城边村的概念解析主要从以下两个角度展开。

（1）从城市边缘区的角度

大多数学者都是通过对城边村所处的空间区位——城市边缘区的解析来间接定义城边村的，认为城边村是处于城市边缘区范围内的农村聚落或社区。朱火保等在详细归纳学界对城市边缘区定义的基础上，提出"城市边缘区是城市发展到特定阶段所形成的，紧靠城区的一种不连续的地域实体，是处于城乡之间、城市和乡村的社会、经济等要素激烈转换的地带"[①]。杨忠伟等从城乡关系的角度出发，认为城市边缘区是城乡要素碰撞融合的城市建成区外围地带，而位于其中的城边村则秉承了城市边缘区

---

① 朱火保、周祥：《城市边缘区新农村社区规划探索——以广州为例》，《建筑科学》2009 年第 4 期。

的属性特征，成为城市发展中城乡矛盾集中的焦点①。刘晖以城市化过程为研究视角，将城边村定义为位于城市边缘区的、将长期容纳城乡间巨大落差的缓冲空间，是外来流动人口进入城市的落脚点②。海贝贝用"城市边缘区聚落"来表征城边村，认为城边村是在聚落的属性上附加了城市边缘区的空间属性，是"边缘区"与"聚落"概念的双重叠加③。此外，祁新华应用区位商法和城市意象分析法对广州市的城市边缘区进行了空间范围界定，为城边村所处空间区域的划定提供了科学方法④。值得强调的是，从城市边缘区的角度来解析城边村时，很多学者仅重视对于"城边"的解析，往往忽视了"村落"的内涵，使其定义有失偏颇。除了城边村外，城市边缘区还包括农田、林地等其他用地，因此突出其"村落"的内涵才能真正定义城边村。

（2）从与"城中村"对比的角度

由于中国对城中村的研究理论体系相对完善，"城边村"作为"城中村"村落演进的前期阶段，常常通过与其对比的方式进行定义。例如，李培林从农业用地的角度，将城中村分为处于城市核心已完全没有农业用地的村落、处于城市周边尚有少量农业用地的村落和处于远郊还有较多农业用地的村落⑤。李肖敏从村落演进的角度，认为城边村是城中村的过渡阶段，是特殊状态和阶段下的城中村⑥。马航等在综合考虑村落的区位、农用地规模、产业结构、基础设施和人口素质的基础上，将城中村划分为成熟型、发展型和潜在型，而城边村则隶属发展型城中村的范畴⑦。虽然

---

① 杨忠伟、余剑、熊虎：《基于"灰色用地"规划的城边村的渐进改造》，《城市问题》2013年第4期。

② 刘晖：《珠三角城市边缘传统聚落形态的城市化演进研究》，博士学位论文，华南理工大学，2005年。

③ 海贝贝：《快速城市化进程中城市边缘区聚落空间演变研究——以郑州市为例》，博士学位论文，河南大学，2014年。

④ 祁新华：《大城市边缘区人居环境可持续发展研究——以广州市番禺、花都、增城为例》，博士学位论文，中山大学，2004年。

⑤ 李培林：《村落的终结：羊城村的故事》，商务印书馆2010年版。

⑥ 李肖敏：《郑州中心城区边缘村庄改造规划研究——以马寨、石佛等村为例》，硕士学位论文，西南科技大学，2012年。

⑦ 马航、何宁宁：《边缘效应下的深圳市城市边缘村更新改造研究——以龙岗区年丰社区为例》，《华中建筑》2014年第3期。

从城中村演变历程上看，城边村是城中村在早期阶段的一种发育形态，但是两者在人口构成、产业结构、村落景观特点和管理体制等方面已有显著差异，因此把城边村作为一种独立的村落形态研究更为可取。

2. 侧重村落特征

城边村处于城市核心区和乡村腹地的边缘过渡地带，兼具城市和乡村的双重属性。乡村和城市的特征元素在城边村不断碰撞、融合的过程中，经过组合和变异，形成了城边村所独有的复杂、多元、混合、动态变化等形态特征。下面从空间结构、土地权属、产业类型、社会形态五个方面来具体阐述其特征属性。

（1）空间结构

从城乡空间关系看，谢花林认为城边村空间与城市空间相比，具有强烈的异质性，是典型的生态敏感地区[①]。从整体空间发展看，孙文文在对西安进行案例研究的基础上，总结出城边村外部边空间扩展速度快，内部空间分布无序混乱，形成了农村建筑、工业建筑、城市建筑杂乱并存的景观[②]。刘韶军以河南省为例，认为城边村总体上数量大、规模小，布局过于松散且村内空地多，容积率及建筑密度低，建筑多以平房为主且布局混乱，缺乏整体性特征[③]。从细部空间特点的角度，叶云以城边村公共空间为切入点，深入分析了黄石市城边村的村口空间、街巷空间的演变规律[④]。从空间营建角度，王莉霞则以兰州市为例，认为城边村的空间营建往往出于自发，其无规划的混乱性集中表现在农村与城市用地交错、功能混合，城市道路与农村道路无序相接[⑤]。对于城边村空间特点的研究，已经涵盖了从宏观到微观层面，大多是对具体案例进行物理空间解读，从而

---

① 谢花林：《城市边缘区乡村景观评价的理论与方法研究——以北京市海淀区温泉镇白家疃村为例》，硕士学位论文，中国农业大学，2003年。

② 孙文文：《西安城市边缘区社区特征和发展规划研究——以西安市三兆村为例》，硕士学位论文，西北大学，2008年。

③ 刘韶军：《欠发达地区城市边缘区村庄发展特征及规划布局分析——以河南省为例》，《城市规划汇刊》2000年第3期。

④ 叶云：《城市边缘村落公共空间形态演变机制研究——以黄石市D社区F村为例》，《时代建筑》2013年第8期。

⑤ 王莉霞：《城市边缘区村落空间变动研究——以兰州市安宁区为例》，硕士学位论文，西北师范大学，2008年。

总结出共性特点。刘晖提出珠三角城市边缘传统聚落空间形态分阶段城市化演进的一般范型，初步揭示制度变迁与城市边缘区形态的互动关系①。李郇等以珠三角农村城市化为例，分析农村集体所有制单位促进分散的农村城市化空间形成的内生机制和外生因素②。

（2）土地权属

土地是城边村发展所涉及利益群体博弈的筹码，是形成其物理形态特点的本质原因之一，土地问题解决与否直接影响城边村城市化进程的成败。目前，对于城边村土地特征的研究主要集中在土地利用、土地权属、土地流转三个方面。祁双以长沙市真人桥村为例，认为城边村的土地利用存在土地整体利用率低下、村庄用地盲目扩张、村民宅基地多处占用、建设用地闲置率高等特点③。冯海峰等认为城边村的土地利用出现功能混杂、利用率低下且浪费现象严重、公共服务设施匮乏等问题④。以土地权属为研究切入点，刘云召阐述了城边村土地由于管理不规范、私下交易泛滥，导致土地权属界线不清晰、土地纠纷矛盾突出的特点⑤。从"村改居"过程中土地流转机制入手，刘莹提出城边村集体土地流转形式多元，正规与非正规流转渠道并存、涉及利益矛盾复杂等观点⑥。

（3）产业类型

城边村作为城市核心区部分产业的扩散空间，其原本以传统农业为主的经济结构已发生巨变，呈现出多种产业模式混合发展的特点。方美燕以重庆市主城区边缘村为例，认为其产业发展具有显著的复合型特征，不仅承接了主城区部分工业以及商贸、餐饮等服务业的产业业态，而且原本单

---

① 刘晖：《珠三角城市边缘传统聚落形态的城市化演进研究》，博士学位论文，华南理工大学，2005 年。

② 李郇、黎云：《农村集体所有制与分散式农村城市化空间——以珠江三角洲为例》，《城市规划》2005 年第 7 期。

③ 祁双：《城缘村土地集约利用规划研究——以长沙市真人桥村为例》，硕士学位论文，中南大学，2011 年。

④ 冯海峰、李斌、陈亮、李辉：《城市边缘区村庄土地利用探析——以沈阳市大民屯镇方巾牛村为例》，《建设科技》2010 年第 2 期。

⑤ 刘云召：《关于加强"城边村"土地管理的思考》，《河南土地管理》2006 年第 9 期。

⑥ 刘莹：《"村改居"社区土地流转机制研究》，硕士学位论文，天津大学，2013 年。

一的农业产业链也得到了拓展①。通过研究安康市城边村的产业类型，陈亚芬发现村内产业形式包括农业种植、畜牧业、商贸服务、劳务输出、村办工厂、运输业等，且业态的选择与距离城市腹地的距离密切相关②。

（4）社会形态

在城乡交融互渗的背景下，城边村的人口构成、居民就业结构、社会治理结构等也随之发生着巨变。荆万里以深圳市为例，其城边村具有职住一体、租金低廉、市场供给充足的特点，大量流动人口到此租房置业，成为人口构成异常复杂的外来人口聚居区③。通过关注城边村失地农民的就业趋势观察其社会角色的转变，杜洪梅认为由于农民自身的发展局限性和社会保障的缺失，增加了城边村农民再就业的难度④。在社会治理结构层面，李意认为城边村具有特有的"边缘治理"现象，城乡二元结构的治理体制导致了城边村治理依据的双轨化、管辖的错杂化、组织结构的两栖性、组织职能的城乡模糊性等特征⑤。

通过概念、特点综述，试图对城边村的完整内涵进行综合性定义：城边村在空间上位于城市边缘区，在发展阶段上隶属城中村演化的前期阶段，是在复杂利益群体、城乡二元社会互动作用下形成的具有相应物质空间和社会特征的半乡村、半城市化的过渡型聚落，兼具乡村和城市的双重属性，主要表现为杂乱的空间、粗放的土地利用、多元的产业类型和混合的社会形态等。

3. 侧重动力机制和面临问题

（1）发展演变的动力机制

城边村快速、多元、复杂多变的城市化进程是由其背后特有的动力机制推动的。经济基础决定上层建筑，城边村发展演化的动力归根结底来自

---

① 方美燕：《重庆市主城城乡边缘区农村经济发展研究》，硕士学位论文，西南师范大学，2002 年。

② 陈亚芬：《安康城市边缘区村庄空间整合研究》，硕士学位论文，西安建筑科技大学，2010 年。

③ 荆万里：《深圳市城边工业旧村流动人口居住问题与规划对策研究》，硕士学位论文，哈尔滨工业大学，2006 年。

④ 杜洪梅：《城郊失地农民的社会角色转换》，《社会科学》2006 年第 9 期。

⑤ 李意：《边缘治理：城郊村社区的公共组织结构与职能——以 T 村社区为个案》，硕士学位论文，浙江师范大学，2008 年。

城市整体发展的经济环境和市场规律。城边村因其显著的区位优势被市场优先选中，主动或被动地形成了特色鲜明的演变历程。范炜深入剖析了隐藏于城市边缘社区开发背后的经济学理论基础。通过分析阿隆索的竞标地租理论，他认为地租影响着各种土地利用类型在城市空间内的分布模式，而边缘社区由于地租低于城市核心区的竞价优势，往往吸引着不同经济体向城市边缘扩散。他还深入研究了影响中国土地价值的主要因素，得出边缘社区因其靠近城市的区位通达性和潜在的集聚效应成为众多经济个体选址的首选[1]。李世峰认为经济发展导致城乡要素的交叉和融合，城边村的城市化是生产力诸要素在物理空间分布上的重新组织，因而生产力发展是边缘村形成和发展的源动力[2]。

除了经济的发展水平从本质上起作用外，城市规划的导向、基础设施状况、相关利益主体的博弈与协作等因素也加速促进城边村的演进。周娟等论述了城边村人口的数量、质量、构成和迁移状况等与村落城市化速度及质量的相关性[3]。沈静等以广州市大石街为例，分析镇政府、开发商、村委会和村民的利益诉求对于村落空间结构变化的促进[4]。叶红等详细分析了广州市番禺区龙美村的城市化进程，认为中国目前的城乡土地二元所有制度和用地规划编制制度对于村落进一步开发的积极影响和消极阻碍[5]。

（2）面临问题

由于中国城边村的城市化路径还处于边实践、边总结的摸索阶段，时间短、速度快、自发性强、涉及的利益群体复杂、目标不确定性强、配套政策不完善，难免产生许多城市问题，主要表现在以下三个方面。

---

① 范炜：《城市边缘社区开发前期研究》，博士后研究报告，同济大学，2006年。

② 李世峰：《大城市边缘区的形成演变机理和发展策略研究——以北京市为例》，博士学位论文，中国农业大学，2005年。

③ 周娟、石铁矛：《区位对城市边缘区村屯发展模式影响的研究》，《小城镇建设》2005年第9期。

④ 沈静、魏成：《大都市边缘区空间结构演变中的多元利益主体格局——以广州市大石街为例》，《规划师》2009年第3期。

⑤ 叶红、郑书剑：《基于制度创新的城边村土地规划与开发研究——以广州市番禺区龙美村为例》，《国际城市规划》2011年第4期。

①产业附加值低、生态环境代价大

韩国超指出，由于中国城边村大多处于生态敏感性较强的区域，持续承接城市淘汰下来的高污染、低效益的产业，片面追求经济的收益而忽视生态环境的保护，造成了城边村的生态安全隐患，严重威胁着居民的健康。他以扬州市为例，通过引入"压力—状态—响应（PSR）"模型，构建了城边村生态安全评价的指标体系①。邹晓元以上海青浦区华新镇为例，发现城边村的生活污染是导致边缘区环境恶化的重要原因。而城边村生活污染主要来源于城市低附加值产业的转移和外来流动人口的大量涌进，致使城边村环境承载超负荷②。以广州为例，王凌等探讨了河网地区城边村的水环境变化，她认为城边村粗放的城市化建设导致大量自然水系被填平，水网系统支离破碎。且城边村落后的基础设施导致大量生活污水肆意排放，水污染程度不容乐观③。严宙宁等通过对深圳市南山区大墈和麻墈两个城市边缘社区的生活水源进行抽查，发现水样合格率仅为27.78%，城边村的水安全已受到巨大威胁④。

②社会阶层隔离、犯罪频发、行政管理混乱

首先，城边村的邻里隔离现象十分严重。李飞认为随着外来流动居民、市区外迁居民、当地回迁居民在城市边缘社区的混居程度日益增高，城边村的社会构成愈加复杂，形成相互隔离的居住群体，制约了邻里网络的构建⑤。其次，城边村的社区安全系数低，近年来犯罪率飙升。以北京市城边村为例，姚荣研究城边村犯罪率升高的症结在于城边村流动人口的复杂性和城边村自身空间的隐蔽性等⑥。最后，长期城乡二元的土地、经

---

① 韩国超：《基于 PSR 的城市周边乡村生态安全研究》，硕士学位论文，扬州大学，2013 年。

② 邹晓元：《城市边缘区农村生活污染研究——上海青浦区工业重镇华新镇为例》，硕士学位论文，复旦大学，2013 年。

③ 王凌、邓颖、周文颖：《河网地区城边村水体环境优化——以广州为例》，《中国园林》，2011 年第 10 期。

④ 严宙宁、温群文：《深圳市南山区城边村居民生活饮用水现状调查》，《中国热带医学》2011 年第 4 期。

⑤ 李飞：《论促进边缘社区整合的邻里环境营造》，硕士学位论文，同济大学，2001 年。

⑥ 姚荣：《文化冲突背景下边缘社区犯罪治理研究》，硕士学位论文，西南政法大学，2014 年。

济和管理体制导致城边村对城市化的不适宜，从而激发出很多社会矛盾，突出表现在正经历"村改居"的城市边缘社区中。

③空间布局杂乱且配套设施匮乏

城边村演变过程中的产业弊端和社会症结最终会通过其空间形态反映出来，表现为空间布局的混合杂乱和配套服务设施的匮乏等。沈静等通过分析位于城市边缘的广州大石街的空间特征，指出不同利益主体各自为政的开发导致了用地分散混杂、公共空间的缺失、公共服务设施的分散供给、高层次公共服务设施的缺位①。袁春来解读了广州番禺区边缘的城边村的空间形态，他认为存在的主要问题是空间扩张速度过快、空间利用粗放低效、闲置存量空间面积过大，违章建设现象频发②。

4. 侧重改造模式

（1）经济层面

城边村的可持续发展必须培育具有造血能力的产业，加强赖以生存的经济基础，以此为前提才能带动其他各个方面的改造。从农业发展角度，赵建华等以郑州市为例，认为农业产业融合发展的新趋势下，城边村发展不仅需要外在动力，更需要培养内生机制，其核心问题是产业发展问题。他建议应培育有特色的村庄产业组群，以产业发展引导村庄空间适当集聚，实现有差别的城乡一体化发展③。从工业发展角度，黄威文以深圳市龙西五联地区城边村企业发展为例，提出淘汰市场竞争力弱、污染性强的低端产能以实现"腾笼换鸟"④。

（2）社会层面

城边村的城市化必然导致村民角色的转换，如何保证村民在"农转非"过程中的民生权益，是维持社会稳定的关键。以上海市征用集体土地为例，陈映芳探讨了被征地农民因生存方式改变所带来的社会

---

① 沈静、魏成：《大都市边缘区空间结构演变中的多元利益主体格局——以广州市大石街为例》，《规划师》2009 年第 3 期。

② 袁春来：《番禺区社会主义新农村建设中城边村问题与对策探讨》，《规划师》2009 年第 S1 期。

③ 赵建华、田银生：《转型时期城市空间的发展特征研究——以郑州为例》，《南方建筑》2010 年第 1 期。

④ 黄威文：《大城市边缘地区发展策略探究——以深圳市龙西五联地区为例》，《2012 中国城市规划年会论文集》，2012 年。

角色转变和再就业，并以此为切入点阐述城市化对失地农民的影响，从市民化的角度解释了获得上海市城镇户口、养老保障等的村民对现状不满的原因，进一步探讨了土地征用与农民生存权保障的相关性①。毛丹等通过修正斯科特农民道义经济学"安全第一"的理论，分析城郊农民不愿意转变为市民的原因是心理缺乏安全感。安全感缺失主要是政府推动城市化过程中忽视了农民对土地的依赖感，且在征地过程中没有找到替代方式②。张连业等采用嵌套 Logit 模型，考察和分析城郊被动型城市化过程中影响城郊农民非农就业意愿及成功实现就业转移的因素③。

（3）政策层面

从配套政策的整体系统性出发，裴丹等以佛山市顺德区马岗片区为例，提出将土地开发经营制度、农村管理体制、就业和社会保障制度作为整体系统，探讨城市边缘区农村城市化和谐发展的模式④。何鸿鹄以佛山市新城市中心南片区村落更新为例，提出与城边村更新相关的规划、经济、物质形态、利益主体等影响因素，并通过优化集体经济体制改革政策、安置流动人口政策、保护传统文化等策略来实现城边村的更新⑤。此外，一些学者深入研究与城边村发展息息相关的某个领域，并通过该领域政策的优化来促进城边村的健康发展。例如，胡智清等通过研究温州、杭州等经济发达、村镇密集地区的城边村现状，提出城边村面临的矛盾和问题，主张从完善社会保障政策等方面加以解决⑥。陈展图等则深入研究城边村农地整体流转制度，指出在制度优化的过程中应该注意保护耕地、保

① 陈映芳：《征地与郊区农村的城市化（上海市的调查）》，文汇出版社 2003 年版。

② 毛丹、王燕锋：《J 市农民为什么不愿做市民——城郊农民的安全经济学》，《社会学研究》2006 年第 6 期。

③ 张连业、杜跃平、张爱婷、董国强：《城郊被动型城市化进程中农民就业转移的调查分析》，《农业经济问题》2007 年第 3 期。

④ 裴丹、李迪华：《城市边缘区农村城市化和谐发展的模式研究——以佛山市顺德区马岗片区为例》，《城市发展研究》2006 年第 3 期。

⑤ 何鸿鹄：《大城市边缘区村庄更新策略研究——以佛山市边缘八个村为例》，硕士学位论文，华中科技大学，2005 年。

⑥ 胡智清、周俊、洪江：《城市边缘区域村庄规划策略研究——以经济发达、村镇密集地区为例》，《规划师》2003 年第 11 期。

证农民的长久生计①。

（4）空间层面

对于城边村空间整合的研究主要包括两个视角，一个是以村落群体空间为对象进行的整合优化，另一个则是以村落内部空间为对象进行的改造升级。陈亚芬以安康城边村群落为研究切入点，总结出其空间整合主要有三种方式，即搬迁型、保留整治型和新建型。规模小、布局散、环境差的村落通常被就近并入发展空间潜力较大的村庄；具有一定发展潜力的村庄通常采取空间整治，主要涉及居民点空间和产业空间的优化布局；而新建型村庄主要针对土地已被全部征用，需要择址另建的城边村②。陈丽在深入研究南京市城边村空间整合路径后，提出大城市城边村空间重构的模式主要有整体搬迁型、就地改造型和改善提高型。其中搬迁型的村庄主要是位于生态敏感区或处于城市重点建设区内的小规模村落；就地改造村庄的选择主要兼顾村落分布的均衡性，保留具有一定价值的村落；改善提高模式适合在城市远景发展预留区内的、社会经济基础较好的大规模村庄③。总之，不同地域城边村群落的空间整合路径都大同小异，归纳起来主要有针对规模小、发展潜力小的村落采取的搬迁模式；针对规模大、发展潜力大的村落的就地改造升级模式；契合城市发展功能布局、用来安置动迁村民的新建模式。

在村落内部空间的优化升级方面，伍锡论等总结了苏州边缘居住型村落的优化主要通过功能结构布局调整、道路交通系统优化、绿地景观系统梳理和公共服务设施重构四种途径来实现。在空间功能布局上，他提出以街坊邻里为功能整合单元，延续原有苏福路商业段为社区商业发展轴，形成社区级公共中心与街坊邻里级服务中心④。王景良认为提高公共空间的品质是改善城边村空间质量的必要途径，此外他还强调区域协调的交通空

---

① 陈展图、杨庆媛：《城市边缘区农地整体流转模式探析——以重庆市江北区双溪村为例》，《农村经济》2009 年第 7 期。

② 陈亚芬：《安康城市边缘区村庄空间整合研究》，硕士学位论文，西安建筑科技大学，2010 年。

③ 陈丽：《大城市边缘区村落空间的变动与重构——以南京市为例》，硕士学位论文，南京师范大学，2006 年。

④ 伍锡论、曾珣：《城市边缘住区的规划设计与社区发展探讨》，《山西建筑》2008 年第 6 期。

间整治、完善外部通道快速疏散机制，增加与外围主要城市中心的联系，达到城乡整体空间的统一①。

①公共服务设施建设

公共服务设施匮乏现象在中国城边村是普遍存在的，这不仅大大降低了村落的环境品质和居民的生活质量，也拉远了城边村与城市的差距，因此很多学者对城边村的公共服务实施配置进行了专项研究。孙文文在解读《上海市社区公共服务设施配置的指导意见》的基础上，对比了西安市城边村在公共服务设施配置上的缺陷，提出公共服务设施布置要求和布局形式的建议，并将此配置原则用于西安三兆村的公共服务设施优化上②。姜芸在分析中国城边村公共服务设施现状、问题及其成因的基础上，对成都市边缘社区的公共服务实施情况进行了实地调研，呼吁城边村的公共服务设施要实现"三个升级"和"两个转变"。"三个升级"是指"营建设施层级网络，促进城市公共职能升级；完善服务多元供给体系，促进城市服务品质升级；保障面向全体阶层的生活便利和社会福利，促进城市宜居度的升级"。"两个转变"是指公共服务设施规划操作过程中关注重点的转变和配置模式的转变③。丛杰以威海市边缘社区为研究对象，根据居民的需求和满意度调研统计，总结出公益性公共服务设施的配置问题和改造的建议④。

②景观风貌优化

城边村在融入城市的过程中，不断与城市进行市场对接、人口互渗，稍有不慎便被城市所同化，造成村落文脉的断裂和特色的丧失，这一问题在历史文化型城边村尤为明显。因此城边村改造过程中要特别注意自身景观风貌特色的保留和优化。马航在总结中国古村落空间规划特点的基础上，分析了其空间形态背后的综合动因，为古村落的风貌特色保护与发展

① 王景良：《中小城市边缘区"初生型"城中村更新策略研究》，硕士学位论文，郑州大学，2014年。

② 孙文文：《西安城市边缘区社区特征和发展规划研究——以西安市三兆村为例》，硕士学位论文，西北大学，2008年。

③ 姜芸：《大城市边缘社区公共服务设施发展研究》，硕士学位论文，西南交通大学，2007年。

④ 丛杰：《威海市边缘社区公益性公共服务设施问题研究》，硕士学位论文，山东建筑大学，2009年。

策略提供了系统思路①。李禹辰等运用计量方法对深圳市宝安区古村落风貌价值进行评估，在此基础上提出相应保护策略及开发利用模式，为中国经济发达地区古村落风貌保护提供参考②。袁倩引入再生概念，提出广州市边缘区历史村落更新的再生模式，通过启动区的建设带动村落内历史元素的网络化构建，从而使村落在保留原有历史文化风貌的基础上具有对外展示的功能③。

三 乡村旅游的研究

（一）国内相关研究

2001 年，随着国家旅游局把推进农业旅游作为年度工作重点，中国各地掀起了乡村旅游的实践热潮。2007 年，以国家旅游局推出"中国和谐城乡游"为契机，全国涌现出一批具有乡土风情的旅游村。由此可见，中国乡村旅游的实践探索历史只有短短十几年的时间。景区依托型乡村作为旅游村的一种类型，其相关研究工作还处于起步阶段，成果数量较少，理论的系统性较弱，主要是针对具体实践的"个案总结"式探索。

通过分析现阶段相关研究成果，发现研究内容主要涉及概念解析、村落与景区的互动关系、村落空间和景观改造方法、旅游开发和管理策略等四方面。很多学者仿效"城中村""城边村"的命名逻辑，根据村落与景区的相对位置关系，将"景区依托型村落"简称为"景中村"或"景边村"。李王鸣等通过资料查阅得出，"景中村"的概念是由杭州市政府于2005 年在《杭州西湖风景名胜区景中村管理办法》中首先提出来的。该办法将景中村定义为"由杭州西湖风景名胜区管理委员会托管的，与西湖风景名胜区特定景区融为一体的，具有较好的自然风貌、旅游资源丰富的村庄（社区）"④。杨效忠等以山岔村与黄山风景区的互动关系为研究切

---

① 马航：《中国传统村落的延续与演变——传统聚落规划的再思考》，《城市规划汇刊》2006 年第 1 期。

② 李禹辰、罗述龙、赵品明：《论都市古村落保护与再生——以深圳市宝安区古村落为例》，《中国名城》2011 年第 5 期。

③ 袁倩：《基于广州城市边缘区历史村落的保护与更新模式研究》，硕士学位论文，华南理工大学，2010 年。

④ 李王鸣，高沂琛、王颖、李丹：《景中村空间和谐发展研究——以杭州西湖风景区龙井村为例》，《城市规划》2013 年第 8 期。

入点，分析了黄山景区对山岔村经济、社会文化、环境、社区参与等方面的影响。在此基础上，他提出了村落与景区产生耦合关系的动力来源于两者之间的位差潜势、催化潜势、管理潜势和多稳定潜势①。城乡规划、建筑学、景观学领域的学者主要结合村落改造实践的案例，从空间改造、景观营建、基础设施配套的角度来研究景区依托型村落的改造路径。郑捷等以浙江杭州灵隐景区法云古村的改造为例，阐述了其在旅游驱动力下村落外在环境、空间结构和内部文化内涵、人口结构的深刻变化，并推广该村落在改造过程中对于山林水石等景观元素的意境布置、建筑户外及内部空间的设计技术手法等②。龚一红通过综述杭州景中村改造的 5 个经典案例，指出以"项目带动"为主的更新路径不仅从物质层面改善了村落的环境品质，还从产业层面保证了村落的可持续发展，是有机更新理论在杭州"景中村"改造过程中的集中体现③。

（二）国外相关研究

国外的乡村旅游最先起源于 19 世纪 30 年代的欧洲，但乡村旅游成为大众化的消费活动则要追溯到 20 世纪 60 年代的西班牙。由于对乡村旅游长期的实践探索和理论积累，国外已经形成了较为系统的理论框架。其中，不少国外学者对于景区依托型村落也展现出很大的研究热忱。但纵观国外相关的研究成果，大都是以旅游管理、农业发展、村落社会和文化变迁等为切入点，针对物质空间改造和硬件设施提升的研究相对较少。在旅游管理层面，Aliza Fleischer 等以 197 个以色列乡村旅游的经营商为调研对象，从旅游乡镇企业运营的宏观角度阐述了乡村农业与旅游开发的关系，并指出乡村旅游景点和旅游经营者的聚集会产生强大的外部效应，将使每个从事乡村旅游的个体经营者受益④。L. Roberts 全面回顾了欧洲乡村旅游的实践和研究历程，并重点阐述了现代旅游消费模式的转变、相关政

---

① 杨效忠、叶舒娟、冯立新：《景区依托型旅游村与核心景区耦合发展研究》，《云南地理环境研究》2011 年第 4 期。

② 郑捷、陈坚：《心相的呈现——浙江杭州灵隐景区法云古村改造设计》，《建筑学报》2012 年第 6 期。

③ 龚一红：《杭州"景中村"的改造模式的探究》，《建筑与文化》2012 年第 6 期。

④ Aliza Fleischer, Anat Tchetchik, "Does rural tourism benefit from agriculture?", *Tourism Management*, Vol. 26, 2005, pp. 493 – 501.

策对乡村旅游管理的影响以及旅游村落在此过程中承担的职能和受到的影响等方面①。在农业发展层面，R. L. Bowen 等提出能够反映乡村旅游地的农业发展与旅游经营联系性的概念模型，并将此模型应用到对美国夏威夷景区周边乡村的实证研究中。他发现，特有的农产品、当地稀缺的资源和政府配套政策是影响联系性的最重要的因素②。在村落文化社会变迁层面，Franz Höchtl 等详细调研了位于意大利 Val Grande 国家公园景区内部的 Premosello Chiovenda 村落，发现了村落景观正由于用地废弃而逐步衰退，乡村原住民也开始外迁。此外，他还研究了在此衰退过程中，乡村文化得以保留的方法以及游客对此的反应③。Luh Ketut Yulitrisna Dewia 以位于印尼巴厘岛景区内部的 Pancasari 村为研究对象，阐述了在景区的游客容量达到饱和的状态下，周边村落在分担旅游服务职能的过程中出现的社会问题，例如社会福利分配问题和环境污染问题等。在此基础上，他将可持续旅游（sustainable tourism）'的理念引入 Pancasari 村的旅游开发中，试图找到影响该村旅游可持续发展的相关因素④。

四 村落公共空间与公共服务设施配套的研究

（一）国内村落公共空间研究现状

1. 从社会学角度对村落公共空间的研究

吕红医等以社会学作为切入点对村落公共空间进行研究，把其分为积极空间、半积极半消极空间和消极空间，影响公共空间场所意义的因素主要有政治因素、经济因素、历史因素和文化因素⑤。周尚意等以村落生活

---

① Roberts, L., Hall. D. Rural, Tourism and Recreation: Principals to Practice, CABI Publishing, 2001.

② Bowen, R. L., C., Susanne Lehringer, "The Interface between Tourism and Agriculture", *Journal of Tourism Studies*, Vol. 2, No. 2, 1991: 43 – 54.

③ Franz Höchtl, Susanne Lehringer, " 'Wilderness': *what it means when it becomes a reality-a case study from the southwestern Alps*", *Landscape and Urban Planning*, Vol. 70, 2005, pp. 85 – 95.

④ Luh Ketut Yulitrisna Dewia, "Modeling the Relationships between Tourism Sustainable Factor in The Traditional Village of Pancasari", *Procedia-Social and Behavioral Sciences*, Vol. 135, 2014, pp. 57 – 63.

⑤ 吕红医、李立敏、吕昀：《场所的丧失与重构——下伏头村公共空间形态分析》，《新建筑》2004 年第 6 期。

与公共空间的分布情况为切入点对村落公共空间进行研究，即使村落社会生活发生变化，其公共空间的分布仍以必需性活动地点为主，并且活动的种类往往变得多样化[①]。陈金泉等以公共空间本身功能为出发点，指出公共空间的社会作用与意义[②]。

2. 从城市规划学角度对村落公共空间的研究

黄黎明以建筑学视角为切入点，对楠溪江典型的村落公共空间进行研究，分析其村落公共空间的组织方式、处理手法和空间界面特征[③]。王冠贤等对珠江三角洲的古村落形态变迁历程进行分析解读，对影响其形态演变的关键因素进行深入剖析[④]。业祖润基于空间结构理念，分析了古村落的空间格局，认为以祠堂、庙宇等重要公建为中心的内向型集中式组团布局是中国传统村落的典型空间形态[⑤]。

3. 广州小洲村公共空间研究现状

（1）对广州小洲村公共空间的保护研究

孙翔从保护角度出发，探讨了小洲村历史文化保护区的保护规划编制工作，主要针对自然风貌、历史建筑和村落格局的保护进行研究[⑥]。张万玲以适度经济开发为切入点，提出不仅对小洲村进行保护规划，还要重视村落的经济发展，在保护与开发中寻找新的平衡点[⑦]。刘挺等以广州城市化为背景，在小洲村的历史文化资源得到保护的前提下，提出小洲村的发展策略，寻求保护与发展的最大利益化[⑧]。陆琦等以村落整体格局与空间

---

① 周尚意、龙君：《乡村公共空间与乡村文化建设——以河北唐山乡村公共空间为例》，《河北学刊》2003 年第 2 期。

② 陈金泉、谢衍忆、蒋小刚：《乡村公共空间的社会学意义及规划设计》，《江西理工大学学报》2007 年第 2 期。

③ 黄黎明：《楠溪江传统民居聚落典型中心空间研究》，硕士学位论文，浙江大学，2006 年。

④ 王冠贤、陈冰：《珠三角经济区村落形态的演变分析——以中山冈东村为例》，《规划师》2002 年第 8 期。

⑤ 业祖润：《传统聚落环境空间结构探析》，《建筑学报》2001 年第 12 期。

⑥ 孙翔：《历史文化保护区保护规划编制工作探讨——以广州市小洲村为例》，《规划师》2008 年第 12 期。

⑦ 张万玲：《适度经济开发视角下的历史文化村镇保护规划——以岭南水乡古寨小洲村为例》，《华中建筑》2011 年第 9 期。

⑧ 刘挺、肖鹤：《城市化下的岭南特色水乡村落的保护性开发——以小洲村保护发展规划为例》，《华中建筑》2011 年第 8 期。

形态为研究对象，总结了梳式布局与网状河涌的典型特征、作用与意义①。

（2）对广州小洲村公共空间的发展研究

莫树培以村落景观为研究对象，以景观的保护与利用为研究内容，对其景观进行保护方案设计，并制定了村落空间、绿地、道路、水体规划导则，引导村落科学秩序地发展②。卓柳盈以小洲村建筑与景观风貌为研究内容，对其现状进行不同层面研究，针对存在问题，提出相应整治方案和控制引导③。许松辉从社会、经济和生态层面对小洲村进行研究，寻求其内源性和外源性相结合的发展模式④。

国内对于公共空间的研究大部分集中于城市公共空间，对村落公共空间的研究较少；而对于村落公共空间的研究主要从社会学和城市规划学角度切入，并且偏社会学角度研究较多；对于小洲村公共空间的研究，主要从保护和发展两方面进行研究，而对于小洲村公共空间的评价研究是较少的。

（二）国内社区级生活类服务设施配置基础理论研究

1. 设施配置标准方面

赵民认为居住区级的生活类服务设施配置标准已经不再符合当前城市日益更新的步伐，应针对不同的服务群体进行不同的配置，从而处理好区域和社区之间的平衡关系⑤。任远对科学化的社区服务和多元化的投入提出了相应的对策——“双向互动”机制，即居住区公共建筑和社区服务设施在体系、配置标准、内容和管理等方面都作双向互动的调整⑥。张大维等人参考北京、上海等多地区的居住区生活类服务设施设计规范标准，对武汉市居住区生活类服务设施配置的规划项目、实施标准等提出了建设

---

① 陆琦、卓柳盈：《广州市小洲村的整体格局与空间形态》，《南方建筑》2011 年第 1 期。

② 莫树培：《小洲古村落景观保护与艺术利用的发展研究》，硕士学位论文，广州大学，2010 年。

③ 卓柳盈：《广州市小洲村建筑与景观风貌的整治研究》，硕士学位论文，华南理工大学，2011 年。

④ 许松辉：《“园中村”改造与发展探索——以广州市小洲村为例》，《规划师》2007 年第 6 期。

⑤ 赵民：《居住区公共服务设施配建指标体系研究》，《住区规划研究》2002 年第 12 期。

⑥ 任远：《城市社区服务建设问题与对策研究》，《现代城市研究》2001 年第 5 期。

意见①。

2. 边缘区生活类服务设施方面

姜芸对中国大城市边缘社区生活类服务设施存在的主要问题及成因进行论述，探讨设施建设与居民需求之间的矛盾，总结出大城市边缘居住区的主、客观影响条件，并提出边缘居住区未来发展思路，包括多元分异供给、多级服务网络和多方协作机制等三大策略②。曾辉鹏从三方面阐述了边缘区商业空间的发展条件，第一，商业设施的配置方式反映出了不同阶段商业服务水平；第二，商业空间发展的是人口、交通等因素和边缘区演化方式、驱动力；第三，边缘区的商业空间发展要分阶段、分区域、分次序地完成③。

3. 人口因素方面

钱伟认为影响居住区公建配套的主要因素是人口结构、经济运行方式的变化、生活方式的转变、价值观念的变化和信息网络化，并且对居住区的生活类服务设施配套项目提出了优化的建议④。胡伟认为城市规划只偏重研究物质空间规划，只注重宏观尺度的经济、社会效益。而社区规划则更加注重精神空间的建设、社区条件改善以及居民的满意度⑤。

4. 国内基于 GIS 技术的生活类服务设施配置研究

在公共服务设施布局方面，GIS 技术的出现使生活类服务设施在选址方面更加准确和便捷，大大促进了生活类服务设施布局研究的发展。唐少军等建立空间数据库系统，将其与 GIS 技术的研究区域数据进行可视化结合，分析了公共厕所布局的区位因素，最后通过模型的建立得出长沙市公共厕所空间布局优化方案⑥。邓晓帆等研究了小学布局调整，并从定性的

---

① 张大维、陈伟东、李雪萍、孔娜娜：《城市社区公共服务设施规划标准与实施单元研究——以武汉市为例》，《城市规划学刊》2006 年第 3 期。

② 姜芸：《大城市边缘社区公共服务设施发展研究》，硕士学位论文，西南交通大学，2007 年。

③ 曾辉鹏：《城市边缘区商业空间渐进建设及规划研究》，硕士学位论文，广州大学，2012 年。

④ 钱伟：《城市居住社区公共服务设施配套问题的研究》，硕士学位论文，浙江大学，2004 年。

⑤ 胡伟：《城市规划与社区规划之辨析》，《城市规划汇刊》2001 年第 1 期。

⑥ 唐少军、刘兴权：《基于 GIS 的公共服务设施空间布局选址研究》，中南大学，2008 年。

角度讲述了学校的布局方法①；以公平性为视角，张建中等人研究了公共设施布局方面的情况②。牛强等对现实路网的公共设施和市政公用设施的优化布局进行了研究③；徐梅对公共设施区位选址的目标和原则进行了研究④；谢静对社区的生活类服务设施布局进行了研究⑤。

同样，GIS 技术对城市交通、旅游路线起到了很大的作用，利用 GIS 技术的最佳路径为重要节点之间选择最快捷的路线。在使用 GIS 技术对交通网络进行路径分析时，可分为距离花费最短路径、时间花费最短路径、费用花费最小路径、油耗花费最小路径、安全舒适最优路径等问题。一般地，距离花费最短路径是许多旅行者都特别关注的问题，因此对距离花费最短的最佳路径分析成为 GIS 技术研究的重要问题之一。吴柏清等通过 GIS 技术中的网络分析法来建立城市智能交通网络系统，为城市提供坚实的基础设施保障⑥。张弼尧等采用 GIS 技术中的网络分析法对哈尔滨市道路、铁路、建筑物、河流等要素建立了数据库，并且在主要地点、景点之间建立最佳的路径以及查询功能⑦。

5. 国内旅游类服务设施配置基础理论研究

段晓云研究了城市公共开敞式休闲街区的旅游类服务设施，提出在建设旅游类服务设施的同时要考虑到不要与在这里居住的人群所使用的生活类服务设施形成矛盾，并且提出旅游类服务设施要在公共信息服务、交通便捷服务、安全保障服务、惠民便民服务、环境优化服务等五方面进行建设⑧。乌伊罕等以克什克腾旗旅游为例，对生活类服务设施的现状进行调查，发现旅游基础设施条件不够完善，生活类服务设施、附属设施建设水

①　邓晓帆、廖清平：《农村小学网点布局的调整》，《江西教育》2001 年第 4 期。

②　张建中、华晨、钱伟：《公共设施分布公平性问题初探》，《规划师》2003 年第 9 期。

③　牛强、彭种：《基于路网的公共及市政公用设施优化布局模型初探》，《交通与计算机》2004 年第 5 期。

④　徐梅：《论地方公共设施区位选择的目标与原则》，《生产力研究》2005 年第 10 期。

⑤　谢静：《居住社区公共设施布局的原则》，《山西建筑》2007 年第 5 期。

⑥　吴柏清、何政伟等：《城市交通网络最佳路径分析》，《资源开发与市场》2008 年第 4 期。

⑦　张弼尧、王维芳：《基于 GIS 的哈尔滨市最佳路径分析》，《林业科技情报》2011 年第 4 期。

⑧　段晓云：《城市开放式休闲街区的旅游公共服务设施建设》，《中国旅游报》2013 年第 11 期。

平不高，制约着克什克腾旗旅游类服务设施的发展，应实施基础设施建设，整合旅游资源、加强品牌建设以及加大旅游业经营主体的监督与服务[①]。王海勇对文化遗产旅游类服务设施的规划方法进行了研究，并阐释了文化遗产保护与利用的价值观，提出对文化遗产旅游区的服务设施进行分区、分类的方法，并对国内外旅游区服务设施的分区分类方法进行举例和利用[②]。王海波等以游客对苏州园林景区服务设施的满意度进行分析，对景区内的道路、垃圾桶、路标指示牌、路灯、卫生间等 10 项生活类服务设施项目进行公众满意度调查并得出评价以及相应的建议[③]。张慧婷等认为中国现行的公共服务设施规范标准中对旅游地的商业服务设施的配置标准不清晰，在对商业服务设施进行剖析之后，从商业服务体系空间结构、旅游型城镇商业服务设施布局的影响要素、商业服务中心布局的模式，以及商业服务网络与旅游网络结合等方面进行研究，对关中地区旅游地的商业服务设施提出新的空间布局思路，并进行实例验证[④]。彭黎君等运用层次分析法对川西古镇的旅游类服务设施配置比例和性能进行评价，发现住宿设施、娱乐设施、交通设施等方面存在的不足，提出规划建议[⑤]。

6. 国内外研究的问题与启示

国外生活类服务设施相关的研究已经成熟，对生活类服务设施的可达性、选址、布局等都有很深入的研究。国内对生活类服务设施的研究也早已开始，但研究尚不成熟，对于中国很多特殊国情的问题没有具体的研究，在这方面设施的配置标准和布局方面的研究还处于起步阶段。

---

① 乌伊罕、李俊清：《克什克腾旗旅游公共服务体系建设——现状——问题与对策》，硕士学位论文，中央民族大学，2013 年。

② 王海勇：《文化遗产区旅游服务设施规划方法探析》，《江苏城市规划》2006 年第 5 卷第 138 期。

③ 王海波、朱兰兰、张秋芳：《游客对景区旅游服务设施的满意度调查分析——以苏州古典园林为主》，《中国西部科技》2012 年第 7 卷第 11 期。

④ 张慧婷、雷会霞：《关中地区旅游型城镇商业服务设施规划研究》，硕士学位论文，西安建筑科技大学，2013 年。

⑤ 彭黎君：《川西古镇旅游服务设施评价体系研究》，硕士学位论文，西南交通大学，2009 年。

（1）社区生活类服务设施

国内的学者已经开始对社区生活类服务设施规划的优化问题进行研究，但是没有结合居民的需求和设施配置进行分析，也没有将安全理念、步行空间理念等相结合。目前《城市居住区规划设计规范》（2002 年版）中公共服务设施配置标准已经不能满足发展的需求。目前关于古村生活类服务设施配套的研究相对较少，国内外的研究分为两种，一种是城市社区级别，以居住区、居住小区、居住组团为研究对象；另一种是乡村级别。对城市中文化古村专属类生活类服务设施的研究较少。

（2）旅游类服务设施

由于中国旅游业发展的局限性与中国旅游基础理论比较薄弱，因此目前中国对于旅游类服务设施的研究尚属初级阶段，并且研究不够深入，旅游类服务设施理论体系有待建立和完善。

（3）GIS 技术的应用

国内外关于应用 GIS 技术的方法涉及公共服务设施的公平性与可达性、区位选址、设施供给等方面，研究角度也是多方面、多层次的，为公共服务设施的空间布局提供了依据。国内外大部分将 GIS 技术手段应用在大尺度的空间当中，对于小尺度内的研究目前还较缺乏。

本书基于上述不足，在第四章第二节中采用网络分析法对凤凰古村的生活类服务设施的配置和旅游类服务设施配置进行研究，总结出适合古村目前阶段的生活类服务设施项目及布局，从而将弥补古村生活类服务设施配置研究的不足。

五　共生理论相关研究

"共生"的概念最早出现在生物学领域，发展至今已成为一个存在于社会学、建筑学、经济学等多个领域的概念，本书主要借鉴生物学共生理论，并结合了城市规划领域古村落保护与更新的相关理论。

（一）生物学领域相关研究

共生（Symbiosis）来自希腊文"Sumbioein"，是共同生活的意思。"共生"最早是一个生物学领域的概念，1879 年由德国真菌学家德贝里（Anton de Bary）提出，他将共生定义为不同物种共同生活，相互间不断地交换物质与传送能量。寄生也是共生的一种形式，但双方短暂的相互作用不是共生关系。科勒瑞（Ccaullery）和刘威斯（Leweils）定义了多种不同物种生物体间相互作用关系的概念，包括共生、寄生、互惠共生等，认为共生是生物界普遍存在的现象。斯哥特（Scott）提出共生关系是生物体生存作用的永恒特征，是生物体间生理上需要平衡的状态。泰勒（Taglor）指出，内共生是一种特殊方式的动植物与微生物共生关系。

（二）城市规划及建筑领域相关研究

袁纯清将生物学领域的共生学说引入社会经济学领域，他认为共生既是一种生物间的相互作用现象与生存机制，也是一种社会现象和科学方法。共生是指在一定的共生环境中，共生单元之间按某种共生模式建立的相互作用关系，包括共生单元、共生模式和共生环境等三大基本共生要素，共生模式会由于共生单元和共生环境的变化而变化①。

共生理论应用在城市方面的研究中，张旭详细研究了如何构建和发展城市共生系统，指出共生理论三要素与城市各个系统有许多相似的方面，认为结合共生理论的城市系统共生是一种多样化且高效率的模式②。王璠在共生理论指导下构建了中小城市空间结构的共生系统，阐述了共生系统的多个层面，深入研究了共生系统的特征和作用机制、区域共生特征③。

在住区方面的研究中，通过研究重庆市主城区山地大型住区，潘晶提出了步行系统布局与地形环境、步行路线与道路系统等多方面的共生策略④。倪亚洲分析了山地住区与共生理论相结合的可能性，明确了公共服务设施的共生三要素，通过重新构建公共服务设施共生单元、优化共生模式和打造积极的共生环境，提出规划发展策略构建了重庆山地住区公共服务设施的共生系统⑤。王莹颖从共生三要素角度研究了重庆山地大型住区户外交往空间现状及共生存在的问题，并针对共生问题提供了合适的

---

① 袁纯清：《和谐与共生》，社会科学文献出版社 2008 年版。

② 张旭：《基于共生理论的城市可持续发展研究》，硕士学位论文，东北农业大学，2004 年。

③ 王璠：《基于共生理论的中小城市空间结构发展策略研究》，硕士学位论文，哈尔滨工业大学，2010 年。

④ 潘晶：《基于共生理论的重庆山地规模住区发展研究》，硕士学位论文，重庆大学，2012 年。

⑤ 倪亚洲：《基于共生理论的重庆山地规模住区发展研究》，硕士学位论文，重庆大学，2013 年。

规划方法和强化共生效果的规划实施层面的相关建议以保证共生关系可持续①。

在历史文化遗产与共生结合方面的研究中，刘丹将黑川纪章的新共生思想的主要内容引入城郊历史文化村镇与城市关系的研究中，提出文化共生是共生的基础，与新共生思想中异质文化共生相一致；共生的形态是经济共生和环境共生，与新共生思想中经济与文化、人与自然、历史与未来等共生相一致②。杨帆在研究中详细论述了黑川纪章共生思想的含义，提出了历史街区需要与城市环境共生、与时空多维度共生以及与物质文化资源共生③。

六　研究综述

总体而言，目前针对珠三角城市边缘社区的研究有限，一些重要问题有待进一步研究，主要体现在三方面。

（1）国内相关研究主要集中在位于城市内部的"城中村"的空间地域特征和社会属性，以及"城中村"的形成机制与改造模式上，对位于城市边缘区的村落的形成机理、发展模式、与城市空间互动关系等方面缺少全面性、系统化的深入研究。

（2）由于珠三角城市边缘社区的形成过程、社会、经济、物质空间层面的特征不同于中国其他经济发达地区的城边村，对其进行专项研究，将有助于了解珠三角独特的城市化现象。目前针对珠三角城市边缘村落的研究主要体现在深圳、佛山、顺德等城市个案的物质空间改造策略上，缺乏对该区域城市边缘村落空间概念的系统理解，还没有形成对此类现象科学的、客观的全面阐释。

（3）村社区的形式构成了珠三角城市边缘区的基本单位，这些单位的发展和互动将影响珠三角城市边缘区的社会经济发展，已有研究多为城

---

①　王莹颖：《基于共生理论的重庆山地规模住区发展研究》，硕士学位论文，重庆大学，2012年。

②　刘丹：《转型社会中的城郊历史文化村镇与城市共生关系研究》，硕士学位论文，河北工业大学，2012年。

③　杨帆：《基于共生思想的历史街区更新策略研究》，硕士学位论文，大连理工大学，2012年。

市边缘区尺度，对社区微观尺度的城市边缘村落的研究不多，基于 SPSS 数据统计软件、GIS 技术的空间模拟方法，以及 SWOT 空间分析方法研究城市边缘村落的空间结构更为少见。

第 三 章

案例研究一:村落与城市互动发展更新

第一节 与城市共生的村落开发与
更新——深圳凤凰古村

一 深圳凤凰古村与城市共生现状及问题分析

深圳凤凰古村位于深圳宝安区福永凤凰社区,是深圳保存最完好的广府式古村落。2013 年 10 月、2014 年 5 月和 6 月笔者及研究团队分三次对凤凰古村进行了实地调研,三次调研的结果差别较大。2013 年第一次调研,凤凰古村年久失修,原住民大部分迁出使建筑大量空置破败,少数古建筑内有打工者租住。古村整体环境较差,缺少社会生活活力,古村落亟待修复与更新。2014 年 5 月,凤凰古村作为文博会分会场,修复更新了古村落靠近凤凰山大道的北侧区域。古建筑被改造为展示非物质文化遗产的展厅,吸引了大量游客。一个月后再到凤凰古村补充调研,发现"深圳文博会"结束后,凤凰古村既没有人居住,也没有人来此地参观。虽然空间环境较以前有改善,但与周边城市相比依旧是缺乏经济及生活活力。可见凤凰古村的保护更新在物质空间改善上起到一定作用,但未具有长久的活力,因此凤凰古村需要与凤凰社区共生以实现可持续的发展。

本节的主要内容是对凤凰古村与凤凰社区的现状及以往的保护更新措施进行梳理,从共生三要素角度对其进行系统的分析,发现构建凤凰古村与凤凰社区共生关系所面临的问题,并针对问题提出基于共生理论的凤凰古村与凤凰社区保护性更新策略。

（一）共生单元的现状分析及问题

1. 共生单元的范围

凤凰社区位于深圳市宝安区福永街道东北部，东侧为凤凰山，南侧与白石厦社区相接，北侧毗邻沙井街道黄浦社区，总面积近 4.5 平方公里。凤凰古村位于凤凰社区的中部地区，占地约 30 万平方米，建筑面积达 18 万平方米，是深圳市现存最完好的明清古建筑群。

凤凰古村与城市的共生单元是凤凰古村与包围古村的凤凰社区。《历史风貌保护区和优秀历史建筑保护规划调研报告》（深规院编制）对凤凰古村划定了保护范围和建筑控制范围。古村保护范围 4.35 公顷，控制地带 7.39 公顷（见图 3—1）。此次研究的凤凰古村范围包括保护范围和控制范围，其周边的整个凤凰社区，具有较明显的城市特征，为另一共生单元。

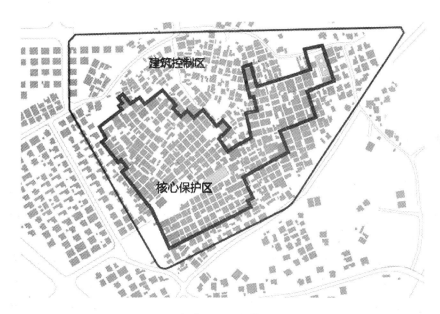

图 3—1　凤凰古村保护范围及控制范围示意（刘琳　绘制）

2. 共生单元的现状特征及问题

（1）人口现状特征及问题

凤凰社区是福永街道现在最大的城市社区，其下包括 18 个居民小组。

社区人口大部分为外来人口。根据 2009 年统计数据，凤凰社区有常住人口 1988 人，暂住人口 108000 人。凤凰社区还有华侨及港澳台同胞共 500 多人。凤凰社区 90% 以上居民为文姓，构成了凤凰社区最主要的姓氏宗族。

调研发现凤凰古村内的原著居民大都居住在凤凰社区中，古建筑大量空置，没有人居住，少量房屋出租给了外来低收入打工者。凤凰古村因缺少人员活动而缺少了社会生活活力。

（2）产业经济现状及问题

2004 年 7 月，实行农村城市化，凤凰社区产业从农业转为工业。根据深圳市 BA201—03 号片区［福永凤凰地区］法定图则技术文件中的土地利用现状统计，工业用地 166 公顷，占片区总用地的 53.3%。到 2009 年年底，凤凰社区已有 4 个工业区，包括兴业、宏达等工业园区，共有"三来一补"企业、三资企业、内联企业 217 家，劳务工 108000 人。凤凰社区人均经济收入为 21300 元。

凤凰古村的用地性质为居住用地，现状大量空置并没有人居住，也没有新的产业经济活动。

（3）旅游资源现状及问题

凤凰社区具有非常丰富的旅游资源，包括自然资源凤凰山、历史人文资源凤凰古村与凤凰塔和台湾美食街。凤凰山在清朝被列为新安八景之一，海拔 376 米，占地 29.7 平方公里，一年四季都具有良好的自然景观。山腰间有建于大德年间的凤凰古庙，迄今有六百余年。凤凰山所蕴含的人文资源也非常丰富。凤凰岩、莺石点头、麻兰仙印、凤舞等神话传说为凤凰山赋予了神秘色彩。

凤凰山旅游资源的开发已经粗具规模，疏通了凤凰山的道路交通，完善了登山道，对车行道及绿道进行管理，开设了多个登山入口，设立了生态停车场，解决了停车问题，加强了运动健身、旅游休闲的基础设施建设，将凤凰山打造成在周边地区较有知名度的风景游览地。到 2008 年，凤凰山游客量达到 1000 万人次，年总收入达 2035 万元。凤凰山已经吸引了大量宝安区市民周末到凤凰山爬山健身或观景游玩，但对深圳其他城区市民及市外游客吸引力还有待提高。

凤凰台湾风情街长达 586 米，位于通往凤凰山主入口的凤凰山大道两侧,是深圳首条以台湾特色美食为主题的台湾风情街。台湾风情街小商店的经营者全部为台湾人,他们将台湾本土的食材、技术和著名品牌带入凤凰社区美食街,不仅有蚵仔煎、担仔面、珍珠奶茶等具代表性的台湾小吃,还有伴手礼、烟酒系列产品等,使人们在品尝美食的同时,更加能体验到台湾的人文风情。在深圳文博会期间,在台湾风情街举办了台湾美食节及海峡两岸民俗文化论坛,邀请台湾本土居民来凤凰古村进行民俗文化交流。

台湾美食街的建设与周围自然条件及凤凰古村的历史文化不太相符。虽然凤凰社区有港澳台同胞 500 余人,但近些年与台湾各方面交流并不多,单纯移植台湾美食街到凤凰社区,缺少当地居民的文化认同。因此在深圳文博会前后,通过调研发现美食街只有当地及周边居民偶尔消费,经营状况一般。

凤凰古村在文博会期间,部分建筑被修葺一新,作为展厅展示了各种非物质文化遗产,吸引了大量游客,但"深圳文博会"结束后游客数量锐减,旅游活力不可持续,凤凰古村需要进一步挖掘自身旅游资源。

凤凰社区虽有意识地打造一条凤凰山、凤凰古村及台湾美食街的旅游线路,但因古村落现状较差,未能与其他资源形成良好的互动,有待进一步整合资源。

(4)交通现状特征及问题

凤凰社区的区位交通有优势也有劣势。凤凰社区距离城市中心城区较远,没有公交或地铁直达,不利于其他城区市民到达凤凰社区,一定程度上影响了旅游业的发展。凤凰社区与周边城市联系较方便,外部主干道有广深高速、广深一级公路、凤凰山大道连通至宝安中心区、东莞等地,驾车到宝安机场只需要 20 分钟,方便的交通便于凤凰社区的工业产品输送到周边乃至全国,有利于工业的发展。

凤凰社区内部道路网密集,交通方便,有凤凰大道、福山路、环村路、中心街路、岭下路、育才路、岭北路、环南路、岭西路、兴业二路等道路。

凤凰古村与凤凰社区的交通联系,只有环古村外部的一条车行道即环村路。内部为全步行空间。环村路较曲折且未能与岑下路相通,形成合理尺寸的路网,不便于来往古村的车行交通。古村内部步行道路曲折,与环村路缺乏便捷的联系，街巷缺乏环境整治及路网等级梳理，不方便居民通行。

3. 共生单元的特色价值

（1）深圳凤凰古村历史价值

在深圳乃至广东地区，凤凰古村明清古建筑群都是现存古建筑数目最多、最集中、保存最完整的。其村落格局、建筑风格、建造材料及方式都符合当地自然条件，具有较高的地域性，是典型的中国广府式古建筑群，在研究明清建筑艺术风格方面具有较高的研究价值。

（2）深圳凤凰古村演变历史

凤凰古村原名凤岭村、岭下村，后因位于凤凰山脚，改为"凤凰村"。考古队曾在凤凰古村发现过大批磨制石具及大量陶片，可以断定五六千年前在凤凰古村一带已有人类活动。凤凰古村在唐代中晚期已有小村落的雏形。两宋时期凤凰古村境内已有五个小村落，统一命名为岭下村。

据记载，元朝初年文天祥战败被俘，文氏族人开始了颠沛流离。先是逃至贫瘠的宝安西南沿海地区，其后文天祥胞弟文壁带领文氏族人暂时居住在宝安黄松岗。元代大德年间文天祥的孙辈文应麟带领自己的妻儿及部分文氏族人定居在当时的岭下村（今凤凰社区）。文应麟在凤凰山建造了凤岩古庙和望烟楼，在凤凰古村开凿了三口水井以解决居民饮水问题，铺设通往凤岩古庙的石板桥和石砖路以方便交通。随后人们以农耕为生，村落逐渐扩大，至明清时期形成建筑群。

随着生活和生产不断进步，在民国时期及新中国成立初期，人们对部分建筑进行了改造，因此古村现存这两个时期风格的建筑。改革开放后，经济发展迅速，古村建筑已经远远不能满足人们的生产生活要求，凤凰村委为保护凤凰古村，决定在古村旁边开辟新址建设新村，这一措施使凤凰古村整体风貌得以保存至今。

（3）历史遗存

①街巷格局

凤凰古村有近700年历史，是典型的岭南村落。岭南古建筑规划设计注重封建礼教，讲究中轴对称、规整有序。凤凰古村原有小河、池塘环绕，协和家私塾、麟圃书室、拔茹书室等公共建筑布置在村落较靠前的位置，公共建筑之后是整齐划一的民房，局部为顺应地形做了调整，具有

700 年历史的文氏宗祠占据老村核心位置。古村现在仅保留了私塾书室等公共建筑及大片村落空间。

凤凰古村采用梳式布局系统，具有典型的方格网式里巷格局（见图 3—2）。南北走向的宽里可供两头牛并肩而过，东西走向的窄巷方便交通，网状的格局有利于建造大片南北向住宅。主要巷道平行于凤凰社区夏季的主导风向，为应对常见的灾害，南北巷排列成行并留出"火巷"作为防灾疏散通道。

图 3—2　凤凰古村空间肌理（刘琳　绘制）

为了使古村多数街巷在深圳炎热的天气下还可以全天处在阴凉中，凤凰古村的街巷长宽比为 1.5∶1—1.9∶1，以此形成冷巷。"梳式布局"的采用使路人行走在街巷中只能看到一层层的山墙和户门，无法看到院内的景象，保证了居住空间的私密性。

②历史建筑

凤凰古村现存明、清古建筑共 60 座，民国时期古建筑 96 座，1949—1958 年建筑 93 座，1959—1979 年建筑 110 座。除明朝嘉靖年间（约 1550 年前后）始建、清朝中期（约嘉庆年间）重修的"松庄祖祠""茅山公家塾""协和公祠"外，其余大部分古代建筑是文氏后代在清朝不同时期陆续建设或重新修复的。位于古村中央的文氏大宗祠还在使用。顾三书室是清光绪八年由当时村里的富翁文顾三出资建造的，是保存最完好的古建筑。

③古井与古塔

凤凰古村内许多古井、古塔、古匾、古树散落在古建筑群中。村中有三口近700年历史的古井，开凿于宋末至元代，现在仍在使用，只是不再作为饮用水源，而只用于居民日常洗漱。

在凤凰古村西部，六层高的凤凰塔矗立在民房当中，是深圳宝安区境内现存最高的古塔，1984年被列为深圳市文物保护单位。凤凰塔最早建于清朝嘉庆二十年（1816年），在同治年间由原有的4层加建到6层高度。

（4）深圳凤凰古村艺术价值

凤凰古村有四种类型的古建筑，包括祠堂、书室、家塾和民居。大部分古建筑为砖木结构，墙基为花岗岩或红砂岩，其上为清水砖墙，建筑房顶有船形正脊，有些还刻有雕塑，绘制了壁画。据不完全统计，凤凰古村大概有2100多组人物及动植物图案的灰制雕塑、400多组石刻、3000多组木刻、1000多组壁画及16个石刻阳字门匾。在一些民居的大门上方有石刻的匾额和雕塑，民房内的梁架墩头上有木刻或石刻纹饰，封檐板上有以人物故事和动植物图案为原型的木刻。茅山公家塾前厅内墙顶部的"八仙图"是一幅明代风格的彩绘人物故事画，也是深圳地区民宅内仅存完好的明清巨型壁画。

凤凰古民居建筑包含建筑雕塑、石刻木刻和壁画书法等多种艺术形式，是全方位的古建筑艺术宝库，在研究古文化艺术领域具有较高的艺术和学术研究价值。

（5）深圳凤凰古村社会文化价值

凤凰古村的文化遗产包括望烟楼、族谱和民间神话传说等。凤凰古村是文天祥后人发展建立起来的村落，文天祥所著《过零丁洋》就是由其后人到此地稳定下来后，慢慢将此诗流传出去的。文氏后人在此开垦土地，在附近的凤凰山修建庙宇等，留下了许多故事。凤凰古村出版的《凤凰山传说》，记录了古村"试剑石""望烟楼"等诸多传说。2007年凤凰民间故事"望烟楼传说"被列入宝安区民间传说类非物质文化遗产名录,2009 年入选深圳第二批非物质文化遗产名录。杂技、街舞、醒狮等传统表演形式也得到一定的继承与发扬,已多次获得国际大奖。

撰于元朝初年的《文氏族谱》,是中国自元朝以来能够最详尽研究单一姓氏族人的最好范本。目前凤凰村的文姓人近一半已成为香港人,这样的现状是改革开放之初"逃港潮"的体现。在凤凰社区所发生的历史事件,一定程度上记录并反映了深圳乡村的发展,有重要的社会价值。

(6)深圳凤凰社区特色价值

凤凰社区工业发展良好,保证了凤凰社区可为凤凰古村的保护更新提供必要的资金支持。凤凰社区旅游资源丰富且粗具规模,对古村旅游开发具有一定带动作用,有利于旅游资源的整体开发。凤凰社区居住、商业、工业等功能混合,人群多样,充满社会生活活力,为古村的活力注入提供了基础。

4. 共生单元的保护更新现状及问题

(1)保护更新现状

2014 年年初为迎接"深圳文博会"的召开,凤凰古村进行了整体规划及部分区域的更新改造,包括修缮 4 栋重点文物建筑和非遗展示片区的150 栋历史建筑,划分位于古村落南侧、北侧等方向的主次广场,疏通 6条主要巷道并塑造沿街巷的景观,协调古建筑周边现代建筑风貌与古建筑风貌一致。此次更新的区域集中在古建筑较多、风貌保持较完整的大将军巷南侧,将此区域的居住者全部迁出,对物质空间进行改造。

此次更新梳理了凤凰古村内南北三条、东西四条主要街巷,并串联起各个方位的入口广场,治理后环境良好。连接古村主要家祠、古井、古树、小的空地等次一级巷道形成旅游巡回路线。对巷道环境进行改善,用花岗岩重新铺砌路面。大部分街巷因较窄、较曲折,未做整理,环境较脏乱。

沿主要干道的古建筑和保存较好的文氏大宗祠、协和家塾、麟圃书室等得到修复。古建筑重新粉刷,对原本色彩丰富的精美木雕重新按原样彩绘,对建筑结构进行加固,基本做到了修旧如旧。清理粉刷建筑室内空间,对通风采光进行改造,使室内环境有了很大改善。拆除古村保存较差的建筑,将其改造为小广场,或添加绿植改造为景观,增加了公共活动空间。

原位于文昌塔旁的村民活动中心被拆除，建设了文天祥纪念博物馆，用于展示凤凰古村的历史与文化。文昌塔结合博物馆改造形成近2.8万平米的文塔公园。但由于凤凰塔与凤凰古村间被村民自建房分隔，从古村位置看不到凤凰塔，空间上缺乏联系。

四个入口广场周边建筑采取了一定的风貌协调措施，4—5层的建筑立面做仿古处理，粉刷了与古村一致的色调。文昌塔与古村入口之间的凤凰大道两侧的村民自建房立面被统一整治，结合了传统构建元素，与古村风貌基本协调。

（2）保护更新问题

①深圳凤凰古村保护更新不够全面

现阶段的保护更新只是对局部区域进行了修整，大将军巷北侧的建筑环境仍然较差，街巷仍需要疏通。南侧区域进行了一定的更新改造，但是只梳理了主要道路网，更多能体现古村落韵味的曲折小巷道的卫生环境仍旧较差，无法通行。

②保护更新手段对古村历史性造成破坏

现在的保护措施是依照原样修复，对建筑雕刻、墙面进行重新粉刷，使建筑焕然一新，但原有的经过时间长久作用留下的斑驳的墙面不复存在，破坏了古村长久积淀的厚重的历史沧桑感。保护修复的细节不到位，如主要道路路面铺地采用现代材料花岗岩，与古村的建筑材料搭配不和谐，破坏了凤凰古村的历史氛围。

③交通空间及公共服务等联系未建立

现状内部断头路较多，未和城市主要干道形成环路，不能满足发展旅游产业对交通通畅的要求。深圳文博会期间大量自驾游游客的涌入，对凤凰社区的交通造成极大压力。因为缺少配套停车场，大量车辆停靠在路边，阻碍交通，使街道更加拥挤。因此，古村与社区的交通系统是需要进一步规划的。另外，若要引入文化旅游产业，融入城市文化生活功能，古村内还需配套相应的居住和旅游公共服务设施。

④古村仍缺少社会生活活力

物质空间的改善并未给凤凰古村带来长久的活力，在深圳文博会后古村都处于空置状态，没有人居住和使用，仍旧缺少活力。凤凰古村的功能定位还有待进一步明晰，以指导古村建筑的更新利用。

5. 共生环境的现状分析及问题

(1) 经济文化层面的共生环境现状

①深圳地方性文化保护意识的觉醒

改革开放后的深圳吸引了大量的外来人口,文化多元混合,成为一个现代化的移民城市。在城市空间不断发展扩大中,可利用的土地越发紧张,原来深圳对本土的历史文明重视不够,倾向于将古村拆除以释放用地用于城市建设,这使许多珍贵的充满地域特色的文化遗产快速消失。近年来,深圳重点提出了发展成为拥有较强城市综合竞争能力的国际性城市,并开始认识到在全球化和国际化的潮流下,城市发掘和维持它的地方性非常重要。深圳市政府做出了"文化立市",并升级文化产业的战略部署。深圳开始注重保护那些濒临消亡的地方性历史文化,请专门机构排查深圳市内的文化遗产,并对历史文化遗产进行等级评定以实行分级保护。深圳历史文化保护意识的觉醒,为凤凰古村的保护性更新提供了很好的社会背景。

②深圳宝安区文化产业发展

近年来,宝安区响应深圳市政府加快对文化产业升级的要求,充分发掘本区域历史文化资源,推动及扶持文学艺术创作以大力发展文化事业和产业。区政府通过引进优秀的文化机构参与宝安区的文化建设以大力发展文化产业。目前宝安区国内生产总值(GDP)约8%来自文化产业,文化公司及企业达1600多家。宝安区的文化产业发展趋势,在一定程度上影响着凤凰古村历史文化的保护性更新的策略。

③城市重大文化项目的推动

凤凰古村的保护更新利用了深圳文博会的平台。深圳文博会是中国唯一的国家级、国际性的文化产业专项展会,由文化部、广电总局等国家级部门与广东省及深圳市人民政府联合举办,现已成为中国文化产业领域级别最高、规模最大、最具影响力的展会。

2014年5月13—19日,凤凰古村作为文博会分会场之一,举办"中华巧艺——中国非物质文化遗产百项技艺(深圳)联展",由深圳宝安区政府与中国艺术研究院联合举办。在凤凰古村向市民展示了传统手工技艺、艺术创作、医药等方面的78个非物质文化遗产项目,如中国剪纸、热贡艺术以及宣纸传统制作技艺等。这些均在2009年入选联合国教科文组织"人类非物质文化遗产代表作名录"。

将凤凰古村的保护更新与城市重大的文化项目及旅游资源协同发展，可为古村的保护提供一个较高的定位和起点，形成文化及资源的集聚效应，给古村落保护更新带来资金支持，扩大文化影响力，推动古村落保护与更新。

（2）政府管理层面的共生环境现状

①成立专门机构负责古村更新

通过与古村管理办公室赖主任的访谈，了解到凤凰社区成立了宝安区第一个街道级别的历史文化遗产管理办公室，主要负责凤凰古村保护开发的管理工作。凤凰古村的保护开发利用得到了宝安区、福永街道、凤凰社区的重视，多次委托相关领域资深专家对凤凰古村的保护现状进行调研，制订规划方案并整理现代文物保护及利用模式做参考。

②积极推进凤凰古村与中国艺术研究院合作

在宝安区政府的推动下，中国艺术研究院了解到凤凰古村的独特艺术研究价值，计划未来在此设立凤凰艺术创作基地。中国艺术研究院是国家级综合性学术艺术机构，包括艺术科研、教育和创作等内容，直属国家文化部，具有众多各艺术领域的著名专家学者。中国艺术研究院的成功引进，为凤凰古村的保护性开发提供了较高的和广阔的平台。

③政府承租古村建筑用于保护更新

从古村管理办公室赖主任处了解到，凤凰古村房屋产权属于个人，大部分居民搬走后将其出租给外来打工人员。政府为保证此次保护更新效果，从村民手中统一承租这些老建筑，统一规划进行更新改造，之后再由政府负责将其转租或者无偿提供给艺术研究院的艺术工作者使用。由政府承租管理的模式减少了改造更新的阻力，加快了改造进程。无偿提供给艺术工作者使用，减少了艺术工作者的顾虑，吸引艺术家来此定居创作。

（3）社会参与层面的共生环境现状

从调研走访中了解到，在最近一次保护更新中，古村入口广场周边的居民自建的楼房需要与古村协调建筑风貌，立面增加了仿古建筑构件或进行粉刷，这些措施都得到了村民的积极配合。古村环境的改善也获得了居民的认同。原本居住在古村已更新区域的居民全部迁出，更新后的建筑在深圳文博会结束后又全部空置，由政府统一管理，不允许人居住。在未被改造的部分还有低收入者居住在其中。通过对他们的访谈，大部分人表示不太满意这种将人全部赶出古村的做法，表达了改造后还能住在古村的愿望。

（4）共生环境现状问题

①政府主导力量过于强势

政府对古村的发展提出了高定位高要求，并制定了一系列举措推进实施，一定程度上加快了古村的保护更新进程。但从另一方面来看，现在的发展定位缺乏古村经济产业及文化生活方面的深入研究，存在一些不适合凤凰古村的问题。政府没有明确古村的更新模式和适合的功能，就无法指导古村物质空间进行系统的保护与更新。若盲目进行物质空间更新改造，将会对古村造成不可逆的损害。

②更新改造资金压力较大

根据 2009 年编制的《凤凰村古建筑群保护规划》方案，若要恢复凤凰古村旧时的面貌大概需要 4.95 亿元资金，用于全面重新建设、部分修复古建筑以及美化协调村容村貌。投资分为近期（2008—2010）、中期（2011—2015）、远期（2016—2020）三个阶段，计划近期投资 0.88 亿元，中期投资 1.71 亿元，远期投资 2.36 亿元，其中包括保护性投入，每年的维护费用、管理费用等。保护古村需要大量的资金支持，因此保护凤凰古村不能单纯依靠凤凰社区或宝安区财政，更需要考虑吸引民间资本，寻找合适途径使其参与古村保护更新。

6. 共生模式的现状分析及问题

凤凰古村的历史文化资源的保护与更新利用得到了宝安区、凤凰社区的密切关注。在宝安区委及凤凰街道办的推动下，以深圳文博会为契机，凤凰古村进行了部分区域的保护与更新，并提出了凤凰古村未来发展模式的设想。

（1）与经济产业相关的共生模式

基于凤凰古村的历史文化价值，结合深圳宝安区大力发展文化产业趋势，把握政策扶持和文博会机遇，宝安区选择了将凤凰古村的更新与文化产业相结合的方式，在凤凰古村建设深圳凤凰创作研究基地和凤凰古村落文化旅游集聚区。

①文化产业引入打造凤凰创作研究基地

凤凰创作研究基地是凤凰古村与中国艺术研究院合作的结果，以促进艺术事业与文化产业共同发展为目标，集艺术创作研究、学术交流、文化展览和非遗保护研究等为一体的文化项目。未来中国艺术研究院和宝安区将不断推进及完善凤凰古村的保护、管理和运营，预期将凤凰古村建设成为深圳市民的文化休闲公园、中国文化产业的示范基地。

深圳凤凰创作研究基地将包括凤凰创作基地、凤凰艺展中心、中国非物质文化遗产凤凰研究基地和凤凰书院等，其中凤凰艺展中心与凤凰书院已经建成。凤凰艺展中心原本为凤凰广场公园附近的凤凰社区办公大楼，总建筑面积约 7500 平方米，现已改造成为艺术展览中心与艺术家创作空间。"深圳文博会"期间这里展出了许多国内一流水准的绘画、书法及篆刻等艺术作品。凤凰山的凤岩古庙附近新建的凤凰书院，院名由莫言题写，深圳文博会期间宝安区邀请了许多国内知名学者在凤凰书院开展学术讲座，未来将打造成传承中国优秀文化的交流平台。

②利用旅游优势打造凤凰文化旅游集聚区

深圳文博会期间，凤凰古村举办了"中华巧艺——中国非物质文化遗产百项技艺（深圳）联展"会，在此展出 70 多个国家级非物质文化遗产项目。文博会期间主办方编制了旅游导游图，将凤凰古村、凤凰塔和已有的旅游资源台湾美食街与凤凰山整合为一条旅游线路做详细宣传。

古村内的非物质文化遗产展览以凤凰古建筑群现状布局为依托，以文氏宗祠前广场为中心，按展示项目内容划分为三大展示区域，中间是传统医药展区，左边为传统技艺展区，右边为传统美术展区。凤凰古村的书室宗祠、古井古树等作为重要景点被整理出来，并用纵横的街巷相连形成游览回路。

深圳文博会期间古村吸引了众多游客前来参观，通过对游客的访谈了解到，游客普遍表示不虚此行，既近距离了解了中国非物质文化遗产，又对凤凰古村独特的空间格局及建筑印象深刻。

（2）与文化生活相关的共生模式

凤凰古村在深圳文博会之前一直处于静态的保护状态，虽未受到大规模的拆除及破坏，但古村也一直未得到有效的保护及更新。古村大部分建筑空置，无人居住的古建筑因为得不到日常的照料，逐渐被侵蚀，破损越发严重。有些低收入者因租金低廉租住在老建筑中，为了保证基本的生活需求，居住者会对古建筑进行基本的维护，破损程度较轻。因为有少量人居住生活，街巷常有人走动，古村还存在一定的生活氛围。

为打造深圳文博会非物质文化展览，古村落进行了局部更新，将村里原有的租住者全部迁出，对建筑统一上锁，由政府统一管理，减少了居民生活对建筑修复的干扰，降低了更新改造的难度，提高了政府对古村统一修缮的效率，加快了更新进度。凤凰古村中有些建筑被用作展览非物质文化遗产的展室，但大部分古村建筑空置上锁，内部空间无法使用，仅仅成了陈设品。因为没有居民在此生活，古村原有的居住生活气氛消失。

深圳文博会结束后游客数量锐减，调研过程中只在古村中偶尔遇到少量周边居民从此经过。夜晚村前广场有少量周边居民在此健身，古村内部因为大面积房屋无人居住显得非常沉寂。

（3）共生模式现状问题

①与经济产业相关的共生模式存在的问题

引入文化产业打造文化产业示范基地，符合凤凰古村的历史文化特征要求，也是目前古村落保护更新的趋势。将凤凰古村打造为凤凰创作研究基地的高定位的利用发展初衷是值得肯定的，但也有不太合理的地方。艺术创作需要艺术氛围，需要有鉴赏力的人欣赏才能发挥最大价值，而凤凰社区整体艺术文化氛围缺乏。凤凰社区支柱产业为工业，凤凰社区居民大多为工厂职工，教育水平及审美水平有限，凤凰古村周边也没有艺校、高校等，在一定程度上都会影响凤凰古村发展文化产业。

基于凤凰社区缺乏艺术氛围的情况，村落若要发展文化产业及艺术创作基地，需对具体的文化产业功能做进一步探讨，争取与凤凰社区的产业格局形成关联，并对艺术创作的主题等进行选择，使艺术更加贴近人们的生活。文化产业的开发与利用是个长期的过程，现在的文化产业只是停留在设想与定位层面，今后如何发展还需要进一步研究。

旅游资源整合利用只是初见雏形，凤凰古村整个旅游开发还未成系统，特色未完全体现。深圳文博会期间的非物质文化遗产展览对古村的旅游发展起到了一定的刺激作用，一定程度上提高了凤凰古村的知名度，但若要维持古村长久的旅游吸引力，还应进一步挖掘古村落旅游潜力，加强凤凰古村及凤凰山的旅游设施配套建设，提升自身品质。

现阶段的保护与更新规划多着重于凤凰古村落物质空间改善，未真正建立起凤凰古村与凤凰社区的共生关系，虽然古村空间环境有所改善，因缺少城市产业、文化生活的支持与联系，凤凰古村活力不可持续。

②与文化生活共生的模式存在的问题

将居住人口全部迁出、将建筑仅作为参观对象的博物馆式保护的方法，忽略了居住功能在古建筑保护中的作用和古村原有生活气氛的保留。产业发展是一个相对缓慢的过程，在产业还未能重塑古村经济活力的发展初期，恢复古村的居住功能可以维持古村基本的生活活力，也可吸引更多的人来此就业，促进产业发展。原有居民在古建筑居住，可以对建筑进行基本的维护，延续其居住功能。而将居民迁走，房屋空置，会使房屋在较长的更新过程中，缺乏日常维护。房屋空置期间的维修费用若仅由政府承担，将是一笔较大的财政开支。

③共生模式未实现互利共生

现阶段的共生模式，对产业层面的关注较多，但对文化生活层面关注较少。文化产业发展制定了较明晰的目标，旅游产业已具有一定的发展基础，但却忽略了文化生活在古村落保护与更新中的重要性。文化生活与产业经济是相互促进的，只注重一方面的偏利共生模式不利于凤凰古村与凤凰社区的长久同步发展。凤凰古村与凤凰社区互利共生，就应从经济产业与文化生活两方面提出发展模式，共同指导凤凰古村的保护性更新。

二 共生原则与目标

（一）深圳凤凰古村与凤凰社区共生目标

1. 建立多层次的共生关系

凤凰古村落与城市的共生，不仅需要建立两个共生单元之间的关系，更需要共生单元一起在更大的共生环境中，实现与共生环境的良好互动，充分利用经济、社会等共生环境资源，实现更大范围内共生。因此要建立古村落与城市多层次共生，以谋求最大程度的共同发展。

2. 实现动态化的共生关系

一切事物都在不断变化中，共生环境的改变、共生单元的改变，都会引起共生模式的改变。因此良好的共生关系应该始终是在不断变化之中的。保持动态化的共生关系，符合共生发展进化的本质，顺应变化规律，可维持古村落与城市共生的长久生命力。

（二）深圳凤凰古村与凤凰社区共生原则

1. 保护与更新的适度性

保护性更新要求保护与更新两方面相辅相成，不能过于强调单方面。保护是为了提高古村落共生单元的价值，这是其能与城市共生的基础。更新使城市与古村落更好地进行功能统筹、空间融合、文化生活交流以达到共生。更新措施必须建立在保护的基础上，不可追求利益而片面强调更新。

2. 古村与城市共生的互利性

互利共生是最高效的古村与城市共生，能使两共生单元都不断从对方获得动力来完善自身，达到一种良性循环来维持共生关系。

3. 古村落的整体性与原真性

整体性的保护可以完整地保留古村落的村落格局及历史风貌。所谓"整体"保护，不仅要保护客观建筑的原真性，也要尽量保持居民生活模式的原真性。多样性的社会生活、独特的风土人情能更好地体现地域性的历史及文化氛围。

三　优化凤凰古村与社区的共生模式

优化凤凰古村与社区的共生模式，要结合两共生单元的自身特征、顺应共生环境的引导，来确定凤凰古村及社区适宜的产业经济与社会生活两个层面的共生模式，并提出具体的优化策略。

（一）凤凰古村与社区共生的产业功能选择

国内外较成功的古村落保护更新案例的产业功能，主要有商业、旅游业及文化产业。探讨产业经济层面的共生模式需考虑内因及外因两方面。内因即凤凰社区与凤凰古村两共生单元的特色价值和发展需求；外因即共生单元所处的政策、时代发展趋势等共生环境。

1. 不同产业共生模式的可能性

（1）商业开发的产业共生模式

将古村落进行商业开发是常见的做法，如深圳东门老街及上海新天地。将古村落的老房子改造为一间间小店铺或独具气质的餐厅、咖啡厅等商业空间，可以有效地创造经济价值。这样的古村一般位于城市中心，周边居民有较强的消费购买能力。

凤凰古村位于城市边缘区，社区居民多为低收入打工者，消费能力有限。市区的居民一般也不会到此消费，因此凤凰古村不适合大规模的商业开发。

（2）旅游开发的产业共生模式

与喧嚣和拥挤城市相比，古村落有宁静的生活氛围并充满历史神秘感，对城市居民具有天生的吸引力，具有开发旅游的潜质。宏村、乌镇等都是古村落旅游的知名景点。这些古村落拥有悠久的历史、丰富的遗迹和浓厚的传统生活氛围，周围自然环境良好，即使地理位置偏远，也会吸引大量游客。

凤凰古村具有一定的旅游开发潜力。首先，凤凰古村具有较高的历史文化价值，凤凰古村是深圳市保存最完整的典型的明清时期广府式古村落，建筑具有岭南建筑的典型特征。凤凰古村从元代开始大规模建设，历史悠久，有着文天祥等的动人传说，有着深厚的文化积淀。其次，凤凰社区旅游发展已经粗具规模，开发了凤凰山森林公园和台湾美食街并吸引了较多游客，可以带动凤凰古村旅游的发展，存在将旅游资源整合开发利用的可能。再次，凤凰古村交通较方便。交通可达性对位于边缘区的古村落发展旅游的影响非常大，例如观澜版画村虽然风景优美，具有艺术氛围，但由于交通不太便捷，主要依靠自驾到达，限制了更多游客前往。凤凰古村虽位于城市边缘区，但交通便捷，有广深高速、广深公路及凤凰山大道连接各地。在深圳市中心更有多条公交可以到达福永凤凰社区。地铁罗宝线机场东可换乘公交到达古村。最后，凤凰古村建筑保存情况良好，具有改造为旅游设施的可能。

然而，凤凰古村在发展旅游上还有一定的局限性，需要考虑并加以克服。虽然凤凰古村是深圳保存较完整的明清古村落，但其历史及艺术价值与宏村、乌镇等历史文化名村相比，还有一定差距，因此其知名度及吸引力有限。游客以深圳市民为主。另外古村虽然交通便利，但从深圳市中心到古村需要较长的车程。凤凰古村若只依靠历史文化价值发展旅游产业，空间有限。因此，凤凰古村的旅游发展需结合已有旅游资源并提升旅游品质，还需要挖掘古村其他特色来增加古村吸引力。

（3）文化产业开发的共生模式

文化功能的引入也可以激活古村活力。利用文化产业的经济收益，反哺文物建筑的保护，是欧美发达国家的文物建筑保护首选之路。一方面，古村落良好的风土人情为艺术创作提供了灵感与场所；另一方面，所收房屋租金可以用于祠堂等古建筑的修复或改善村民的生活，两者互利互惠。各个领域艺术工作者及创意工作者的集聚可增加古村的艺术气质，更能吸引大批游客来古村落观光旅游，促进旅游业及其他产业发展。

凤凰古村的建筑空间及历史氛围适合艺术创作与研究。凤凰古村建筑具有典型的岭南广府建筑风格，古朴的气质与艺术家审美倾向相契合，吸引艺术家入驻。建筑一般为三开间，内部空间高敞，可以架设二层隔层，符合艺术家对内部空间变化多样的要求，也有利于艺术家对空间进行改造。

深圳观澜版画基地的建筑内部空间格局与凤凰古村建筑相类似，均为小开间的建筑格局。版画基地原为著名的版画家陈烟桥的故乡——大水田村，被逐渐打造为中国版画基地。版画基地的建筑经过全面修葺整理已成功改造成艺术家工作室、居住空间和展览空间，实现了艺术空间与古村落建筑空间的结合。

广州小洲村村落规模与凤凰古村相接近，位于广州海珠区的东南部，已有六七百年历史，古村内蚝壳屋风格独特，河道蜿蜒，横跨河道的桥各式各样，祠堂保存完好，这些都构成了小洲村独特的人文景观。因为该村租金较低，环境幽静且拥有大量历史文化遗产，大批艺术家、艺考生以及艺术培训机构逐渐来古村定居，带给了小洲村新的活力。这种自下而上的改变得到了政府的肯定与支持，出台政策及提供相应的资金来进一步改善小洲村生活环境，以吸引更多的艺术家聚集。

由于文化产业的引入，深圳大水田村从传统农耕聚落转型为中国版画基地，广州小洲村从没落的小村落发展为文化创意产业发达的艺术家村。凤凰古村在村落规模、建筑特点上与小洲村和版画村有许多相似之处，因此将文化产业引入凤凰古村具有一定的可行性。

（4）共生环境对古村产业的引导

随着文化保护意识的觉醒，各地区都重视文化产业的发展，推出许多大型文化项目。深圳市宝安区近些年对凤凰古村的历史文化资源充分发掘，通过引进优秀的文化机构参与宝安区的文化建设，以大力发展文化产业。

凤凰古村现阶段的发展目标是打造凤凰创意产业基地及文化旅游集聚区，并在政策、资金等方面得到了政府及社会的支持。现在已成功举办深圳第十届文博会非物质文化遗产展览活动，在深圳具有一定的知名度与文化影响力。凤凰古村的产业模式若顺应宝安区大力发展文化产业的趋势，基本延续凤凰古村现有的发展定位，发展文化与旅游相结合的产业，将更有利于进一步获得政府、资金等各方面共生环境的支持。

（5）凤凰古村与社区文化旅游产业共生模式

凤凰古村具有发展文化产业及旅游产业的潜力，但也存在着诸多不足。凤凰古村所在的凤凰社区居民大部分为外来务工人员，文化素养有限，古村周边缺少艺术院校、高等院校等文化教育机构，整体文化氛围薄弱，在一定程度上限制了文化产业的发展，需要强大的政策与资金支持才能推进。凤凰古村具有一定的旅游资源，但因距离市区较远，凤凰山及古村落与城市中心区的旅游休闲资源相比优势及吸引力不突出，只能服务于周边居民，影响力有限，不利于进一步发展旅游产业。因此凤凰古村应将文化及旅游产业相结合，使其相互促进、共同发展。

文化产业的发展可赋予凤凰古村独特的艺术气质，成为除古村历史文化外另一个吸引游客的原因，提高古村落旅游资源的品质，推动旅游业发展。在成立凤凰艺术创作基地的政策鼓励下，凤凰古村较具特色的生活空间及较低廉的租金，可以吸引深圳的艺术家、手工艺者及创意工作者来凤凰古村进行艺术创作、作品展卖及居住。浓厚的艺术氛围吸引游客来凤凰古村，不再是单纯地欣赏建筑特色，还可以和艺术家交流，感受文化氛围。以凤凰风景、建筑、风俗为主题的绘画、书法、手工艺品及创意小产品，都可以作为旅游纪念品进行展卖。通过以凤凰为主题的艺术作品，可以在更高层面增加古村的知名度，吸引更多人前来旅游观光。

在文化产业发展初期，旅游产业的发展将带来一定的经济效益，维持古村活力，逐渐扩大古村的知名度。良好的历史文化氛围、特色的空间带给艺术创作更多灵感，旅游的发展可以为艺术家带来更稳定的收入及生活保障。以游客为目标人群的艺术产品的设计与生产，可以带动古村文化产业的发展，进一步带动周边工业区向文化旅游相关产业转型，增强整个凤凰社区的文化氛围，实现凤凰社区与凤凰古村产业发展的良性循环。

2. 完善文化旅游产业促进经济共生

深圳文博会期间，深圳市宝安区政府引入中国艺术研究院与凤凰古村合作，为打造文化旅游集聚区提出美好的构想。但是文化旅游集聚区的发展，不能单从凤凰古村或凤凰社区单方面推动，应该两者协调统一，需要进一步挖掘和整合凤凰社区旅游资源，利用文化旅游产业发展带动凤凰社区产业调整以增加文化氛围，打造凤凰创作产业基地的产业链条。

（1）深入挖掘和整合凤凰社区旅游资源

凤凰社区有较好的发展旅游的基础，包括凤凰塔、凤凰古村及凤凰山。在深圳文博会期间，凤凰社区已经将现有的旅游资源作为一条旅游线路打造。除此之外，凤凰社区周边还有一些潜在的旅游资源可以挖掘。

立新水库位于凤凰古村西南侧，有着良好的自然景观，包括大片林地、草地、湿地及小岛，水库的东南侧地块已建设了城市湖泊堤岸等公共设施。围绕立新湖，可以利用良好的自然景观进行休闲度假观景旅游。

凤凰社区的工业区是随着经济发展而建造于改革开放后的不同时期，从一个侧面反映了深圳城市化发展的过程，一些有代表性的厂房具有开发工业旅游的潜质。可以从将要被拆除的厂房中，选取较有代表性的、建筑较有特色的予以保留，从事创意文化设计公司入驻后可将其改造为设计办公室。厂房的大开间空间也可用作大型展览，弥补凤凰古村只有小型展览空间的不足。

凤凰社区范围内的所有旅游资源应进行整体规划布局，将现代工业元素、历史文化元素与文化旅游产业相结合，打造集历史文化旅游、非物质文化遗产展示、农家乐、运动休闲度假等一体的旅游聚集地。因为凤凰古村及社区现阶段的游客主要为深圳游客，因此可以将周末两日游作为发展重点，吸引深圳市区的居民，利用周末来此休闲放松。游客可以在凤凰山观赏自然风景，爬山锻炼身体，拜访凤凰古庙。在凤凰山脚下的农舍可以享受农家乐。在台湾美食街品尝台湾小吃，在凤凰古村参观古建筑，拜访艺术家，购买旅游纪念品。夜晚凤凰古村可以提供特色的民宿，使游客感受居住在古村老宅子中的生活氛围。环立新湖风光秀丽，可以进行垂钓观景休闲等活动。通过凤凰社区不同旅游资源优势的互补，增强凤凰古村及社区整体的旅游竞争力。

另外，深圳市宝安区古村落数量较多且较集中，可以将每个古村根据自身特色进行差异化发展，并将凤凰古村与这些古村的保护更新相联系，打造一条宝安区完整的古村落文化旅游线路。

（2）文化旅游产业带动周边产业调整

文化旅游产业发展不仅有利于古村经济发展，还对凤凰社区其他产业有带动作用，引导周边产业调整。文化旅游发展促进文化消费市场的形成，可推动影视制作出版、文艺表演等与传播历史文化精神价值、延续地域历史记忆相关的文化产业发展。例如广州市番禺区沙湾镇在发挥区位环境及便捷的交通优势的基础上，充分挖掘利用自身的历史文化资源，推动以文化旅游产业为主导的第三产业发展，将传统岭南水乡特色和现代文化生活完美地结合于一体。沙湾镇对历史文化遗产的开发和利用，促进了以弘扬岭南传统地域历史文化为主题的许多产业发展，如电影娱乐、广播电视、广告、图书出版、音乐发行等，并由此带动一系列如餐饮、商贸、房地产、科研等连锁产业的发展，发挥了文化产业的规模效应和连锁效应。

凤凰古村处于文化旅游产业发展初期，凤凰社区现存大量工业用地，加工业是凤凰社区的支柱性产业，凤凰社区文化产业基础较薄弱，文化氛围较缺乏。需积极引导各种产业的发展规模与布局，优化凤凰社区产业布局，以形成浓厚的文化产业氛围。凤凰社区的产业可以向旅游产品开发、文化遗产地旅游服务业的方向调整。

临近凤凰古村和美食街的第三工业区在2013年被纳入城市更新改造计划，其更新改造发展方向应适当考虑服务于凤凰古村文化旅游的发展。第三工业区位于凤凰山脚，东北侧自然风光较好，西南侧毗邻台湾美食街，可在此建造设施较齐全的度假区，并解决旅游住宿、停车、餐饮等功能需求。岑下路旁的工业区因紧邻凤凰古村，其功能定位可以考虑为古村的产业发展服务。古村中有大量艺术家及手工艺者、创意工作者，设计许多艺术品、手工艺作品和旅游相关产品，这些产品的批量化生产可以在待改造的工业区解决。凤凰古村独特的建筑及街巷空间，非常适合拍摄具有地方特色的影视作品。周边待改造的工业区可以将原有的厂房改造为较大的影棚或设备存储区，成为影视发展的配套区。在周边产业园的招商中，应侧重高新产业及创意文化产业、影视业的引入，增加凤凰社区的文化氛围，发挥文化旅游的带动作用以促进产业转型。

（3）打造凤凰创作产业基地的产业链条

凤凰古村的独特价值吸引了中国艺术研究院等艺术工作者的关注并建立合作关系。若要实现创作产业基地的长久活力，需要创造完整的产业链条。深圳观澜版画基地的产业链打造是值得借鉴的。它经过不断发展，现在不仅包括版画作品制作、销售和展览，还设立了版画器材销售中心、全国高等美术院校教育实习基地和版画专业研究机构，形成了产学研为一体的产业链条。深圳观澜版画基地积极与国际接轨，目前已有400位中外名家签约版画基地进行艺术创作，印制版画达3.12万张，并成功举办了3届国际版画双年展，吸引了近81个国家和地区的艺术家参加。观澜版画基地免费对外开放，至今已有300万人前来参观。它也是"深圳文博会"重要的分会场，已经连续6届举办中国（观澜）原创版画交易会。观澜版画基地通过版画全产业链的参与，成为推动版画艺术事业发展、促进各国艺术交流的重要平台，获得社会各界的一致好评。

凤凰创作基地的研究内容可以是非物质文化遗产保护与应用研究、岭南建筑风格研究与民俗保护研究，同时借鉴广州小洲村、深圳观澜版画村的成功经验，引入艺术家进行艺术创作，与知名画家或研究学者签订入驻协议，为其提供居住生活、艺术创作、作品展示等一系列空间，使凤凰古村真正成为集文化研究、创作、展示、销售等功能于一体的创作产业基地。

文化遗产资源具有原创性、不可再生性和易毁性，因此在发展文化产业的同时一定要注意对文化遗产的保护，只有不失去原汁原味的文化遗产才是文化产业发展源源不断的动力。

3. 丰富古村文化生活氛围促进文化共生

（1）以居住功能为主延续古村生活氛围

古村落的新功能既需要适应城市发展要求，也要符合古村落原有格局和建筑空间的特点，这样才能最大限度地保护原有村落格局和文化信息，实现历史文化的传承与发展。因此古村落使用功能的调整与置换不能只考虑短期内的经济效益，更应该兼顾长远的可持续的更新结果。居住功能作为凤凰古村原本最主要的功能，需要予以保留，才能更好地传承凤凰古村的历史文化。

①居住功能有助于保留凤凰古村完整形态

从城市发展的角度确定古村落的用地性质和使用功能，包括基本保持原有使用功能和较大幅度调整与转换古村落功能两种类型。保持原有使用功能，有利于凤凰古村的保护，可以更好地保持古村整体风貌。广州练溪村被更新改造为一个兼具历史文化遗产展览、休闲购物和饮食娱乐功能的城市综合服务区，但由于商业需求有限，古村不需要全部都进行这样的商业开发，因此大面积古村被拆除，只对村内部分重点古建筑予以保留和功能的置换。练溪村的开发正是因为未关注古村原有居住功能的价值而将古村大面积拆除，使古村的整体风貌遭到了破坏。

凤凰古村原有建筑以居住建筑为主，包括少量的宗祠、私塾等公共建筑。古村大部分民居具有较好的历史风貌且保存较好，可以加以修缮继续发挥居住功能。延续凤凰古村的居住功能有利于保持凤凰古村的整体肌理，为古村提供一个相对稳定的人群来保持古村活力。凤凰古村可视为凤凰社区中空间独特的居住片区。

②居住功能有利于延续凤凰古村生活氛围

古村落记录了不同历史时期的居民生活，经历了上百年才沉淀了深厚的物质及非物质文化遗产，因此古村落的居住功能是不替代的。乌镇采取了较为成熟的做法，尽可能地保留了居民原有的生活。乌镇没有把所有的居住用地改造成商业旅游用地，而是开放了具有江南特色的东栅和西栅两条街区来满足游人购物消费需求。而古村大部分街巷空间还保持着居住功能，江南特色生活情趣浓郁。

凤凰古村也应该保留大部分居住功能，以渐渐恢复古村原有的社会生活活力。小孩们在巷道中玩耍，小贩在叫卖，老奶奶坐在门前聊天的街道生活场景，能很好体现凤凰古村的街巷格局及建筑布局带给人们生活的亲切感和熟悉感，这是在现代城市中很难体会到的尺度与场景。游人在斑驳的石径上游走，可以与当地居民交谈，了解关于凤凰古村的神话传说，这比在博物馆看文字图片介绍更加生动，给城市游客带来新的体验，有利于增强古村对游客的吸引力。

③完善凤凰古村生活服务功能配套

社区中的居住片区，需要配置公共活动空间、公共服务设施等。凤凰古村若保留大部分居住功能，作为空间独特居住片区，也应完善相关配套并提高开放性，建立与城市公共空间、公共服务设施、交通网络的联系。

对建筑空间进行适应性改造以保证生活舒适度，需要改善基础设施，增加服务设施，加强市政基础设施建设，包括生活必需的水、电、气的供应要齐全，排水顺畅、垃圾清理及时等，同时要留出必要的儿童游戏场地、增加古村绿化，以改善居民的居住环境。凤凰古村居住建筑内部空间的改造要有上下水、电气、卫生设备和冷暖空调以保证室内生活的舒适。

（2）营造社区新文化与历史文化共生

目前在西方发达国家，历史保护正逐步纳入社区建设之中，以居民为主体、以历史保护为重点的历史社区文化营造正成为历史文化街区及村镇的保护新趋势。对于凤凰古村而言，将原有的岭南文化与现代社区文化相结合，能唤起人们的社区认同感与归属感，更利于古村落保护更新。

①发展新的社区文化是古村复兴的必然要求

历史文化村落不是解决了经济发展，为居民提供就业就可以使居民长久地留在此地。根据马斯洛需求理论，在经济基础得到满足后，人们会追求进一步的精神需求。因此创造具有持久吸引力的邻里社区文化，给居民带来归属感，满足居民日常精神文化生活，使居民愿意长久在此工作并居留，进而影响和说服其他人重新回到凤凰古村。

②不同人群混合创造凤凰古村新的文化生活

凤凰古村已经没有原住民，传统的历史生活场景消失。凤凰古村亲切宜人的街巷及建筑空间尺度，可塑造良好的人与人交流的氛围。文化创意工作者的融入，为古村添加了现代文化气息，也吸引居民重新回到这里居住生活。艺术家注重自我的表达与才华的展示，大部分愿意与人沟通交流，这可以促进艺术家、居民及游客间的交流，不同的人生经历与思想碰撞形成一种新的文化氛围。

例如广州小洲村经过多年发展，已经形成了一种新的文化生活。大量在小洲村定居的艺术家们更愿意与周围的人交流沟通，通过组织小洲文联，在古村礼堂、祠堂、广场等进行各种艺术展览、艺术沙龙讲座，召开全国性的艺术主题会议等。种种艺术活动与小洲村的原有生活相结合，使村里的艺术家之间、居民与艺术家之间，可以更好地交流分享，形成了浓厚的社区互动与独特的文化生活氛围。这样的氛围不仅使居民与艺术家产生社区的认同感与归属感，还可以吸引更多的人来此居住生活或进行艺术创作。

凤凰古村可深入挖掘利用自身历史文化资源，将其与日常生活及艺术家的创作相结合，营造良好的社区氛围。凤凰古村落及凤凰社区的历史事件、历史名人与文物古迹，都可以成为艺术家及创意工作者的灵感来源，艺术家的艺术创作也可以提高居民的文化修养。凤凰古村原有的民间工艺、手工艺、戏曲及醒狮等艺术表演可以作为社区活动的主题，举行关于艺术及文化遗产的社区讲座，促进艺术家及居民的交流，将艺术文化氛围与传统的居住生活氛围结合在一起，形成凤凰古村的新的文化生活。

四　强化正向的凤凰古村与社区共生环境

（一）利用文化活动提高古村知名度

凤凰古村在深圳文博会期间，举办了中国艺术研究院美术作品展，邀请国内著名学者刘梦溪、刘波、喻静来凤凰古村做讲座，举办了两岸文化民俗交流论坛，进行了福永凤凰麒麟、福永粤剧表演。丰富多彩的文化民俗活动吸引了大批游客，获得了社会各界极大关注。

深圳文博会结束后，凤凰古村抓住文博会带来的旅游热，继续积极利用类似文博会的城市大型文化项目，或定期在凤凰古村举行以特色文化民俗为主题的活动，在全市范围提高凤凰古村的曝光度。凤凰古村可定期举办各类国际、国内艺术展演交流活动，举办摄影、绘画等艺术竞赛，或者举办具有民俗风情的表演活动，如凤凰古村传承多年的凤凰麒麟表演、福永粤剧、醒狮与杂技表演。通过丰富多彩的文化活动，使凤凰古村在深圳树立自身文化风俗特色，提高自身的知名度及特殊性。

（二）完善规划与政府监督

将凤凰古村的文化旅游产业发展纳入区域城市发展战略中，对凤凰社区产业进行一定调整并统筹规划，以发挥文化产业的集群效应。紧邻凤凰社区的福永环立新湖新兴产业示范区和周边其他工业园区，在招商引资中可适当侧重创意文化产业。

凤凰古村已经编制多版古村保护规划，但都较偏重物质空间，没有充分考虑古村与城市社区的互动关系,缺乏系统的规划方案。因此随着共生环境的不断发展变化,政府应请相关领域专家深入研究凤凰古村与城市互动关系,以此为出发点编制一系列产业规划、空间规划等全面合理、切实可行的规划方案。规划编制要将古村的保护规划纳入整个城市社区规划之中,协调好保护规划、建设规划及旅游规划等规划的关系。

采取行政干预保证规划落实。保护与更新规划经政府批准后,即具有法律效力,人人必须遵守。政府应根据国家有关法律及规划,对古村落的保护更新过程进行监督指导,必要时采取行政干预。如对因使用或者保护不当而破坏古村落建筑及风貌的人员,可要求造成破坏者必须采取修复原风貌的措施。发现对凤凰古村建筑遗产进行不正当交易的,应予以处罚并停止进一步破坏。

凤凰古村保护应纳入政府财政预算。凤凰古村作为一种不可再生资源,对其加以保护是当地政府的责任。因此,凤凰古村的保护修缮及编制保护更新规划的资金,都应在地方政府财政预算中列出专项经费。

(三)引导号召全民参与

1. 增加保护资金来源

古村落保护所面临的巨大的资金压力,可以由政府负责前期项目启动与投入,通过政策引导,鼓励社会资金以租赁、承包、股份合作等多种形式投资开发凤凰古村落旅游项目,如影视村、民俗客栈、传统手工作坊和地方特色商店等项目,促进社会资金开办各种以旅游开发为经营项目的企业和实体。设立凤凰古村的保护更新的专项资金,对积极参与凤凰古村落保护更新的所有者或使用者给予补助、贷款贴息等资金鼓励,形成示范作用。种种举措可拓宽保护更新的资金来源,有利于推进古村保护性更新。

2. 全民参与保护

凤凰古村作为凤凰社区乃至深圳的宝贵遗产和不可再生资源,其保护更新应得到全社会的参与支持,应将政府主导转化为全社会共同保护。为鼓励文化创作团体或艺术工作者个人参与历史古村落保护,可以将古建筑无偿租给其使用,但其需要承担古建筑日常的维护及费用。鼓励全民参与,加强其文物保护意识的培养,激发其作为凤凰古村居民的荣誉感与自豪感,号召带动居民回到古村居住生活,并在日常生活中参与到保护与更新中。

创建积极正向的共生环境，就是要加大政府对古村改造的重视程度及资金支持，把握共生方向，积极利用城市重大的项目扩大古村知名度，充分调动古村及社会人士对古村保护更新项目的热情并参与其中。

五　协调凤凰古村及社区共生单元

协调凤凰古村与社区两个共生单元，就是在共生模式的指导下，建立古村与城市社区的功能空间联系，强化与保护凤凰古村文化特色，更新建筑空间，从空间层面保证共生单元间人流、物流与信息流的交换，使古村落与城市成为功能、交通与空间的共生体，真正实现共生。

（一）凤凰古村历史遗迹保护性更新

1. 整体风貌协调共生

在核心保护区对历史建筑重点保护，对规模大的古建筑群进行整体风貌整理。在建筑控制区和风貌协调区内，现代建筑与历史建筑衔接的地方和重要的公共空间周围，如入口广场四周、新建建筑需要考虑与传统建筑风貌相协调。

建筑协调主要体现在建筑立面的改造上。对新建筑立面重新粉刷，将颜色与古建筑相统一，避免对比颜色使用在立面上。另外可以在立面上增加仿古构建，与古建筑的细节相呼应。

（1）街巷空间及风貌保护

游客主要通过街巷空间体验凤凰古村历史风貌，古村街巷包括街道、巷道、弄道三类。保护街巷空间，包括街巷的空间尺度、街道两侧的建筑立面及街巷铺地。保留原有的街巷尺度以保护凤凰古村曲折迂回的空间氛围，街道两侧建筑的立面形式、材料及色彩应连续统一。街巷铺地有石板路、方石路等，古村内街巷的等级可以反映在不同的铺地材质上，凤凰古村原有主要的街道基本铺设的是石板，巷弄则采用弹石铺地。保护更新中应尽量避免改造路面，若必须改造应尽可能采用与原有材料相同的材料和铺装形式，以免破坏道路风貌。在已有的凤凰古村改造中，对街巷地面进行了重新铺装，尺度及材料都未保持原有风格，破坏了街巷景观。

（2）建筑分类保护与改造

①建筑分类评价

文物古迹和历史建筑是古村历史信息的真实记忆，集中体现了古村的价值和特色。通过对建筑质量、建筑风貌进行评价得出建筑等级，对不同等级的建筑物采用相应的保护与整治措施。

建筑质量评价，是评价建筑的主体结构和局部结构的质量状况，并判断是否存在安全隐患，以此决定建筑是要进行局部还是整体加固，是否要重新修建或彻底拆除。具体评价标准如表3—1所示。

表3—1　　　　　　　　　　建筑质量评价标准

质量情况	主体结构	门窗墙体	居住情况
较好	完好	完好	宜居
一般	整体尚可，局部结构需加固	局部破损	可居
较差	严重损坏，需整体加固	破损程度大	少有人居住
很差	结构残缺不全，局部坍塌	破坏严重或消失	无人居住，需拆建

建筑风貌评价，是对建筑的外观面貌能否反映古村落历史文化特征及其保存状况的评价，以判断建筑外观是否需要局部改造或重新整治更新。通过现场勘察和实地走访，凤凰古村建筑风貌可分为四类，即完整、一般、与历史风貌无冲突或有冲突。

风貌完整指建筑立面风貌完整或保护良好，能较好地反映村落历史文化特点，建筑细部及装饰构件精美，如保存较好的文氏大宗祠。风貌保存一般指建筑立面风貌基本完整或保护修复程度一般，局部遭到破坏或采用混凝土、水泥、瓷砖等现代材料进行过修补，但细部构件仍保留一定的历史文化特征。这类建筑需要对外观进行局部修缮，如拔茹书室。与历史风貌无冲突的新建筑，在建筑颜色、尺度、建筑风格等方面都与历史建筑相协调。与历史风貌有冲突的、外立面已经遭到破坏、历史风貌特征已经不明显的老建筑，与历史风貌特征冲突比较大的新建筑，如在建筑高度、色彩、风格、体量上与历史风貌不协调，建筑大面积使用红砖、水泥、瓷砖等材料的新建筑，必须对其外观进行整治。

凤凰古村历史建筑主要集中在核心保护区范围内，包括宗祠、家塾、书室等公共建筑及大量民居，还有少量使用混凝土材料的新建筑。按照建筑的风貌特色与保存质量，将不同类型建筑分类进行更新改造（见图3—3）。

图3—3 建筑等级评价

②不同类型及等级的建筑功能置换策略

宗祠、家塾及书室等公共建筑，是古村注重宗族及崇文尚礼的象征，具有较高的保留价值。其中的协和家塾、麟圃书室、拔茹书室和捷卿祖家祠经过修缮，保存较好，现在用于展览空间。良佐公家私塾、槐延祖祠和松庄祖祠，保存情况一般，可以经过修复重新使用。良佐公家私塾目前可以用作幼儿园以延续其教育功能，槐延祖祠和松庄祖祠可用作居民社区活动中心。茅山公家塾、四胜祖家祠及乐静祖祠建筑质量较差，局部已经坍塌，内部空间不能使用。这些快要坍毁的家祠虽然建筑空间无法继续使用，但却具有较高的观赏价值。残垣断壁最能体现古村悠久的历史，生动地展现了古村建筑的变迁，是经过百年时间累积形成的景观，应原貌保留并作为古村的特色景观。

民居是凤凰古村的主体,大部分具有风貌特色且保存良好,外部应予以原样保留,内部空间可以改造利用为创意工作室、展览厅等艺术附加值较高的功能空间。对于风貌一般且保存一般的民居,可以对其内部环境进行改造,以适应未来艺术家、游客及居民的居住要求。对于破损较严重的民居,可适当拆除,留出空地用作公共空间。

凤凰古村落中还分布着许多民国时期和新中国成立初期的建筑,多为混凝土材质,灰色色调基本与古村协调,有的高两层,建筑形态与古建筑不同。保存较好的新建筑,反映了古村经历的不同历史时期,具有一定的历史价值,可以对风貌基本协调的建筑予以保留。这些新建筑内部空间较符合现在的使用功能,因此可以利用这些新建筑布置公共服务设施,为旅游及居民服务。两层高的新建筑,可以从屋顶俯瞰周边的古建筑,也是一种独特的旅游体验。对于风貌不协调的建筑,需对其外部立面进行风貌协调或拆除。

2. 统筹凤凰古村与社区功能布局

凤凰古村发展文化旅游产业,并带动凤凰社区产业转型,与城市文化生活相融,都要求在凤凰古村与凤凰社区的功能布局上统筹布置。

(1) 文化产业发展对古村与社区功能布置要求

文化产业的发展,需要给艺术家及艺术工作者提供良好的创作空间、居住空间,使其安居于此并进行创作研究活动。艺术家的创作与居住空间包括分开布置和结合布置两种模式。结合布置模式如在广州小洲村,艺术家承租的一套房子兼具创作、居住、展览、销售功能,是一种类似 SOHO 的模式。这种模式生活氛围浓郁,便于艺术家直接与游人和参观者交流。分开布置模式如深圳观澜版画基地,艺术家居住创作、版画制作与展览分为三个区域,版画展览区只有作品展出,版画的制作集中在大型工厂,艺术家的创作与生活是一体的,位于观澜版画基地环境最优美的地方且对外封闭。这样的模式有利于艺术家潜心进行创作研究,不受游客的干扰。但展览空间因为只有作品展出,没有其他功能的混合,比较冷清,缺少活力。

凤凰古村内的文化产业包括艺术创作、创意文化及非物质文化遗产研究等多种形式,根据不同艺术工作者的创作及行为习惯不同,古村内应布置不同模式的创作生活空间供艺术家选择,并应预留供艺术家按自己喜好对空间进行二次设计的可能性。

完善古村内空间布局的同时，还要对凤凰社区的产业空间进行调整。第三工业区位于凤凰古村与凤凰山之间，毗邻台湾美食街，应发展文化创意产业配套的生产基地，或者为艺术家提供创作及艺术品制造的配套基地。

（2）旅游业发展对古村与社区功能布置要求

旅游业的发展为古村带来大量游客的同时，需要古村配置大量的旅游服务配套，包括旅馆住宿、餐饮及商品服务和公共服务设施，另外还需做好交通规划，合理设置停车场位置，引导车流人流。

古村原有建筑可作为充满民俗特色的居住空间。因为古村存在大量原有民居，这些古建经过修缮可继续承担居住功能，不需要对立面及结构等进行较大改动，节约了成本且有利于古建筑的保护。旅游住宿可以散落在古村落各处，也可以集中于某一区域。游客居住空间散落在各处，与艺术家、居民的居住空间相混合，有利于游客与艺术家交流互动，实现不同活力的均衡布置，避免出现古村局部人流密集、局部缺少游客的情况。游客居住空间集中于某一处，便于配置相应的餐饮等旅游配套设施，保证游客居住区的安静舒适。但若经营不当，将会出现白天游客外出游玩，居住区缺少人气的现象。

发展旅游会带来大量车流，旅行团的大客车及私家车的停车需要占据大量空间，为保证古村内的步行氛围，停车场需在靠近古村的社区规划专门用地来解决。

（3）城市生活融入对古村与社区功能布置要求

城市生活的融入可以保证古村作为一个居住片区的基本活力，同时具有当地居民生活文化氛围的古村，可以使游客更好地体验当地民风民情，吸引艺术家接触普通人的生活，激发创作灵感。因此，古村还应该包括一定数量的居民在此居住生活。居民与艺术家生活在古村中，需要古村具有医疗、体育活动设施、活动中心、幼儿园、商业服务等公共设施配套，且与城市社区的公共服务设施形成系统。居民居住空间应分散布置在古村落中，使古村各处都有基本的生活氛围，容易在文化产业发展初期形成古村的基本活力。居民并不只是在古村安家，还要在古村乐业，这样才能使居民长久地留在古村中。居民在古村可以从事为游客、艺术家提供餐饮、商业等生活服务的行业。

（4）古村功能混合式布局模式

综合上文的分析，艺术家工作室、居住空间及游客、居民居住空间混合布置，便于不同人群交流活动，符合社区功能人群混合多样的特征，有利于塑造古村活力。针对不同人群的活动特征，结合古村建筑风貌及保护情况，不同人群所需的功能布置如图3—4所示。

公共建筑
非遗研究工作室
艺术家SOHO工作室
游客居民特色居住空间
居民及游客住宿

图3—4 混合式功能布局示意（刘琳 绘制）

①重要宗祠及书塾

重点的宗祠及书塾作为历史文化最典型的代表，应尽可能用于展览展示，传承古村宗族文化。其中部分书塾可用作古村的幼儿园等小型社区级公共设施空间。

②艺术家工作室

艺术家喜欢古村的历史文化氛围，并能从中获得灵感进行艺术创作，非物质文化遗产研究人员以古村为研究对象开展研究，因此需要将古村内风貌较有特色、保存较好的民居，经过内部空间修整后，提供给艺术家用于创作、展示作品及日常生活。

③非遗研究人员办公居住空间

考虑到进行非物质文化遗产研究人员可能需要较安静的场所，不需要与游客居民过多接触，将其布置在古村中游客不方便到达且建筑保留较好的区域。

④游客与居民混合居住空间

当地的风土人情与特色艺术氛围是凤凰古村吸引游客的亮点，因此将游客与居民分散居住在其他较有风貌特色、保存较好的古民居中。这样游客既可以体验居住在古建筑的感觉，又可以与周围居民及艺术家很好地沟通交流，增加旅游体验的趣味性。古村重新焕发活力会使居民更愿意留在古村中。居民向游客讲述古村丰富的历史文化，可起到很好地宣传古村的作用。古村建筑控制区内的新建筑可用作旅客住宿，虽然这部分建筑特色不明显，但由于其空间较古村开敞，具有进行更多休闲活动的可能。

3. 建立凤凰古村与社区交通联系

完善交通路网，疏通古村内部交通与城市交通联系，方便人的交流与物资的流动，为产业发展及古村融入城市生活提供便利。

（1）疏通凤凰古村与凤凰社区车行交通联系

①疏通主要交通性干道

凤凰古村作为凤凰社区一个开放的独特的居住片区，需要与周边居住组团和工业组团形成良好的交通联系，方便人们从古村穿过到达对面的街区，改变古村现在阻隔两侧街区交流、缺少人通行的现状，以提高古村活力。依据凤凰古村原有的肌理及街道网络，梳理出较为宽阔，可供人流大量通行的、较便捷联系各个方向入口广场的主要街道。

②停车场的增设

露天停车场的位置应远离古村落的核心空间，以免形成拥堵以及空气质量恶化的不良后果，停车场也不能远离古村与城市相连的入口广场，方便与其他旅游设施相联系。

（2）疏通古村内部步行交通联系

疏通凤凰古村内部步行联系，以使游客更好地体验古村步行尺度。梳理主要交通巷道，方便居民穿行。规划旅游路径，串联凤凰古村重要节点空间。整理古村公共空间，通过步行巷道构成公共空间体系，加强与周边城市街区的联系。从以下三方面考虑，最终构建古村落内部步行街巷网络。

①构建旅游路径

古村内大部分道路较窄且幽深曲折，人在其中很容易迷失方向，因此需要规划一条最佳观览路径，引导第一次到这里来的游客在古村中穿行，方便其尽可能全面地领略凤凰古村特色。旅游路径应串联起古村内保留较好的古祠堂、书塾及古民居等极具特色的参观景点。旅游路径应有主次之分，尽量避免回头路，但小范围内可以有巡回路径，增加游览古村的趣味性。

②联系公共空间的生活性街巷

凤凰古村承担了一定的居住功能，包括当地居民常住、游客住宿、艺术家及创意工作者居住等情况，因此需要为居住在此的人提供一定的公共活动空间。另外，游客在古村中游玩，也需要配置一定的公共空间，保证其游览活动需求。

公共空间主要包括活动小广场、街区小绿地，以及提供人们停留、休憩的场所。这样的空间一般可以将部分保存质量较差的建筑移除，改造为公共空间。联系公共空间的路径主要作为一种生活性的路径，也可视为在一定范围内对旅游路径的一种补充，主要分布在居住较密集的区域，以联系大小不同的公共空间。

③建立步行交通网络

主要交通性街道、旅游路径和生活性街道三者在尺度、范围及作用上相互区分与补充，共同构成了凤凰古村的步行交通网络。交通性街道较宽，曲折较少，以便捷的通过性交通为目的。旅游路径较窄、较曲折，以最大限度地串联整个古村的特色景点，引导游客游玩为目的。生活性街道一般分布在居住较密集的区域，尺度最窄，以保证居住者到达最近的公共空间或主要街道为目的。三者的结合，保证了不同人群在古村的多样化活动，有利于提升凤凰古村社区生活活力。

本节首先提出了建立多层次动态化的共生关系目标及保护性更新的适度性、完整性、原真性和共生互利性的原则。从优化共生模式、强化共生环境和协调共生单元三方面提出凤凰古村与凤凰社区共生策略。优化共生模式，探讨了凤凰古村发展各种产业的可能性并得出结论，凤凰古村需要完善文化旅游产业促进产业共生，丰富古村文化生活促进文化共生。从利用古村文化项目打造古村文化品牌、完善区域规划与政府监督、引导号召全民参与等三方面强化正向的共生环境推动共生。协调古村与社区共生单元，需要保护性更新历史遗迹，统筹凤凰古村与凤凰社区功能布局并建立交通空间联系。

第二节　景区依托型的滨水村落发展转型与空间优化策略——深圳较场尾民宿区

一　深圳较场尾民宿区概况

（一）乡村旅游成为县域经济发展新引擎

中国县域面积占全国国土总面积的92%，县域GDP占全国GDP总量的59%，县域经济发展是统筹城乡经济社会发展的重要战略支点。近年来，中国各县以其广大的乡村空间环境为载体，以乡村自然风貌、生产生活方式、民俗风情和乡村文化为特色，大力发展乡村旅游，使旅游业成为县域经济新的增长极。自2010年起，中国国家旅游局等单位联合推出了全国休闲农业与乡村旅游示范县、示范点的建设工作。2013年，中国颁布实施《旅游法》，规定城镇和乡村居民可以利用自己的住宅或其他条件开展旅游事业。2014年8月，国务院印发《关于促进旅游业改革发展的若干意见》。提出大力发展乡村旅游。乡村旅游对县域产业优化升级、经济结构调整、城乡形象提升都发挥了重要作用。

（二）村落与景区建设缺乏良性互动

随着乡村旅游的推广和景区规模的扩张，越来越多的村落被景区包围，形成景区依托型村落，即"景中村"。但是，这些村庄是撤并还是保留、是维持现状还是功能置换等一系列问题，尚无统一的评判标准。有的景区建设建立在大规模的乡村撤并基础上，造成了村落与景区在土地利用、旅游资源利用等方面的尖锐矛盾；有的景区无视景中村的存在，任由村民个体自发进行旅游服务活动，往往呈现出基础设施不完善、服务配套匮乏、环境卫生条件差、服务水平低的问题，最终成为景区的形象死角。

（三）新型城镇化为旅游村转型提供新契机

2014年，国务院发布《国家新型城镇化规划（2014—2020）》，提出社会主义新农村的建设要坚持遵循自然规律和城乡空间差异化发展原则,科学规划县域村镇体系,加强农村基础设施和服务网络构建,完善乡村旅游服务体系。该规划为"景中村"的优化提质奠定了政策基础。"景中村"作为一种特殊的乡村类型,其发展转型是在县域旅游业发展的驱动下缩小城乡差距、推动农村产业转型、促进城乡交流的新型城镇化途径,是社会主义新农村建设的典型体现。

(四)发展民宿模式是深圳较场尾民宿区保护与更新的最佳选择

深圳较场尾民宿区建于清代嘉庆年间,距今已有200多年的历史,村落内建筑主要由少量保存良好的古建筑及大量的改建新建建筑构成,样式大多清新明快。此外,较场尾民宿区是大鹏半岛景区的一个重要组成部分,在旅游旺季,景区旅游住宿供不应求,随着家庭旅馆民俗业的展开,较场尾民宿区很好地解决了景区旅游住宿配套不足的问题,并为当地居民带来了可观的经济收入,凭借独特的建筑外观及建筑内部不同的空间体验,成为独特的旅游产品。民宿发展模式是较场尾村建筑的最佳发展模式,发展民宿既是对传统建筑的最大化保护,又是对村落建筑功能的最大化提升,是村落开发的最佳选择。

根据《东部滨海旅游发展规划》及《大鹏新区保护与发展综合规划》,较场尾片区是大鹏新区第一批城市更新单元的重点地段之一,在城市更新推动后,大鹏办事处已疏导了64家海边经营商户,撤除掉50个违法搭建棚,清除了20家消防隐患摊,清理出2000多平方米的海边公共区域面积;同时启动了污水支管网整治工程、海岸线及沙滩整治工程、广场及小区路工程、停车场工程、周边道路工程、内部街巷整理工程、标识泛光系统等八大项工程项目,为发展提供了良好的环境保证,且较场尾民宿区目前共有200多家经营性民宿,具有良好的发展基础。

村落形成与发展需要经历漫长的演变过程,它将伴随外部环境、经济结构、物质资料的变化而有机演化更新,并将一直处于动态变化之中,其中经济环境是决定村落发展的决定性要素。旅游开发作为县域经济发展的重要途径,必将加快经济辐射范围内所有村落的更新步伐,这是聚落对经济环境变化再适应能力的充分体现。旅游景区在为"景中村"提供就业机会和良好生活环境的同时,必然吸引大量客源到此消费。游客住宿、餐饮、娱乐等需求必然激发村民自发的旅游服务活动,从而利用旅游市场的辐射价值来满足自身的利益诉求。此外，政府出于农村扶贫、缩小城乡差距和拉动经济增长的目的，也将出台一系列优惠政策来鼓励景中村的发展转型。由此可见，"景中村"在景区资源支撑力、客源市场拉动力、政策推动力和村民需求驱动力的综合作用下，必将从小农经济背景下的传统村落向旅游经济下的村落模式演变。下面以深圳较场尾民宿区为典型案例，论证其在旅游经济驱动下功能构成和物质空间与其小农经济时期的变化特点。

二　深圳较场尾民宿区功能构成及空间形态分析

深圳较场尾民宿区前身为较场尾村，位于深圳大鹏街道东翼片区龙歧湾沿岸，紧邻深圳发源地"大鹏所城"，聚居了约 200 户农家，拥有 2000 米的黄金海滨沙滩。据《大鹏新区保护与发展综合规划》，大鹏街道东翼片区将被打造为国际滨海度假的 5A 级景区，预计到 2020 年游客容量将达到 600 万人次/年。其中，较场尾民宿区被定位为服务于整个景区的特色服务区。

（一）历史沿革

1. 人口与社会

大鹏半岛的人类生活史，可追溯至原始社会的新石器时代，著名的咸头岭沙丘文化遗址就位于大鹏半岛的咸头村。据史料记载，深圳地区大约自秦以后被纳入中央政权体系，秦始皇三十三年（前 214）统一岭南后，深圳归属南海郡番禺地，名曰宝安县；至明万历元年（1573）分为东莞县、新安县；民国 3 年（1914）改新安县为宝安县直至新中国成立；1953 年县治从南头迁往深圳镇；1979 年改宝安县为深圳市；1980 年 8 月建立深圳经济特区。据康熙《新安县志》记载，当时的新安县，全境划分为七个"都"，其中大鹏半岛为"七都"辖地，至清代中期，大鹏半岛地区属于县丞管辖，驻大鹏所城。大鹏所城设有王母洞屯、盐田屯、葵涌屯，康熙年间，屯田制度消亡，原有屯田由所城官员招募百姓垦耕，这些耕种屯田的农民，就近定居下来，形成了大鹏所城周边村落。大鹏所城作为大鹏半岛的政治、经济、军事中心，具有较大的集聚力和辐射力，不仅逐步形成以大鹏所城为中心的村落群，同时大鹏所城通往县城的通道一带也成为新的村落的生长点，从大鹏所城到王母、叠福、澳头、小梅沙，沿路渐次出现一系列村落,较场尾村便于这期间形成。至 2011 年"大鹏新区"独立成行政区,较场尾村始终隶属大鹏街道办管辖。

在大鹏半岛的历史上,居民发生过几次较大的变动,清初实行的"禁海""迁界"及其后的"复界"、招徕垦荒移民等政策措施对本地区的村落建设有着重大的影响。所谓"迁界",是指为了镇压郑成功等反清势力在东南沿海地区的活动,推行强制性移民的沿海无人化政策,清政府于顺治十八年(1661)颁布了迁界令,康熙元年三月"初迁",沿海居民内迁 50 里安插,康熙三年(1662)三月"再迁",以致新安县仅存居民 2172 人;康熙八年(1669)正月,清政府采纳地方官员的建议,允许当地部分居民返乡,此所谓"复界";经过多年的磨难之后,居民"大半逃编他邑",针对本地区"土多民寡"的状况,当地政府召集农民垦辟荒田,"客民或由江西、福建,或由本省惠、潮、嘉等处,陆续来新,承垦军田,并置民业",至此,较场尾村人口基本由客家居民构成。

2. 产业与经济

历史上,渔业是较场尾村当地居民赖以生存的重要生产活动之一,据嘉庆《新安县志》载,"邑地滨海,民多以业渔为生"。康熙二十六年(1687),新安县当时的鱼埠主要有南头、蛇口、固戍、福永、沙井、盐田、大鹏、南澳、东山等处,较场尾滨海资源优越,渔业是当时的重要经济收入。从 1980 年深圳建立经济特区至 2006 年,较场尾村由于远离市中心,始终没有得到深圳经济发展的良好带动,仍然以渔业为基础产业;从 2006 年起,考虑到较场尾偏安一隅的优越自然地理条件及本地居民的迫切开发需求,政府开始鼓励较场尾居民进行自主式灵活发展;本地居民开始逐步将老建筑改造为家庭式旅馆,并利用海滩资源开发滨海娱乐项目。随着旅游业的开展,家庭旅馆式民宿出租产业收益巨大,经济得到了极大的发展。至今,伴随着旅游人口的大量涌入,较场尾民宿区处于明显的供不应求状态,民宿出租业已成为较场尾村的核心经济支柱产业。

3. 土地与空间

大鹏半岛地貌的基本特点是以低山丘陵为主,平原地区较少,且以冲积平原和海积平原为主,如溪涌谷地、葵涌盆地、新大谷地和西涌谷地等,较场尾民宿区位于王母低丘台地范围内,属于海积平原的沙围田土地类型,整体地面坡度在 3° 以内,利于人工使用。大鹏半岛的河流分布多以山体为中心，呈放射状注入海湾，如发源于排牙山、吊神山的葵涌河、王母河、鹏城河等构成大鹏半岛北半岛的放射状水系，而较场尾民宿区正处于东临鹏城河，南接龙歧湾的位置。深圳全市海岸线总长度229.96公里，其中大鹏半岛海岸线长达129.31公里，大鹏半岛的自然岸线以岩石、海岬为主，占46%，沙滩分布则较为零散，仅占17%；而较场尾民宿区海岸线由岩石海岬及沙滩共同构成，拥有极其宝贵的海岸资源。较场尾民宿区土质多为水稻土和滨海砂质土，砂质较粗，有机质含量较低，土地相对贫瘠，多为中产田和低产田，对农业发展有一定的制约，而相对于海岸线距离较远的区域，如周边水贝村及大鹏所城等，地质条件良好。受海洋亚热带季风性气候影响，整个较场尾村沿滨海岸线线性展开，随着村落的发展，布局逐渐向纵深延伸。

（二）上层次规划要求

1. 功能定位

根据《东部滨海旅游发展规划》（2002）、《大鹏半岛保护与发展管理规定》（2006）、《大鹏半岛保护与发展实施策略》（2006）及《大鹏新区保护与发展综合规划》（2013），将大鹏新区定位为世界级滨海生态旅游度假区，确定大鹏新区"三山两湾生态格局、三城四区五镇"的城区结构。其中，将大鹏中心城打造为进入大鹏半岛旅游区的门户地区，尺度宜人的综合性旅游服务小城，同时承担生物农业、海洋生物、文化创意等产业职能；鹏城及较场尾民宿区将作为"五个滨海小镇"打造的重要片区。在总体定位的指导下，鹏城社区的发展目标为："活力·休闲"的国际旅游度假胜地；"绿色·优质"的生态产业区；"人文·探索"生态人文旅游区及"小尺度·慢生活"体验区。鹏城社区由下沙滨海休闲度假区、鹏城旅游综合服务中心区、龙歧湾战略性新兴产业区及现代商务休闲、较场尾历史文化区四大功能构成。其中，较场尾是深圳东部沿海22处滨海沙滩中唯一一处文化旅游景点，规划较场尾片区为以历史文化为主题的滨海旅游区，在保护的基础上有适度的发展，是东部滨海12个景区中唯一的历史文化旅游区。较场尾片区主要承担农业观光、古城体验、宗教体验、海上娱乐、滨海观光及民宿体验等功能。

2. 土地利用

土地利用性质即土地用地功能构成，较场尾民宿区将由多种功能用地共同构成，采用复合型用地的开发策略。根据大鹏5A级景区开发要求，及鹏城社区自身发展需求，较场尾片区用地将由多种功能用地如文物古迹用地、商业设施用地、商务设施用地、商住混合用地、文化设施用地、教育科研用地、医疗卫生用地、社会福利设施用地、体育用地、娱乐康体设施用地等共同组成。其中较场尾民宿区将不会只是四类居住用地，而是升级为高端的商住混合用地，其他商业设施用地及文化设施用地也将成规模地得到激活。

三　关键问题分析

（一）功能构成现状及问题分析

1. 村落可用资源丰富、极具潜力

（1）土地开发潜力巨大

根据对较场尾用地权属调查可知，除较场尾村宅基地归村民所有外，其他物业均归国有或社区集体所有，土地具有较大的可操作性，进行大规模开发的阻力较小。而作为鹏城社区和大鹏所城的滨海门户地带，较场尾滨海土地和景观资源均未得到有效利用，土地资源浪费严重——较场尾村内四类居住用地和存在污染的旧工业用地占总用地面积的83%；商业服务业态低端——商业服务业用地内多为市场和较为低端的零售业，基地内唯一的酒店目前处于闲置状态。基地总长约700米的滨海岸线中，旧村和旧工业区岸线所占比例为80%，滨海景观资源的公共价值和土地效能未能凸显。

（2）环境整治推进良好

较场尾片区是大鹏新区第一批城市更新单元的重点地段之一，至今大鹏办事处已疏导海边经营商户64家，拆除违法搭建活动棚50个，清除消防隐患摊档20家，清理海边公共区域面积达2000平方米；并启动了污水支管网整治工程、海岸线及沙滩工程、广场及小区路工程、停车场工程、周边道路工程、内部街巷整理工程、标识泛光系统等八大项工程，为较场尾民宿区的发展提供了良好的环境保证。

（3）民宿开展势头良好

目前较场尾民宿区现有约200家经营性民宿，其建筑类型大多轻巧明快，形成了一种独特的村落风貌，而这种建筑风貌使较场尾民宿区获得了

"深圳鼓浪屿"称号。而相应的民宿业早已形成开发气候，村民与政府积极协调，共同开发，既带来了经济收入，也增添了新的村落景观。

2. 旅游服务功能单一、缺乏特色

（1）旅游服务质量低，功能不齐全

目前较场尾民宿区没有专门的接待中心，各家庭旅馆均为独立式的自主经营，彼此间无联系。而较场尾民宿区除居住设施外，仅有少数的餐饮购物设施，以及滨海零散的水上服务站点，食、住、行、游、购、娱等六大要素严重配备不足。要加快旅游业的发展，不仅需要加强硬件设施的建设，也需要不断提升旅游服务的质量，较场尾民宿区目前的情况是旅游接待服务体系很不健全也很不规范，各出租民宿间服务水平参差不齐，整体良好但还不足以达到5A级景区要求标准，个别家庭的接待设施不全，接待条件等方面还有待提高。

（2）特色缺乏，不能充分发挥资源优势

旅游资源是旅游产品的核心吸引力，因此，在发展乡村旅游过程中，必须突出特色，发挥优势，才能不断提升乡村旅游的吸引力和生命力。较场尾民宿区目前仅仅是海滩资源的利用，其古建筑群及特色民宿均没有得到良好的发掘，古建筑群独特的形体感受、民宿建筑清新的建筑风格，都可以为游客带来新的游览体验，较场尾民宿区可以充分地利用这类资源。同时，通过对古建筑群及民宿建筑群进行升级改造，引入创意产业及高级画家人群等，提升较场尾人员构成层次，可以开发出更多的特色文化资源，形成旅游发展新动力。

（3）公共服务设施匮乏、缺少配套

较场尾民宿区配套设施不仅要服务于整个景区，更要服务于自身社区的发展，可以说较场尾民宿区自身社区的发展才是一切发展的基础。目前较场尾民宿区内配套设施极为简单，由于多数民宿只是村民根据自家经济发展的需要进行的建造，所以都没有考虑为社区的发展提供支撑。根据鹏城社区的要求，较场尾民宿区可以与周边大鹏所城及水贝村等共享公共服务设施。而根据对较场尾周边村落的调研发现，现状公共服务设施配套较少，主要为社区青少年活动中心、体育运动场地。

3. 旅游交通线路混乱、未成体系

较场尾民宿区目前还没有形成完整的道路体系，道路等级不明显。除鹏飞路及银滩路两条城市主干道外,并没有其他明显的次级道路规划,且周边道路大多没有设置人行道,人车混行现象严重。根据前文对旅游交通功能的分析,可知旅游交通系统主要由对外交通可达性、内部旅游线路及旅游交通方式三部分构成。

(1)对外可达性较差、通行能力有待提升

较场尾民宿区目前对外连接通道仅为鹏飞路和银滩路,在节假日高峰期,道路不堪重负,来往人流超过设计接待量,堵车现象极为严重。

鹏飞路标准段现状为2.5米宽,为双向两车道;道路只有一侧设置简易人行通道,宽度较窄。现状树木长势良好,行道树以小叶榕为主,树形遮荫效果较好,植被设计无色彩及高度的对比,观花植物缺少。

银滩路标准段为4.0米宽,为双向四车道;道路只有一侧设置了人行道。现状植物杂乱无章,缺乏层次;植被设计无色彩及高度的对比,植被轮廓线生硬不自然,整体无特色。

(2)内部旅游线路无规划

较场尾民宿区周边有大鹏所城、东山寺及农业生态园等多种旅游资源,但是民宿区与周边景点并没有设置专门的旅游通道,彼此间没有形成完整的旅游路线。较场尾民宿区内部同样无明确旅游线路,缺失导游系统,游客到此得不到完整游览体验,不利于较场尾民宿区旅游的开展。

(3)旅游交通方式单一且停车设施不足

较场尾海岸边有公共自行车可供游客使用,提供了便捷的交通工具,但仅停留于步行及自行车行等慢行交通,并不适于远处景点间的交通转换。较场尾海岸边路况良好且路幅较宽,便于采用绿色电瓶车等交通工具,可以为游客提供更便捷的交通方式。整个较场尾民宿区内除入口处设置一处停车场外,没有其他停车位置,节假日高峰停车困难的问题尤为严重。

(二)空间构成现状及问题分析

1. 整体结构不清晰、空间层次不明显

(1)村落肌理与周边自然环境不协调

由于较场尾民宿区临海不靠山,形成了典型的线性滨海格局,滨海对村落空间构成产生了巨大的影响。据史料记载,较场尾村原为类网状街巷布局,建筑大多沿海面平行展开,随着村落的发展,村落用地逐渐至纵深延伸，根据通风及视廊通透的要求，新建建筑仍与旧建筑保持着整齐的对应关系，建筑间布局排列整齐。而到近代，随着村民不断地对旧建筑进行拆建与新建，村落空间肌理破坏严重，建筑彼此交错，街巷不连续，村落空间产生了巨大的变化，无序现象严重。

（2）村落建筑无层次分区

较场尾村是有着几百年以上历史的古老村落，虽然大部分建筑已被改建或拆建，村子内仍存在着少量保存较好的古建筑，例如何家巷、余家巷和王家巷等周边建筑群，是稀有的古建筑资源。从这里逐渐向较场尾四周可以发现大量的近三四十年新建建筑，有 20 世纪 80 年代旧屋、90 年代旧屋以及 2000 年旧屋，每个年代的房屋类型风格各异，可以看出明显的时代痕迹。由于较场尾民宿区建筑经历过多年的改建与拆建，不同样式建筑彼此交错。

2. 街巷空间不规整、节点联系不紧密

（1）街巷空间不规整，街巷空间尺度差别大

较场尾民宿区内古建筑群主要采用的是一明两暗式住宅组成的联排式屋宇，并通过排列形成街巷格局。采用联排式屋宇村落的街巷分为两类：横巷和纵巷。横巷是位于住屋之前、与住屋大门朝向垂直的街巷，用来联系各户住屋；纵巷是位于住屋山面一侧、与住屋大门朝向平行的街巷，用来联系各排排屋。横巷通常很窄，大体在 2 米以内，两旁建筑高度在 3 米以内，形成的街巷宽高比为 2:3；少数稍宽的，用矮墙在自家门口围合成小场地，用于洗涤和堆放柴火等，其外再留出 1 米作为横向通道，所形成的街巷宽高比为 1:1。由于较场尾民宿区其他区域的建筑拆除重建，原本的街巷格局并没有得到良好的延续，再加之建造活动缺乏指导，致使街巷道路伸展混乱，出现了不少断头路，街巷空间并没有统一的街巷宽高比尺度，导致没有形成完整的街巷空间体验。

（2）街巷节点空间正在衰落，缺乏联系

较场尾民宿区内街巷间彼此交错，形成各式各样大小不一的节点广场，街巷节点主要分为两类：祭祀用广场节点及生活用广场节点。

①祭祀广场

伯公庙是用于供奉管理土地、桥梁、道路等神祇牌位的小型庙宇，是较场尾民宿区内的重要街巷节点。较场尾民宿区由于原住居民的不断迁出，及自身不断向外扩张，原有的伯公庙逐渐被新盖房屋所包围，伯公庙

的广场空间越来越小,甚至有的伯公庙已只剩下了简单的牌位,村落文化正在消亡,对伯公庙的保护迫在眉睫。

②生活广场

较场尾民宿区的生活广场多是由村树形成的广场,供人们休息与交流使用。本地树种多为榕树,枝繁叶茂,树冠通常直径可达 10 米,甚至20—30 米,为人们提供聚会纳凉的去处。

3. 滨海轮廓不整齐、沙滩利用不合理

(1)村落滨海轮廓不整齐,天际线混乱

村落天际线混乱的体现便是滨海建筑杂乱无章(见图3—5、图3—6)。

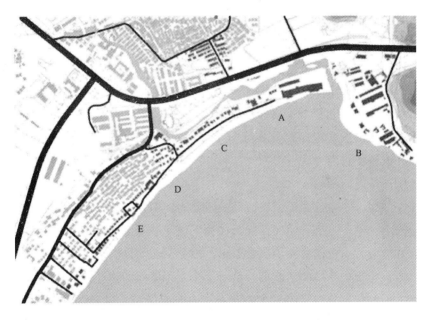

图3—5 滨海天际线分段示意(曲鹏 绘制)

图3—6 A段天际线(曲鹏 绘制)

从现状调研照片中可以看出，无论是滨海建筑形式、滨海建筑高度，还是滨海建筑立面及色彩，均显得杂乱无章，没有空间秩序，缺乏特色形象塑造，亟待整治。

（2）滨海沙滩使用混乱且岸线不连续，缺乏 24 小时活力

①滨海岸线隔断明显，滨海地块可达性差

滨海一线设有围墙，海岸及河岸高差过大，通行不便；滨海一线与大鹏所城的人行连通性较弱，只有一座小桥；沙滩宽度窄，现状海滩兼有沙滩与礁石，与海岸存在 4 米高差，且驳岸形式单一，不利于滨海活动展开。

②缺少公共集聚点及联系元素

整个沙滩没有统一规划，没有提供给游人使用的活动空间及活动设施，无法激活沙滩的 24 小时活力。

4. 建筑风貌不统一、改建新建不协调

较场尾民宿区建筑主要有三种建筑类型：历史悠久的古建筑群、改建新建不久的民宿建筑群及零散的城中村建筑群。

（1）传统建筑风貌需要保护

较场尾民宿区古建筑群具有明显岭南建筑风貌特色，需要保存及继承，其建筑特点为：

①建筑立面构成

在外观上，屋身主要由墙面及其附属物如阳台、雨篷等组成。建筑以二层为主，其特点为：中间凹入形成檐下空间，开设入口门洞；两侧墙面对称开设成方形窗洞。作为标准单元，部分门洞、窗洞按空间使用要求开设。阳台作为室内空间的延伸，是对缺少室外空间的弥补，阳台的具体做法是：中间凹入部分加深至 2 米左右，阳台增设于入口上方的檐下空间。这种阳台形式，即现在所说的"凹阳台"。建筑屋顶均采用硬山双坡顶，使用灰色板瓦，本地屋面坡度平缓，建筑采用灰色板瓦屋面。

②建筑体量及建筑色彩需要一致

较场尾民宿区古建筑主要根据标准的人居尺度进行建造，住宅建筑开间 3—4 米，进深 6—8 米，层高 3 米左右，进深超过 6 米的建筑，一般在内部分隔为前后两间或局部作二层楼面；建筑门洞宽 0.75—1.1 米，高1.9—2.5 米，建筑整体体量轻盈通透，体现了岭南建筑宜居的建筑特色。

白、灰、红为大鹏半岛建筑使用的色彩主调。白，是指白的墙面。建

筑内外墙面皆涂饰白灰，以保护土质墙体，提高室内亮度，在经过一段时间的风吹雨淋日晒之后，白色外墙渐渐失去当初的鲜亮，形成斑驳的印痕；灰，主要指瓦屋面，石质的门框、窗框往往亦呈灰色；红，是指木构件通常刷饰成红色，如室外可见的檐檩、门扇、窗扇。

（2）改建新建建筑风貌不一致，需统一协调

较场尾民宿区内大部分仍为改建及新建类建筑，这些建筑大多轻巧通透，采用中西建筑风格结合的建筑方式，一部分为老建筑改造而成，另一部分为完全的新建建筑，每个民宿都是按照户主喜好进行的专门设计，风格迥异，整体给人清新活跃的感觉，但局部存在风格差异明显的建筑组合，需彼此协调统一，在设计之初确定立面及色彩风格等。

（3）城中村建筑破坏整体风貌，需拆除或改建

较场尾民宿区尚有数量不多的"城中村"式建筑，均为3—6层多层建筑，一层为商铺，上面为出租房，建筑结构基本为简单的砖混毛坯结构，仅仅在立面上贴上马赛克瓷砖，建筑开窗没有经过任何处理，整个建筑体型基本方正，其单一的风格与周边建筑产生了极大的不协调，严重破坏了整个村落的建筑风貌，建议拆除或进行立面改造。

四　"景中村"的社会主义新农村建设路径

与普通村落的新农村建设路径不同，"景中村"的新农村建设是在旅游开发的驱动下，有效利用景区资源支撑力、政府政策推动力、客源市场拉动力、村民需求驱动力等一系列催化潜势的作用，把发展乡村旅游纳入解决农村问题、推动农村现代化、缩小城乡差距、促进城乡交流的进程中，最终实现"生产发展、生活宽裕、乡风文明、村容整洁、管理民主"的社会主义新农村建设要求。

（一）功能完善路径

"景中村"功能转型主要表现为区域协作、生态导向、高复合化和动态变化等。"景中村"是景区的有机功能体和职能组团，也是景区旅游服务的直接参与者和后方基地。"景中村"的职能划分是在景区整体功能运作的基础上确定的，需要与景区其他部分形成有机对接和良性协作。其次，随着风景区旅游的发展，村庄原始的农业、污染性工业功能开始向生态环保型农业观光、旅游服务等功能转变，不仅需要满足村民生活、生产

需求，还要满足游客食、住、行、游、购、娱等旅游需求。由于村落空间扩张受到景区的严格限制，用增量空间来安置新功能的途径已不现实，除了少量污染性工业的功能置换，只能通过功能复合和混合用地的方式来附加新功能和改善公共服务设施的配套。并且"景中村"的功能构成以旅游市场为导向进行自我调整和更新，处于不断的动态变化中。

（二）空间优化路径

"景中村"的空间优化关键要处理好村落空间与景区的和谐共存问题。首先，严格控制村落整体空间规模，不随意挤占景区土地资源。从整体空间处理看，"景中村"可划分为搬迁型、缩小型、控制型和聚居型四种类型，要根据村落环境适应性、旅游开发潜质和自我更新需求等因素来选取对应的空间处理方式。其次，改善街巷空间的可达性，保持人文环境的原真性。街巷空间是村落与景区进行人员、物资、能量交流的渠道，也是体现乡土公共生活风貌的空间载体。一方面，在保持街巷基本肌理的基础上，要清除障碍物、明确街巷等级、规范交通组织方式。另一方面，要恢复具有文化内涵的节点空间，创造特色公共场所。再次，增强界面空间的渗透性和开放性。界面空间是村落与景区之间的衔接空间，应尽可能消除两种空间介质的边界，促进二者的融合流动。最后，要重视对村落空间环境的治理，推广应用生态技术和营建生态景观，避免旅游活动和日常生活对景区生态环境的破坏。

功能完善、空间优化这两种路径从村落硬件层面满足了"景中村"的转型要求，但村落社会组织、旅游管理等软件构建也同样需要创新。国外"景中村"的发展中，旅游协会等民间组织发挥了不可替代的作用，如宣传营销、培训农户、监督检查、服务质量评估等。旅游协会极大地弥补了以农户为单位分散混乱经营的弊端，规范了乡村旅游市场的运作流程，有效实现了对乡村旅游资源的统筹配置和管理。

五　功能结构与空间优化策略

（一）优化目标与优化原则

1. 优化目标

（1）打造5A级特色民宿区

滨水地区是城市居民的重要活动空间，是游客观光活动的理想场所，是重要的城市居民生活社区，是城市意象的缩影，应该充分展现城市的包容性及多样性。根据较场尾片区建设5A级景区的要求，将较场尾民宿区定位为特色居住区，具备相应的居住配套设施供居民使用，同时配备相应的服务功能设施，为游客提供丰富的旅游功能体验，并为整个景区提供旅游服务功能支持。

（2）激发较场尾滨海活力

较场尾民宿区拥有得天独厚的滨海资源，应该展现独特的滨海空间景象，及特殊的滨海魅力，应充分激活滨海活力。较场尾民宿区的开发建设应使其充满生机，并融合多种滨水活动，形成可以展示深圳都市风采的特殊旅游风景带，较场尾民宿区的开发不是建筑群的简单堆积，而是带动着城市中的多种元素共同参与，创造出充满社会活力的滨海场所。

2. 优化原则

（1）整体协调性

较场尾民宿区应与深圳市其他地区之间加强联系，充分做到资源共享并避免彼此孤立发展。较场尾民宿区的规划应时刻与深圳市的城市发展相联系，通过便捷的交通系统，将市区与滨水区相连接，提高滨水区的可达性；通过设置开敞的绿化系统，将繁忙的都市人群引向水边，创造丰富的慢生活体验环境；通过规划滨水区的空间布局，保持和延续独特的城市肌理。较场尾民宿区虽然会因为局部地块使用性质的不同，而导致风貌不同，但在整体效果上应实现和谐统一。

较场尾民宿区内改建或新建建筑应与原始建筑风貌相一致，保护与延续原始完整的空间格局状态；居住环境、道路交通的整治与提升，应与景观结构的优化彼此协调；功能提升所带来的空间变化不能与村落传统的特色空间相冲突；局部环境的改变要与整体环境的改变保持一致。

（2）可持续性

居住仍是较场尾民宿区最主要且最重要的功能，在保证居民生活不受干扰的前提下，充分发掘村落的可用资源（如艺术、历史等），以旅游开发为主、保护为辅，以促进社区发展为目标。开发和使用应是一个长期持续的过程，随着对功能需求的提高，需要不断地对村落进行升级。在较场尾民宿区的更新过程中，必须充分保护旅游业的核心资源，包括滨海的自然环境资源、古建筑资源和民俗民风的文化资源等，通过增加使用功能、调整用地结构，特别是通过对沙滩的重新激活利用，来促进较场尾民宿区的社区复兴。

（3）因地制宜和特色性

滨海的较场尾民宿区是独特的历史产物，它的演变过程是由众多的人文因素及自然因素共同促进的，是城市的特色财富，城市建设应充分展示每个城市的独特性，采取因地制宜的原则，探索适合较场尾自身发展和彰显本地特色的更新措施。深圳市属于亚热带海洋性气候，海岸线总长为230公里，年平均气温为22.4℃，是一座依山面水、气候宜人的滨海城市。大鹏半岛是深圳最大的一片生态乐土，它是整个深圳城市的缩影，在这里应充分展现出深圳的城市特色。

（二）功能优化策略

1. 挖掘旅游潜力、打造旅游特色

（1）开发新的旅游资源

较场尾民宿区目前旅游资源仅为滨海沙滩，来这里的游客更多的是仅为水上娱乐而来，旅游内容选择较少。较场尾民宿区内的民宿建筑，蕴含着旅游开发的潜力，清新活跃的建筑风格，为游客带来了不同的视觉体验，是较场尾民宿区的特色景观。

（2）打造特色旅游

将较场尾民宿区打造成极具特色的生态旅游体验区，创造出小尺度慢生活的经典旅游体验，形成特色旅游。较场尾民宿区与厦门鼓浪屿相似，都位于城市腹地的边缘地区，是远离闹市喧嚣的特色滨海小城。因此，较场尾民宿区可以借鉴鼓浪屿的成功经验，创建慢生活旅游圈，为快节奏生活的城市居民创造慢生活的休闲体验，灵活的街巷空间，便捷的慢行系统，都是慢生活体验的重要内容。

2. 打造复合功能、增加配套设施

较场尾民宿区作为独立的居住社区，需配套相应的公共服务设施，如商业、医疗卫生、文化教育娱乐设施等；同时作为景区的一部分，村落的某些功能须与景区相一致，如旅游服务中心、邮政电信、行政管理等。村落与景区的公共服务系统相辅相成，公共服务设施不仅要根据自身规模及需要进行配置，还应综合考虑与景区内已有公共服务系统的关系。同时，较场尾民宿区作为景区内的一个独立景点，必须配备独立的旅游服务中心及行政管理中心，其他公共服务设施如文化娱乐设施、医疗卫生设施、邮政电信设施等可根据需要于综合设置。由于村落可建空间有限，新建或改建建筑应与村落原始建筑风貌保持统一。

（1）社区人口及旅游人口预测

根据大鹏小城的总人口数据统计，鹏城社区户籍人口1319人，流动人口9685人，总人口11004人，其中规划研究区域人口约占80%，约为8800人。在此基础上，结合中小城市人口密度经验值预测，预计到2020年，较场尾片区（248公顷）的规划总人口约为12000人。根据游客容量增长规律，依据大鹏半岛2007—2012年历年游客量统计数据，其年平均增长率为19%，其中较场尾片区的游客量约占大鹏半岛总游客量的50%。规划旅游容量预测：根据《大鹏新区保护与发展综合规划》，预计到2020年，大鹏半岛游客容量达到1195万人次，大鹏小城年游客容量达到800万人次。较场尾片区作为大鹏半岛最具5A级开发潜力的区域，游客容量约为600万人次/年。

（2）增加服务功能、完善设施配套

根据较场尾片区公共服务设施配套现状，可知较场尾片区内商业设施已有：鹏城南门前菜市场（空置）、海鲜美食一条街（空置）、大鹏所城内零散的小商业（使用中）；文化娱乐设施：鹏城青少年活动中心（使用中）、鹏城河北老年人活动中心（使用中）；教育科研设施（使用中）：鹏城第二小学（使用中）、深圳高级技工学校（使用中）、幼儿园（使用中）；社会福利设施（使用中）：龙岗区康复工疗农场（使用中）；管理行政办公设施（使用中）：鹏城社区综合服务楼（使用中）。

根据城市服务设施设置标准规定，部分旅游设施可与公共服务设施组合设置，根据《深圳市城市规划标准与准则》《千人指标》及5A级景区公共服务设施设置标准，提出具体配置指标（见表3—2）。

表 3—2　　　　　　　　　　　服务功能配置指标

种　类	现　状		服务半径	建　议	地块落位	依　据	用地面积（平方米）
教育用地设施	较场尾片区	小学1所、女中1所、幼儿园1所	1000米	—	—	—	—
	大鹏小城	华侨中学					
医疗卫生设施	较场尾片区	卫生站	1—1.5万人设一处卫生站	在居民区一楼附设	《千人指标》		
	大鹏小城	华侨医院					
文化娱乐设施	老人活动中心（待拆）		—	展览馆	原科普特	《千人指标》	136000
				文化产业	塑胶厂		29000
				高端培训	原科普特		106000
				生态公园	原科普特		104000
体育设施	—		—	水上乐园	电镀厂、违建楼	《千人指标》	69000
社会福利保障设施	康复工疗农场		—	疗养院	木器厂	5A级景区配套设施标准	4520
				养老院	鸿艺厂		6240
行政管理社区服务设施	古城有一管理中心，规模过小		—	管理中心	原科普特	《千人指标》	300
商业设施及其他	寺庙、菜市场（待拆）		500米	综合型商业	古城东侧空地	根据中国对百货商场的定义	25000
					鹏城河北侧广场		12500
				餐饮	烂尾楼	《千人指标》	5876
					原消防站		8125
				社区商场	第二小学北面	《千人指标》	15000
							65500
				金融服务	原科普特		28000
				商住混合			78000

3. 优化交通系统、规划旅游线路

根据前文所提出的较场尾民宿区交通现状问题，提出相应发展策略：完善交通体系，明确道路等级，道路升级改造，构筑慢行系统及停车场合理配置。

（1）完善交通体系

大鹏新区拟建空轨，并提出《深圳市大鹏新区轨道交通规划方案研究》，在此研究的基础上，确定空轨的最终方案：线网由一条干线与一条C形环线组成，干线（1号线）作为主要交通集散中心之间的连接线，C形环线（2号线）为连接主要旅游区间用于疏散游客及旅游观光线路；两条线之间有两处换乘。较场尾片区内设置有1号线的终点站，空轨交通对内加强了大鹏中心与龙歧、下沙以及鹏城之间的交通联系，将各个组团串联成整体；对外加强大鹏小城与葵涌乃至深圳主城区的联系，将吸引大量外来游客到此旅游置业。

（2）明确道路等级

确定两条对外城市主干道，即鹏飞路及银滩路，较场尾民宿区内不设置任何城市次干道，仅设置几条城市支路，民宿区主要建筑区域及滨海沿线，推行完全的慢行交通系统，仅通行人行、自行车行及绿色电瓶车等，实现旅游人流与机动车的完全分离，并将较场尾民宿区内人行路线与周边大鹏所城及东山寺等人行路线相连接，形成连续的人行旅游体验路线，为游客增加更多的游览体验。

（3）对两条主干道进行升级改造

鹏飞路改造：鹏飞路全长8040米，东起核电大道，西至坪西路，连接打马沥水库、鹏城村、较场尾、大鹏所城、东山寺等地。景观升级：缩减绿化带并拓宽现状绿道至3.5米，一侧增设人行道及盲道。保留现状行道树小叶榕为前提，以局部更换、补充的小叶榕种植方式解决道路景观提升的整体效果问题；在规划需要视线通畅的区域，把现状高灌木移植到别处，在现状需要屏蔽不良景观视线处增加高灌木种植。

银滩路改造：银滩路全长2900米，北起鹏飞路，连接较场尾、蜈蚣岭、金水湾度假村等地。在现状基础上加设铺装及盲道；更换现状遮荫性强的乔木，搭配灌木；拆除围墙为绿篱，软质隔离。景观升级：根据道路两边不需开放及遮荫的特性，尽可能保留现状乔木；在规划需要视线打开的区域，实现景观视线通透；以更换、补充或统一的种植方式解决道路景观提升的整体效果问题，全区道路均建议栽植有当地特色的滨海棕榈科植物及开花灌木。

（三）整体空间优化策略

1. 完善整体格局

完善整体格局主要指修复较场尾民宿区的空间肌理，对原有街巷骨架予以继承和延续，形成规整的空间网络。较场尾民宿区内的路网结构、村落平面的建筑布局形式等，是村落在长期历史中不断发展演变而形成的，与村落周边环境保持良好的和谐关系，新规划道路、建筑等延续村落原有的空间格局形态。

较场尾民宿区是典型的沿海面线性展开型村落，建筑朝向多为朝向大海，原有建筑房屋已展现了良好的景观朝向，新建建筑不得打乱原有的空间秩序，影响整体空间格局。对于村落内部不规整的道路格局，应进行整治。统一建筑单元格局，保证街巷同侧建筑单元退线一致，保证街巷间彼此平行或垂直，尽量减少斜交或丁字路的出现。

2. 划分空间层次

较场尾民宿区的空间层次应以建筑的属性划分范围为参照，首先确定各属性建筑范围，并以此为基础进行高度分区。较场尾民宿区应以何家巷、余家巷及王家巷为主要建筑保护区，并以此为核心进行空间层次划分。

（1）划定建筑保护范围

通过参考国内外历史城村划分保护范围的做法，结合较场尾民宿区自身的特点，将民宿区划分为三个层次：历史核心保护区、过渡建设控制区以及边缘环境协调区。历史核心保护区是较场尾民宿区具有历史资源的核心区域，指何家巷、余家巷及王家巷建筑区，这里遗留着较场尾独特的历史文化资源，集中展现着村落的历史特色；过渡建设控制区是核心保护区的相邻区域，以特色民宿建筑为主体构成，起到"衬景"核心保护区的作用；边缘环境协调区是建设控制区以外的区域，多为村落边界受城市化影响的区域，在这里城市特征与村落特征产生明显的对比。

（2）确定保护范围面积

参考国内部分名村名镇案例，参照其保护范围的划分方法，一般的划分方式为，历史核心保护区面积约为 5 公顷，其内建筑以保护与修复为主,仅仅采用局部改造;过渡建设控制区面积为 15—20 公顷,为历史核心保护区外围 100—150 米区域,应采用保护与新建共存的方式,新建建筑应延续历史风貌特征;边缘环境协调区面积浮动范围较大,为 30 公顷左右,指较场尾民宿区外围全部空间区域,以改建建筑或新建建筑为主。

(3) 控制建筑高度分区

实行建筑高度分区的目的,是保护核心古建筑群的宜人尺度空间,以及维持村落良好的空间轮廓线,并形成良好的视觉景观廊道。根据部分历史村镇保护规划案例,一般的做法为,将历史核心保护区内的建筑高度控制在 6—9 米,将过渡建设控制区内的建筑高度控制在 9—12 米,将边缘环境协调区内的建筑高度控制在 12—15 米。根据较场尾民宿区实际建筑情况,规划限制历史核心保护区的建筑高度在 6 米以内,主要为 1—2 层建筑;限制过渡建设控制区的建筑高度在 12 米以内,主要为 2—4 层建筑;限制边缘环境协调区的建筑高度在 15 米以内,建筑高度不能超过 5 层。

综合以上分析,这种由历史核心保护区向外逐渐递增的建筑高度层次符合客观实际,并有助于村落风貌的保护和较好视觉效果的形成。首先,建筑高度控制的指标值由内向外递增,符合各分区的规划目标,其中:历史核心保护区以保护与修复为主;过渡建设控制区以保护与改建为主;边缘环境协调区以改建和新建为主;从保护和开发的角度来看,历史核心保护区—过渡建设控制区—边缘环境协调区的保护强度逐渐递减、开发强度逐渐增大。其次,较场尾民宿区不同于城市中心区那种由中部逐渐向周边递减的空间形态,体现的是对核心建筑的保护,较场尾民宿区建筑高度分区如图 3—7 所示。

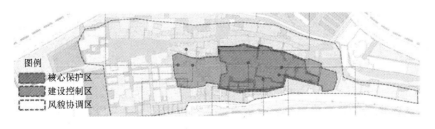

图例
■ 核心保护区
■ 建设控制区
▭ 风貌协调区

图3—7 较场尾民宿区建筑高度分区示意(曲鹏 绘制)

（4）构建景观廊道

构建景观廊道是在充分尊重村落整体空间格局及空间层次的基础上，进行廊道设计。在较场尾民宿区内打造四条主要的景观廊道：一条与大鹏所城相连的古城景观廊道，三条穿越较场尾民宿区的滨海景观廊道及局部若干小型廊道。这些廊道既可以使较场尾民宿区景观通透，同时根据相应的绿化设置也可以形成绿道，还可以充分地引进海洋风，解决内陆的城市热岛问题，改善城市环境（见图3—8）。

图3—8 较场尾民宿区视廊设置示意（曲鹏 绘制）

（四）街巷空间优化策略

1. 控制街巷尺度

如前面所讲，适宜的街道宽高比例一般为1∶2—1∶3。较场尾民宿区建筑以1—2层建筑为主，以3米为一层建筑高度，按照适宜的街道宽高比，其所需要的最佳街道宽度为1—3米。若街巷两侧为一层建筑，以3米为标准，则街巷宽度最佳为1—1.5米；若街巷两侧为二层建筑，以6米为标准，则街巷宽度最佳为2—3米；在主要廊道或局部地段，可根据实际需要适当放宽或缩小。不同的街巷尺度给人不同的游览体验，如居住生活区街道宽高比主要为1:3，给人舒适安逸的感觉；而商业区街道宽高比则主要为1:2，给人宽敞舒适的感觉。

2. 连接街巷节点

街巷节点空间主要指街巷广场所形成的空间，对较场尾民宿区街巷节点的打造主要有以下几种方式。

（1）保护祭祀广场

较场尾民宿区缺乏上层次保护规划，村落的文化正在逐渐消失，通过现场多次调研发现，整个村落只有一处较大型的祭祀用广场，而广场的旁边则堆满了生活垃圾，变成了一处垃圾集散地，通过对较场尾村落核心区的观察，发现只有几处较小的祭祀广场零零散散地布置在一些道路交叉口处，整个村落内祭祀广场数量极少，很少有人使用，祭祀广场是村内文化的联结点，保护村落文明尤其重要。规划对祭祀广场进行环境整治，清理污弃物，提供完整的祭祀空间，通过政府及当地社区积极展开民俗活动，使村落习俗得以延续。

（2）开放生活广场

较场尾民宿区内存在着很多存活百年以上的朴树与古榕树，树冠粗大，枝叶繁盛，形成了良好的遮阴空间，经常有村民在这里交流及下棋娱乐等，由于古树大多挨近人家，已不知不觉变成了私人领地，被越来越多的住户单独占用，失去了作为公共交往空间的作用。规划对这些广场进行统一管理，与附近居民协商共同开发，创造一些生活性广场节点，供人们交流及休闲使用。

（3）增加活动设施

生活广场是人们交流的空间，同时也应为人们提供相应的休闲娱乐活动设施，较场尾民宿区作为一个生活社区，应为居民提供相应的休闲及健身娱乐设施，整个古村落只有1—2处配置了健身器材，远远达不到社区的建设标准。规划对生活广场健身设施进行补充，并根据一些生活广场的大小设置咖啡亭及古茶亭，增加人们的休闲选择。

（4）创建特色广场

根据每一个广场所处的不同环境，可以设计不同的主题，如喷泉小广场、绿荫小广场、雕塑小广场等；引入创意音乐家在此进行街头艺术表演，引入创意画家在此进行小艺术品制作等。通过设计这些有特点的活动或者设施，让游客能够放慢脚步，充分享受这里的特色慢生活。

（五）滨水空间优化策略

1. 优化滨海岸线

滨海空间的亲水性取决于岸线及护岸的断面形态，尽可能利用岸线形态，创造适宜的亲水空间。

岸线是较场尾民宿区的宝贵资源，由于沙滩岸线进深的不同，导致不同地段采取的岸线形式也不尽相同。在进深较深且地质较好的地段，可以较完整地保留自然岸线形态；在进深较小且地质一般的地段，通常需要采取扩大进深及加固沙滩的方式，采用人工与自然相结合的堤岸形式，最大化地发挥出滨水空间的亲水性。在宽敞的沙滩地段，一般都具备引水条件，可以尝试把水引到岸上，形成涉水广场；在沙滩岸边，还可以设置滨水步行道，或者创造各种活动场所，如观景平台及亲水广场等，使人可以更容易地接近水、亲近水、游戏水。

较场尾民宿区弯曲的岸线形态，充分显示了水的韵律感，可以展现出丰富的景观效果。当曲线向内凹进时，形成聚合的岸线形态；当曲线向外凸出时，形成开敞的岸线形态；岸线的凹凸变化给人带来了完全不同的心理感受。同时，根据不同的曲线引入不同的水上运动，可以极大地丰富游客的亲水体验。

较场尾民宿区呈直线的岸线形态，同样增加了沙滩使用性，在狭窄的地段通常可设置滨水平台，并向外延伸入水中，如设置可停泊小型船舶的码头，在码头上也可以组织各种游玩活动。在大鹏所城主要的空间轴线上，在海边引入出水平台，并形成重要广场，可以创造出独特的空间体验。

2. 塑造滨海天际线

良好的城市天际线从以下三方面体现。

（1）观景视点的设置

城市滨水天际线首先要确定重要的观看视点，通常选择为游客经常聚集的地方，如滨水广场、水边观景平台等。规划较场尾民宿区内大鹏所城轴线的滨水广场为最佳视觉点，在这里可以充分欣赏到美丽的滨海天际线及各种特色景观，是观景中心。

（2）高低韵律的运用

滨水空间高度要富于变化，形成有节奏的韵律感，同时又整体和谐统一。较场尾民宿区滨海建筑有高有低，高达四层楼高度，低至一层楼高度，高低之间彼此交叉互补，形成比较有韵律的天际线形式。

（3）远近层次的塑造

较场尾民宿区近海处有低地势的特色民宿，远处有大鹏所城、东山寺等高地势建筑及更远处的排牙山系等，其进深轮廓线的设置可以产生良好的空间进深效果。

3. 激发沙滩活力

激发沙滩活力主要依靠改善沙滩环境和创造 24 小时活力圈来实现。

（1）改善沙滩环境

增加沙滩容量，在局部拓宽沙滩进深，增加游客的涉水面积，随着游客的增多，可以带来更多的生活气息。增加多种服务设施，如设置各种海边美食餐饮店及休闲娱乐室等，创造具有足够吸引力的娱乐休闲氛围；引入滨海文化体验项目，通过实物或图片展示等方式，传播海洋历史和海洋文化，通过讲授海洋生物知识向人们展望独特的海洋空间，使人充分体验海洋的乐趣。

（2）创建 24 小时活力圈

具有活力的城市，都应具有 24 小时的繁华和生活气息，深圳是座独具魅力的城市，在这里，白天是理性的工作，夜晚是感性的休闲。把在不同时间段内可能发生的活动，按照时间顺序，组织成连续性的 24 小时活力圈，将会使城市环境充满生机，可保持空间使用的长时间繁荣，充分发挥其使用效益。

在较场尾民宿区内，应设置不同类型的活动，以满足各种人群不同的使用需求。如设置散步、餐饮、家庭聚会等活动，以适于休闲人群使用；设置海产品购物市场等，以满足商业人群使用；设置露天庆典、沙滩表演等活动，以满足游客、居民等进行文化活动的需要；同一场地同一设施可以满足多种活动的使用需求，多样性的使用功能，极大地提高了滨水空间的使用活力。

较场尾民宿区为满足全时性的休闲需求，则需要配置适合各种不同消费时段、不同消费档次的娱乐活动或设施；如设置喷泉广场、引入音乐会等活动，给人们提供独特的日间休闲体验；设置全天性营业的饮食店、KTV 店等，给人们提供丰富的夜生活场所，享受独特的夜间生活。

（六）建筑空间优化策略

1. 控制建筑体量

较场尾民宿建筑主要采用标准的人居尺度进行建造，对建筑体量的控制主要参照原较场尾古建筑，建筑开间 3—4 米，进深 6—8 米，层高 3 米左右，进深超过 6 米的建筑，一般在内部分隔为前后两间或局部作二层楼面；建筑门洞宽 0.75—1.1 米，高 1.9—2.5 米。在立面造型上利用退台、台阶以及屋顶取得良好的光影效果，建筑屋顶往往采用大屋顶设计。在其外墙面上，采用通透轻质的材料，如陶瓷锦砖等，使建筑整体体量显得轻盈通透，体现宜居的建筑特色。

2. 统一建筑风貌

统一整体风貌主要包括对建筑的风貌控制及对原有建筑的整治与改建。

（1）控制建筑风貌

较场尾民宿区内不仅对"城中村"式破坏建筑风貌的建筑进行整治，更应对新建及改建建筑提出建筑风貌设计原则。较场尾民宿区内居住区、商业区、服务区可以分别形成不同的建筑风貌。生活区可以体现休闲安逸的建筑风格，商业区可以体现热闹活跃的建筑风格，而服务区可以体现稳重安静的建筑风格，在各个区域内应形成统一的建筑风貌。在色彩使用上，延续大鹏半岛的色彩使用习惯，用浅色系作为调整色，用青、蓝、绿等纯色系作为基调色，展现轻巧的建筑形态，给人舒适的心理感受。

（2）改造建筑立面

对滨海建筑进行集中整治，局部建筑进行改建或拆除重建，按照建筑高度分区控制滨海建筑高度，根据滨海建筑风格统一建筑立面并进行优化。对建筑的结构进行合适的优化，如对较场尾民宿区内的烂尾楼进行立面重新设计，由于建筑采用的是框架结构，使立面改造容易进行。采用现代岭南建筑的技术手段，改造出具有岭南特色的现代建筑。

第三节　边缘效应下的边缘社区
更新——深圳年丰社区

城市边缘区城中村和已经成熟的城中村，在建设强度、土地使用、人口组成和产业结构上有诸多不同。这些因素将对具体的改造方式和难度产生较大影响。例如，从改造而言，城中村的容积率和密度是首要考虑的问题，位于城市边缘区的城中村由于发展相对滞后，已建设用地和容积率都比成熟的城中村低，这也决定了改造的难度相对较小。在空间分布上，城市边缘村具有较高的生态价值，具备挖掘更丰富的潜能的优势。年丰社区作为深圳龙岗区坪地街道的旧村，是深圳城市边缘区的城中村的典型案例，在经济和社会发展上与位于市中心的城中村相比相对落后。

由于以往的改造主要集中在矛盾比较突出的成熟型城中村中，所以针对城中村的特征研究中，主要集中在成熟城中村当中，而位于边缘区的发展中的城中村特征研究一般较少。

（1）人口与社会特征

同成熟城中村一样，城市边缘社区的人口也呈现二元性，原村民和外来打工人员并不是一个生活共同体。而位于城市边缘区的外来人口主要在工厂打工，从事第二产业的生产。同时由于城市边缘区还处于不断的发展中，外来人员也处于不断变化当中，呈现一定的流动性。

（2）经济与产业特征

深圳城市边缘区在城市化过程中走的是一条"工业化"先行的路线，大量的工业村庄分布在城市周围。王鹏根据城中村和工业的关系，把大量的位于城市边缘的城中村归为工业依赖型城中村，主要特征有"第二产业占主导，出租经济欠发达，服务业等第三产业比较落后"[1]。

（3）土地与空间特征

刘晖研究珠三角城市边缘区传统聚落的空间演变，提出过渡阶段的传

---

[1]　王鹏：《非正规住房市场下深圳城中村居住形态特征及演化研究》，硕士学位论文，哈尔滨工业大学，2010年。

统村落的土地空间特征主要包括村庄更新以新村建设为主，村民住宅一般为3—5层，住宅自用为主、少量出租，产业入侵、路边形成工业区等特点①。赵婷在龙岗六联社区的改造研究中也提出土地资源浪费、生态环境破坏、传统建筑遗弃等问题②。

从发展程度上说，年丰村是属于发展型的城中村，位于城市边缘，基础设施落后。基于珠三角工业模式，其产业以第二产业为主。

一 年丰社区概况

年丰社区隶属龙岗区坪地街道，位于整个深圳的东北角。左侧紧邻深惠高速，右侧紧邻深圳生态控制区，同时龙岗河穿过社区。从空间位置上看，它位于深圳边缘区，经济和社区发展都相对落后。从自然属性上讲，它地理位置优越，同时和生态控制区相邻，具有城市边缘区的典型特征。

随着改革开放，珠三角模式的引入，大量的"三来一补"厂及"外联"厂进驻珠三角的各个村落，年丰社区也是其中一个典型的工业旧村。这种模式建成了大量的出租厂房和出租屋，出租经济一直持续到现在。与此同时，粗放的厂房、出租屋建设造成了土地浪费严重，现在已基本没有可建用地，社区的经济发展陷入瓶颈。此外，快速的建设也造成了公共设施、市政设施等的严重滞后发展。

2010年特区一体化、深莞惠一体化的政策导向，为年丰社区的发展带来了机遇。年丰社区作为一个位于城市边缘区的工业旧村，只有通过合理、积极的旧村改造才能把握这次机遇，全面发展社区，使年丰社区不仅仅是在行政名称上变为城市社区，而是退去原来旧村的种种不利因素，完全融入深圳城市发展之中。

二 年丰社区现状特征及发展关键问题

随着2004年年丰村完成村居交接，村民变为市民，年丰村变为年丰社区。

---

① 刘晖：《珠江三角洲城市边缘传统聚落的城市化》，中国建筑工业出版社2010年版。

② 赵婷：《深圳市龙岗区坪地六联旧村改造研究》，硕士学位论文，哈尔滨工业大学，2006年。

（一）现状特征

首先从人口与社会、产业与经济、土地与空间三个方面分析其现状，总结出年丰社区的现状特征。其次提出制约年丰社区发展的关键性问题。

1. 人口与社会

（1）人口构成及增长

年丰社区一共有 9 个居民小组，根据年丰社区居委会提供的数据，至 2010 年一共有常住人口 16262 人，户籍人口 1030 人，占常住人口的 6.3%；外来人口为 15232 人，占常住人口的 93.7%。户籍人口、外来人口的比例为 1:14.7。外来人口远远大于户籍人口。户籍人口中有女性 492 人，男性 532 人，户籍人口中男女比例基本相当。通过访谈得知，女性占 65%—70%，男性占 30%—35%。外来人口中女性略多于男性。

人口增长状况呈现平稳上升的情况，2008 年金融危机爆发，村内的人口增长率出现下降。2008 年以来，人口从 13000 人增长到现在的 16000 人，呈现平稳增多的状况。

（2）人口职业结构

通过访谈了解到，户籍居民中有 60%—70% 在社区内工作，主要为社区委员会下属的治安人员、派驻在工厂中的联系人。其余 30%—40% 外出打工或从事公务员职业。受教育程度，1990 年以前出生的主要是初中或高中，1990 年后出生的主要是大专或中专。

外来人口有 10000 人左右是在工厂内工作，其余 4000—5000 人从事服务行业。村内外来人口中有 70% 左右的人已经在年丰社区居住多年，另外有 30% 左右的流动人口，总体上人口流动性较大，受教育程度偏低。

（3）社区管理及社区服务

年丰社区的管理由社区党组织、社区居民委员会和社区股份合作公司完成。党组织共有 7 名人员，下设 2 名副书记及 4 名委员。而社区居民委员会和社区股份合作公司及社区党组织基本是一套架构。总体来讲，政企架构相互交叉，从长远来看不利于社区管理的发展。这也是"村改居"后各旧村呈现的普遍现象。

社区服务状况处于较低层次，社区内由社区服务中心提供卫生体育、社会保障、计划生育等工作。但是还有一些社区活动室、教育科普、家政服务等服务缺失，社区服务发展有待提升。在社区教育、职业教育方面还处于空白状态。总体上讲，社区对教育、健身及社区文化服务的需求比较强烈。

（4）社会文化状况

年丰社区属于客家文化范围，但是由于外来人口占绝大部分，并且户籍居民和外来人口也没有太多的融合，客家文化氛围在年丰社区较弱。村民会自发组织一些祭拜、婚丧的传统活动，也有"客家山歌"比赛等娱乐类的活动。但是外来人口的活动主要由其所在的工厂举办一些体育项目等，社区文化活动不够丰富。

总体来说，在外来人口占绝大多数的年丰社区，社区文化活动的开展并不广泛。村民和外来人口的互动较少。社区内治安条件良好，没有发生过恶性刑事案件，社区每天24小时都安排有治安员巡逻。随着深圳治安的快速发展，社区并没有成为像传统城中村中描述的违法、犯罪的滋生地。主要居住小区内都已经有物业进驻，工厂内也有安保措施。物业管理人员主要是当地村民和外来人口，大体上各占50%。

2. 经济与产业

（1）集体经济收入

年丰社区近两年的收入都在800万元左右，并没有太大的增长，集体收入的来源主要是村内自有工厂的出租，租金收入占年丰社区集体收入的90%以上。集体收入的分配有很大一部分是给村民缴纳社保款，剩下的用于分红。

2009年年丰社区人均分红是5000元，而龙岗区村集体的人均分红是10000元左右。年丰社区的集体收入在整个龙岗区处于较低的水平，同时集体收入的可支配资金较少，大部分收入用于缴纳社保款。

（2）户籍居民收入

2009年龙岗区城镇居民人均可支配收入为25967元。年丰社区位于龙岗区的边缘，根据访谈得知年丰村人均可支配收入处于偏低层次，为20000元左右。总体上讲，由于社区是以家族为单位形成的，收入形式主要以家庭为单位。父辈居民主要以房屋收租及集体分红为主要收入，年轻居民没有村集体股份，以打工或在股份公司内任职获取工资为主要收入。所以，以家庭为单位的户籍居民收入主要包括分红、房租和工资这三部分。

通过访谈了解，户籍居民综合收入状况处于小康水平，但是没有过多富余的资金，也没有闲置的土地来加建出租房。一方面，这几年居民的收入保持平稳；另一方面，村内的出租屋建设速度和建设量都较低。

（3）外来人口收入

外来打工人员主要靠在社区内的工厂里打工获得收入，工人工资为1500—2000元，一年的总收入为18000—24000元，远远低于龙岗区城镇居民人均可支配收入。年丰社区内的外来打工人员都属于低收入阶层，社区的全面发展不能不考虑这一群体的生活、工作等问题。

（4）产业状况

①农业

由于农业土地已划为国有，社区内的股份公司没有农业收入，并且农业在整个社区总收入中所占的比重很小。

②工业

股份公司全部依靠收取租金获得收入。社区内的工厂又分国家所有和股份公司所有。股份公司所有的工厂大部分出租给有关电子、电镀等的企业，一共有80家，污染较大。主要的优势产业是扬声器产品，也有部分厂房出租给加工雨伞、食品等的低端加工业。由于厂房建设较早，工厂的规模都较小，人员最多的工厂也不超过1000人，呈现出"多而小"的局面。整个年丰村内的企业都属于粗放型企业，土地利用价值很低，并且有一定的环境污染。随着龙岗区内产业的转型，年丰社区的企业形式也面临着产业置换的局面。

年丰社区处于龙岗区边缘，在规划土地中很大一部分属于城市的市政用地。所以社区范围内建有污水处理厂、建筑垃圾回收厂等。这一系列工厂对年丰的环境也产生了一定的影响。

③第三产业

年丰社区的第三产业发展还处于萌芽阶段，只有分散在社区及工厂内的商业、饮食等店铺。另外，在坪梓路上有几座较大规模的商场。但是为生产和生活服务的产业在年丰社区内非常短缺。

3. 土地与空间

（1）土地利用现状

现状研究范围内的总用地为583.30公顷，其中现状建设用地211.64公顷，占总用地的36.28%。水域和其他非城市建设用地为371.66公顷，占总用地面积的63.72%。虽然这部分用地巨大，但是现在大部分已经划为国有，并且这一区域是生态保护区，村内的未建用地只剩下旧居内的4公顷。

①政府社团用地

主要包括年丰居委会、年丰幼儿园、社区健康服务中心、溜冰场、篮球场等。

②居住用地

社区内一共有9个居民小组，其中5个居民小组较为集中，原始旧村内已经很少有人居住，现在主要居住在居民小组统一建设的新村中，布局较为规整。由于并不是追求更多的出租屋而获得利润，而是为了改善居住环境。这些新村的建筑层数都在4—5层，每家设有绿化庭院，南北向的间距为5—7米，处于较合理的范围。小区配有物业管理，总体上设施也较为完善，是较好的居住组团。其余的几个居民小组由于比较分散，没有统一建设新屋。

③工业用地

工业用地面积巨大，第一、第二、第三工业区紧邻各社区，虽然有一定的功能分区，但是仍然会有一定的影响。工业用地紧邻高速公路，占据了最好的地理位置。由于工业厂房的面积都较小，没有主导的大型企业进驻，企业人员都不超过1000人。个别企业从事电镀、皮革制造等产业，污染严重。另有大面积的土地处于生态控制线以内（见图3—9）。在社区进一步发展中应逐步置换、淘汰位于生态控制线以内的工业。

④商业服务设施

沿坪梓路有几座成规模的商场，同时有一个年丰市场。有一个商业组团，基本底层为商业空间，上层为居住空间。总体上社区内商业设施匮乏，商业氛围较弱。

⑤公共绿地

年丰社区内极度缺乏绿地及公共空间，除了沿街的年丰公园，其他地方基本没有公共空间。按照客家人的传统，祠堂前是一片水塘，并作为村内的活动中心。出于安全考虑，村内的水塘已经填埋，留下未经建设处于荒地状态的空地。社区内缺乏公共集散场所，这些历史空间可以有效地加以利用作为未来的社区公共活动空间。

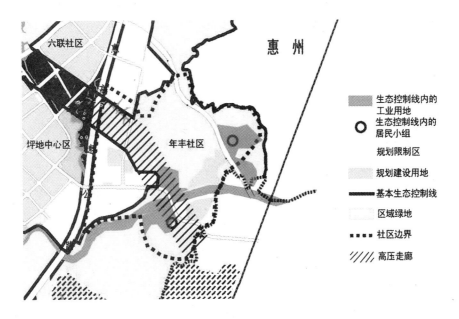

图3—9　生态控制线内工业及居民用地（何宁宁绘制）

（2）建筑状况

①现状建筑用途

根据本次调研的结果，现状建筑总建筑面积为 100.07 万平方米，总基地面积为 42.38 万平方米，整体建筑质量水平较高，毛容积率为 0.47。

工业用地占总用地面积的 70% 以上，工业区建筑普遍是 3—4 层，建筑质量较好，但是工业用地面积明显过大。

由于地处城市边缘区，依然保留大量原始旧村，建筑层数在 1—3 层，多数为砖木结构。建筑密度为 0.3，容积率为 0.9。现在村内只有少量村民居住。

20 世纪 90 年代和 2000 年左右分别建设了商住混合区和现在的新村。一般在 4—5 层，钢混结构，建筑质量较好。

②现状建筑的使用状况

居住建筑面积 20.6 万平方米，占比为 19.75%。居住建筑主要分两类，第一类是位于山脚下的旧村，多为砖木结构建筑。这些建筑多为 1—

2层，房屋破旧，现在只有很少的人居住在旧村内。第二类是2000年左右在坪梓路旁建设的新村内建筑，多为4层，钢混结构，建筑质量较好，但是立面形式单调，缺乏特色。

对于第一类建筑，由于存在时间较长，现在居住者也较少。大部分修缮后才可以使用，对于一些祠堂或有历史纪念意义的民居给予保留，无保留价值的拆除。对于第二类建筑，由于建设年份较晚，建筑质量较好，路网布置也较为完善，并且有物业进驻，可以保留和适当改造。

工业建筑总面积为74.82万平方米，占比为71.41%。其中横岭片区内土地归国家所有，除少数居民小组的用地，片区内的工业建筑非年丰社区所有，这一部分占总工业建筑面积的很大部分。年丰社区所有的是第一工业区、第二工业区和第三工业区内的厂房。

工业建筑按建设顺序分为三类。第一类是1990年前建设的老工业厂房，也就是第一工业区，厂区内多为砖结构或钢混结构厂房。2008年对其进行了外立面的修缮改造。这些工业厂房虽然建筑质量较好，但是规模偏小，都不超过2000平方米。第二类是20世纪90年代末期建设的厂房，建筑质量及容积率都有一定的提高，主要以钢混结构为主。第三类是在2000年以后建设的第三工业片区，以钢结构和钢混结构为主。总体上厂房的面积都偏小，很难吸引大厂进驻。厂区内环境质量一般。

③居住及出租

通过访谈调查，1030名本地村民中还有300人左右生活在旧村当中，其余的700人左右都已经住进社区统一建设的新村中。总体来说，村民对目前的居住状态都比较满意。外来人约有60%居住在工厂的宿舍中，如果有家庭就会选择居住在村民建设的出租屋中。村民出租屋的对象也主要是当地工厂内的打工者，目前出租情况较好，并没有出现供大于求的现象。村民中大约有90%都是自有出租屋的，房租收入也形成了他们收入的主要来源之一。据了解，随着年丰社区人口逐年递增，龙岗区的发展，房租收入会形成一个稳定的来源，村民在资金和土地允许的条件下是愿意增建出租屋的。目前租金在7元/平方米左右，较低的租金是社区所处的区位及发展现状决定的，随着社区的发展，房租收入会有较大的提高。

随着年丰经济的发展，社区内的地租有较大的上涨余地，地租上涨，出租屋的利润也会随之上涨。调研中发现新建设的住房层数将达到7层以上,未来可能会发生居民抢建出租屋的现象。

(3) 道路交通

年丰社区道路由对外交通和对内交通所组成(见图3—10)。对外交通主要是连接深圳和东莞之间的惠盐高速,并在年丰社区设有入口。这条路是由深圳通往惠州高速的其中一条主要高速公路,是连接深圳和惠州的主要通道。同时作为区域性的高速路,横坪路从社区右侧穿过,目前正在建设中,建成后将成为连接坪地和坑梓的交通性干道。年丰社区被坪梓路穿过,目前是连接坪地和坑梓地区的主要干道,车流量较大。

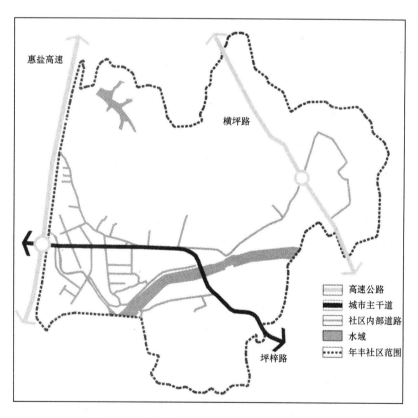

图3—10 年丰社区交通现状(何宁宁 绘制)

在年丰社区内部形成了以坪梓路为轴,分别向两侧放射发展的鱼骨状路网。工业区的路较宽,形成网络。但是连接各居民小组间的道路多是乡间小路,质量和环境较差,断头路多,机非混行严重。

（4）公共空间

工业用地内已设置厂房和配套宿舍，厂区内空间以满足车辆运输为目标，所以缺乏公共空间和相关服务设施。

现存的公共空间主要分布在旧村祠堂的广场、市场前广场和新居住区旁。年丰社区原村民主要是客家人，从风水的角度考虑祠堂前都会有水塘和小广场，这也构成了旧村的公共空间。但是随着新村的建设，原先的祠堂虽然被保留，但仅仅是在重要活动时才使用，水塘由于安全问题，年丰社区已经将其填平。随着新村的建设、旧村的衰落，公共空间的转移是大部分城边社区的共同现象。

随着商业的活跃，市场或超市前广场是现在社区内的主要公共空间，人流活动和集会也主要集中在此，这和商业的发展密不可分。而建设在新居住区旁的公共空间主要用于提供活动和休闲空间，用于解决新村内部缺少活动空间的现状。

由于没有较强的房租市场，社区内的新村建设层数一般为1—5层，布局依然是网格状，楼房前后的宽度8米左右，侧面的宽度3—6米。所以从街道的尺度上看，街道的宽度和围合界面的比例1：2—1：1，是一个比较舒适的尺度。

（5）配套设施

社区内的公共配套设施主要有教育设施、医疗卫生设施、文体设施、商业服务设施和道路交通设施等。

社区内有一所幼儿园，原小学已被改造为玩具厂。虽然社区内人数众多，但是大部分是打工人员，没有小孩需要上学。经访谈了解到，社区内人员上学可以去邻近的坪地镇，并且有校车接送，比较方便和安全。社区内有一个社康中心，占地550平方米，满足社区内居民方便就医。文娱设施有一个溜冰场和四个篮球场，体育活动项目单一，没有社区活动中心，而居民也较少从事户外活动。年丰社区内有一处商业组团，属于商住混合。在坪梓路的两侧有几处百货商场，但是厂区内几乎没有商业服务。

根据龙岗区公共设施规划标准，社区内严重缺乏教育设施、社区活动设施、社区文化室等。虽然现在居民上小学比较方便，但是从长远来看，随着社区常住人口增多，社区内仍需建设教育设施。

社区内有两座公交枢纽站，连接坪地和坑梓的主干道横穿整个社区。社区内没有专门规划停车场，路边停车严重。

4. 年丰社区特征总结

（1）人口及社会特征

①二元社区

所谓"二元"指的是拥有户籍的原村民和大量的外来人口构成的二元。年丰社区的本地人口和外来人口聚集在同一个社区中，但是他们之间只有简单的经济利益关系，很少交流和一起活动，形成了两个社会。

具有户籍的原村民虽然人数少，但是他们拥有户籍和土地的使用权，这些因素决定了他们可以参与社区股份公司的分红和社保。而外来打工人员，在年丰社区中大约有三分之二在工厂内打工，三分之一从事第三产业。他们还未完全成为城市的一员，并且随时可能迁移出社区，具有很强的流动性。二元社区的形成是由经济基础决定的，在分配制度、从事职业、娱乐方式和社会心理等方面都存在很大的不同。这些因素都决定了村民和外来人口之间的隔离关系。

在年丰社区的发展中，不仅需要对现有的空间进行更新，也需要考虑二元社区的影响。一方面，需要改变原村民以地生财的收入方式，使其就业参与社会分工。另一方面，需要考虑外来人口对社区的影响、随着城市扩张是否会产生"挤出效应"，以及更新改造过程中解决低收入流动人口的居住问题等。此外，应考虑村民和外来人口的关系，形成共生共荣的发展状态。

②社区居民被动城市化

2004年，深圳已经对历史上的旧村完全进行改制。经济组织改制成股份有限公司；村委会撤销，成立居民委员会；党组织保留，形成了党支部—股份合作公司—居委会的组织，一套班子兼任多个组织。

社区居民虽然在户籍制度上已经转化为城市户口，享受社保，但是在生活方式方面仍然保留原农村社会"以地生财"的思维模式。例如村股份有限公司的管理阶层是由原村的主要干部组成，这些管理者中很少有人精通公司经营方面的业务，公司内只能少量外聘经营人才。虽然成立股份有限公司，却无法发展自己的实业，形成了完全以管理租赁的经营系统。作为一个成熟的城市社区，需要加强村民的再就业教育、劳动培训等，培养其就业工作的能力。

③传统资源丢失

在快速的城市化进程中，对旧村传统物质、文化的破坏一直是一个问题。年丰社区已经出现了对传统物质、文化资源的破坏问题，祠堂被拆毁或改建成仓库，水塘被填平，甚至将原有村落完全推倒重建。同时历史文化资源也受到破坏，例如粤剧、划龙舟、评花会、客家山歌等民俗活动也受到冲击。

（2）经济与产业特征

①对收租经济的依赖

村股份有限公司在收入上对地租收入有绝对的依赖性。股份公司的主要收入就是公司自有物业的租金收入，年丰社区近两年的收入都在800万元左右，其中租金收入占集体收入的90%以上。社区内的村民基本都有房屋出租，但是由于地处城市边缘区，租金相对较低，出租屋规模有限。房屋出租的收入大约占总收入的三分之一，另外股份公司的分红和工资收入各占三分之一。总体来说，年丰社区的经济对厂房物业的出租有绝对的依赖性。

这样的经营状态，反映出村股份公司产业的单一性。这种产业结构的单一性对年丰社区的发展是一种阻力。一方面，物业出租受外界工业发展的影响很大，工厂的转移或淘汰会对股份公司的收入造成威胁。另一方面，股份公司没有更多的发展空间，每年的租金收入不能为公司发展创造更多效益。

在城中村的改造中，股份公司如果不进行改革，发展成面向市场、具有竞争力的公司，那么它将走向终结，这对社区的更新改造和发展也是不利的。

所以说，更新改造对村股份公司的发展是一次挑战，同时也是一次发展自身的机遇，应该把握机会使自己参与市场竞争，成长为具有现代管理运作体制的现代企业。

②产业结构不均衡

年丰社区的产业处于畸形发展状态，年丰社区同其他处于珠江三角洲的历史村落一样，走的是一条珠江模式的工业化道路。一般情况下，城市化是工业化的产物，又是工业化的助推器，国际上城市化率与工业化率之比通常为 1.4—2.5。比值过小则说明工业化超前、城市化不足，比值过大则表现为过度城市化。珠江模式是一种工业化与城市化分离的发展模式，这导致珠三角各城市边缘区的城市化水平远远滞后于工业化水平。

年丰社区的工业主要是电子、电镀产业，污染较大，也有部分从事雨伞、食品等的低端加工业。工厂共有 80 多家，规模小、效益低，并且对环境都有一定的影响。这种粗放、外延式的发展模式已经走到了尽头，现在的工业必须向集约化、高端化转型。

年丰社区的第三产业严重落后，商业、饮食等店铺主要分布于市场组团内，拥有几座较大规模的商场。商业呈现小规模、分散的状态，为生产和生活服务的产业在社区内非常短缺。

（3）土地与空间特征

①土地利用粗放、用地布局分散

最初的珠江三角洲工业模式引进大量"三来一补"厂，造成现在土地粗放使用、环境破坏的现状。主要包括：工业用地比重过大，已经达到 74%；工业布局分散、无序，高能耗、低产出。各工厂规模小，布局分散，没有形成聚集效应；最早建设的工厂为了方便运输，通常占据了高速路旁最好的土地；大量侵占生态绿地，现有的工业用地中，很大一部分处于生态控制线以内；居住用地和工业用地在小范围内相对集中，但是在整个社区内分散，部分居民小组分散在工业区内。工业用地也没有形成体系，被各居住区和道路划分为一个个零散的小规模用地。

②建设强度较低

现在年丰社区的建筑密度还没有出现如典型成熟城中村的建筑密度和容积率普遍偏高的问题。从改造的角度来看，旧村建筑年代较旧，建筑质量不高，容积率也偏低，如果条件成熟，可以在保留部分祠堂等历史建筑时进行全面改造。而新村建筑质量较好，虽然建筑密度较大，但是层数都相对较低，形成现状的高密度、低容积率住区。建筑呈网格状布局，缺少公共空间。新村的改造以综合治理为主，增加绿化和活动场所。随着社区的发展，如果有更多的需求，就存在建筑扩建的可能。

③自发形成的、分散的公共空间

内部路网呈现自下而上的自发生长形态，人车混行，多断头路、尽端路。在更新的过程中，应对现有的路网加建和调整，形成通路和环路，保证内部路网的顺畅。现有的旧村处于衰败的状态，这些村落享有最优的自然资源。社区内在没有统一规划的情景下，没有连续的、系统的公共空间。街道的空间应保留现有的状态，防止村民增建，加高现有房屋。

④公共配套设施缺乏

部分公共设施，比如医疗、商业等是基本满足社区要求的。但是缺乏文娱活动设施、教育设施、交通设施等。随着社区的发展，必须完善这些公共配套设施，优化社区居民的居住条件。

（二）年丰社区发展的关键问题

1. 原农村社会适应快速城市化的问题

农村社会的生活方式与社区快速城市化之间的矛盾，首先体现在村民受教育程度偏低，绝大部分是初中、高中水平。在脱离了以农业为生的生存状态后，大部分村民选择在村股份公司中就职，主要从事保安、普通管理等工作。包括村股份公司的领导阶层，仅进行简单的管理收租工作。社区的长远发展需要不断提高村民特别是管理阶层的领导能力，带领村股份公司摆脱现有的收租获利的生存方式，参与市场竞争，发现新的利润增长点。其次，大量的外来打工人员为社区的发展带来了不确定因素，在原始的"三来一补"珠江三角洲工业化进程中，大量的农民工涌入社区，从事低端加工业。随着深圳经济转型，年丰社区产业升级，势必会带来新的工作阶层，从事低端加工业的农民工的去留应纳入社区发展、改造的考虑中。最后，城市建设的加速，大多居民小组都建设了新居住区，原始的村落不断衰落，传统的客家村落及场所遭到不同程度的破坏或废弃。

2. 产业可持续发展的问题

产业发展不均衡，社区内低端加工工业占主导，主要从事电镀、皮革等产业，效益低、能耗高，严重侵占自然环境。低端加工工业，不仅造成生态环境的蜕变，也造成了经济的不可持续发展。进行产业升级转型是社区发展的必由之路。随着工业发展，第三产业的发展也应适应社区的发展。

通过收取租金的"以地生财"的方式是村股份公司获取利润的最主要方式，此类获利方式使股份公司的经济增长直接同土地的多少相关，而与企业的管理、技术、劳动力等的投入无关。目前，随着年丰社区土地出让，或物业出租完毕，经济的增长就陷入停滞状态。从近两年股份公司的收入都是 800 万元左右也可以看出，不可持续的经济增长方式必须改变。

3. 土地粗放使用、空间无序增长的问题

由于缺少规划，出让土地的无序性形成了现在土地粗放使用的现状，造成了现在工业用地占据最好的地理位置且比重过大，工业布局分散、规模小，工业、居住用地混杂等一系列问题。现状的土地利用方式严重阻碍了社区的发展，必须进行有效的土地调整和整合，使其适应未来产业升级、居住环境提升的要求。

与此同时，社区内形成的路网及空间也缺少规划，主要体现在社区道路断头路、尽端路多；公共空间缺失，社区活动、服务设施等缺乏。作为一个完善的社区，在改造过程中应完善公共服务设施，加强空间形态的设计，为社区提供良好的景观。

三　年丰社区改造影响因素解析

年丰社区的更新改造过程受到各种因素的影响，主要包括经济因素、政策因素和社会因素三个方面。社区的改造主要考虑外在的各种影响因素所产生的改造动力，还要结合社区内在的各种优势。

（一）经济因素

1. 产业结构转型

社区的发展最终需要经济的发展作为支撑，产业的选择和调整在更新过程中至关重要，这也决定了社区能否走上一条可持续、集约发展的道路。

历史上深圳的发展主要经历了三个阶段，工业一直保持高增长，由点到线，继而到产业集聚发展。与此同时，工业用地规模不断扩大，用地效益也逐步提高。

但是，目前深圳在工业发展上面临诸多困难，例如用地紧缺、工业用地效益低等。用地难以为继是深圳发展中遇到的严峻挑战，深圳全市建设用地总量 703 平方公里，工业用地 255 平方公里，占比为 36%，远高于全国平均水平的 23%。但是深圳土地效益却不高，2007 年深圳工业用地效益为 12.64 亿/平方公里，和香港的工业用地效益 47.96 亿/平方公里、新加坡的工业用地效益 74 亿/平方公里相比，还有很大的差距。其中大量的旧工业区亟待改造或置换，为新工业的发展提供空间。现在已经无法再

依靠扩大空间来发展工业，而需要走一条集约、内涵式的发展道路。

深圳城市化过程中，实际上走的是一条是工业化快于城市化的道路。原始的"三来一补"企业形成了大量的工业村，这种模式最初是有利于城市的，有效快速地加快了当地的经济发展。但是随着深圳工业升级，这种低端加工工厂所造成的土地浪费、环境破坏、效益低下等一系列问题凸显。

特别是在城市边缘区，由于城市的发展还没有触及历史上形成的"三来一补"厂，现在其被大量廉价租给私人企业，从事低端的加工业，甚至对环境造成一定损害。随着深圳产业结构的转型，迫切需要这些工厂的改造或置换，为效益高、低污染的工厂提供空间。同时也增加自己的经济收益，实现社区的可持续、集约发展。

同时居住空间和产业调整也有很大关系，在深圳产业转型的大背景下，那些处于边缘区对工业依存度很高的村落的居住空间会随产业的变化发生转变，在没有工业支撑的村落，住房市场会相对萎缩或消失，或转型改造为其他服务型社区。而在新的大工业园区周围的村落，住房需求会继续上升，则很有可能变成依附工业园的成熟型城中村。

根据上述结论，年丰社区的产业升级与转型不仅是深圳城市发展的需要，也是改变现阶段低效益、高投入的生产方式，实现社区的可持续、集约发展。产业升级与转型，需要同深圳上层规划与周边的发展综合加以考虑。

2. 区位

区位因素对城中村更新的影响主要包括两个方面，其一是对产业发展及建设强度的影响，其二是易产生"边缘效应"的条件。

区位因素会对土地价格产生重要的影响，地价是市场经济中城市建设的重要因素之一。区位较好的地方往往拥有较高的土地价格，同时这一地区的建设强度和容积率也会相应增高。

深圳的城市发展符合阿隆索地租竞价曲线的规律。深圳特区刚成立时，香港企业大多是劳动密集型企业，随着香港劳动力和土地成本的不断提高，香港企业纷纷选择在深圳特区内建厂。深圳原特区内逐步发展起商业和金融业，工厂更多地选择宝安区、龙岗区。而且工厂的发展主要选择交通便利、节约交通成本的地区。与此同时，旧村随着工业区的建立也建设了大量的出租用房屋,分布于工业区的周围,形成了目前工厂大量存在于宝安区、龙岗区,分布在主要干道两侧的形式,外围是村居新建住房的格局。

随着深圳的进一步发展,龙岗中心区和坪山大工业区的建设,将会为处于城市边缘的年丰社区的发展创造更多的机会。一方面,新型工业区的建设将会淘汰效益较低、技术含量低的产业,而这些产业相对于年丰社区依然是高效益的,所以可以抓住机遇引进这些企业进驻。另一方面,周边工业区的发展会提高整个地区的地价,这也为年丰社区改造创造了更多的发展空间。

(二) 政策因素

政策因素主要包括两个方面,其一是上层规划的影响,这些规划指明了城市或地区的发展方向,同时也勾勒出了年丰社区的发展方向。其二是城中村改造的政策,它可以确定政府对城中村改造的态度和策略,在更新的过程中需要遵循和利用这些策略。

1. 上层规划

区域、城市和片区的规划都会对地区的发展产生影响。规划都是从城市发展的角度制定相关的策略,社区的发展需要参考上层次的规划来确定自己的方向。其中主要是对产业发展方面产生的影响,对社区产业选择和发展策略有重要的指导意义。

珠三角地区层面的相关规划主要有《珠江三角洲地区改革发展规划纲要》 (2008—2020)、《珠江三角洲产业布局一体化规划》 (2009—2020)。

这些规划对社区发展有借鉴的主要思想是在新形势下,推动珠江三角洲地区的改革发展,充分发挥自身优势,强调地区间的合作,形成优势互补、良性互动的区域经济发展格局。在产业发展方面,加强广佛肇、深莞惠、珠中江三大经济圈产业的优势互补与合理布局。深莞惠经济圈以深圳为中心,重点布局发展现代服务业和以战略性新兴产业为核心的先进制造业。

深圳市层面的相关规划主要有《深圳“十二五”规划纲要》 (2011—2015)、《深圳 2030 城市发展策略》、《深圳市城市总体规划》 (2010—2020)。

其中"十二五"规划纲要中指出："坚持结构优化，更加注重内生增长产业升级，……促进第二产业不断向第三产业演进，有力有序有效地推进产业结构、要素投入结构的全方位调整。""依照'主攻西部、拓展东部、中心极化、前海突破'的策略，加快深莞惠边界地区开发建设，提升东部地区城市化水平，形成辐射周边的次中心功能。"同时提到"加大城市更新力度，以城市更新促进转变经济发展方式，提升城市功能、改善人居环境"。

特别强调了龙岗的坪地片区，处于深莞惠交界。"要发挥深圳中心城的带动作用，统筹协调区域发展规划，整合集聚区域优势资源，建设深莞惠城际产业合作示范区，提高区域整体竞争力。"

《深圳市城市总体规划》（2010—2020）中确定了城市以中心城区为核心，以西、中、东三条发展轴和南北两条发展带。年丰社区位于东部发展轴线上，同时也是惠—深—港区域性产业布局和发展走廊，主要发展高新技术产业和先进制造业等。同时在城市更新和景观方面也对年丰社区有相关的指引，主要体现在：合理引导适宜地区的功能置换、深惠路沿线工业区的置换，置换的工业用地优先满足市政设施、公共设施和政策保障性住房的发展要求。景观方面发展龙岗河岸线景观带，形成东部区集历史与现代文化特色于一体的滨水人文景观带。

在龙岗区规划层面主要有《龙岗"十二五"规划纲要》（2011—2015）、《龙岗区组团规划》（2005—2020）、《龙岗区产业布局规划》（2011）和《龙岗区 2011 年政府工作报告》。

其中"十二五"规划纲要中要求加快转变经济发展方式，例如提升先进制造业，推动传统优势产业集群化发展。并且要加强社区集体经济转型发展，改变现有的"两租经济"，逐渐从单一的租赁型向投资型、服务型、管理型转变。

"组团规划"中对年丰社区的要求主要为，旧城改造和产业调整升级、完善配套设施，成为以工业为主导的产业聚集区。在产业布局方面，对于中部的龙岗、龙城、坪山、坪地、坑梓，使其成为全区工业发展的核心区，成为高新技术产业、先进制造业发展的强势区域。同时限制发展皮革加工、分散电镀、分散小型工业项目及污染型项目。年丰社区处于坪地街道，在其周围主要有新生—高桥工业园，发展电子、光学、计算机及精密仪器制造业，而附近的坑梓有深圳市汽车电子产业聚集基地和家具产业集聚基地。同时年丰社区处于深圳产业园区布局中的先进制造业综合性园区，重点发展电子信息、数码视听、新材料、生物医药等产业。

2. 城市更新政策

影响城市更新的政策包括两个方面：一是基础性政策，创造制度环境；二是直接指导城市更新的指导性政策，有利于快速推进城中村的改造。

深圳城中村从无到有一直处于各种制度力之下，其中户籍制度和土地制度是城中村形成的根本原因。在未完成户籍变更前，深圳城区内的农民，虽然已经没有土地，非农化，但是在管理和组织上却不能融入城市中。城乡分离的土地制度也是导致城中村形成的根源，城市在快速发展过程中，征用城中村周边的集体土地。剩余一定的集体用地变为宅基地、公共设施用地等。土地等于无偿归村民使用，但是不得进入市场流转。村民在利益驱使下，享受城市发展带来的利益，在无规划的状态下不断地增建住房，形成了现在城中村的状态。

2004 年，随着宝安、龙岗两区所有村民转变为市民、土地国有化、村委会变居委会、集体经济成立股份公司，扫除了年丰社区更新改造的最大制度障碍。村民的就业、社会保障等都纳入城市社会保障体系，相对于集体经济，股份公司打破了原农村形成的宗族、家长制的管理方式，使其更具活力地参与市场竞争，促进其良性发展。现阶段，年丰社区的发展已经不存在户籍制度和土地制度这两种制度障碍。

在城市政策更新方面，城市快速扩张过程中一系列的政策缺陷助长了城中村违法私房的建设。主要表现在政策制定不合理、处罚力度过小、违法成本低、政策执行力差、行政管理缺位和低效三个方面。

2004—2009 年深圳市政府出台了一系列有关城中村改造的文件。深圳加强城市更新的力度，特别是对宝安、龙岗等城中村分布量大的区域和旧工业区的升级改造提出相关政策。但是这段时间，城市更新的项目推进不尽如人意，2004—2009 年，已被列入各类全面改造计划的项目共有 199 个，完成规划审批的数量不到 1/3，进入实质性实施阶段的改造项目仅 20 余项。

自 2009 年以来，深圳市颁布了一系列新的政策及措施，城中村更新改造的进度明显加快，为年丰社区的快速更新奠定了基础。2009 年施行的《城市更新办法》，在借鉴美国以及中国台湾地区等经验的基础上，第一次提出了"城市更新单元"的概念，标志着"政府从城市整体发展目标和公共利益的需求出发，主动划定城市更新单元，并以此为基础进行面向实施的城市更新项目规划和管理"。城市更新单元的主要特点是：①打破地块的限制，把各个分散的小规模的改造，统一为一个城市更新单元下的多个小的城市更新项目，保证更新的整体性；②充分调动市场，使改造在政府的控制下并保证其符合城市的总体发展；③首先对更新单元做出公共设施、最小面积等公共利益方面的前置规定，避免了过去先确定改造主体，再讨论规划造成的效率低、推进慢的缺点。城市更新单元的引入，大大加快了城市更新的步伐。"在 2010 年深圳城市更新年度计划，共接受申报材料 341 项，超过前 5 年全面改造的计划总量，计划申报拟增加商业建筑为 4004 万平方米，相当于深圳市 2008 年商品房销售面积的 10 倍，涉及城市改造的人口达 80 多万，相当于一个中等城市人口规模水平。"①

2011 年《深圳市城市更新项目保障性住房配建比例暂行规定》从加快深圳保障性住房建设、多渠道增加保障性住房的角度出发，制定有关保障性住房配建比例。年丰社区处于保障性住房配建比例 5%，其中安居商品房配建比例 10% 的区域，这也为年丰社区更新住房建设提供了指导。与此同时，《关于深入推进城市更新工作的意见》制定了全市到 2015 年，城市更新用地规模 35 平方公里，其中"综合整治"和"功能改变"规模约 23 平方公里，以城中村和旧工业区为主的"拆除重建"约 12 平方公里的目标。并且提出相关的措施加快更新工作的进行。这也为年丰社区的快速更新奠定了基础。

综上所述，年丰社区的改造已经不存在户籍制度和土地制度因素。并且深圳 2009 年后推行的一系列措施和意见都为加快年丰社区的更新改造提供了政策指导。

（三）社会因素

1. 低收入群体的归宿

深圳是一个特殊的城市，快速的城市发展吸引了大量的外来人口，其

---

① 刘昕：《城市更新单元制度探索与实践——以深圳特色的城市更新年度计划编制为例》，《规划师》2010 年第 11 期。

中大量的是来自农村的非农化农民群体。这些人口进入城市以后，由于城中村租金较低，周边也有工厂，作为城市的低成本生活区，大量来自农村的外来人口都把城中村作为进入城市的第一站。城中村中的人口结构已经发生了巨大的变化，原始的村民已经不再是村的主体人群，村民和外来人口的比值一般都大于1：10。

一方面，城中村容纳这些低收入群体的现象为城市的发展做出了贡献，因为这些人是城市发展不可或缺的组成部分。城中村中容纳的是大量的廉价劳动力，他们主要从事制造、建筑和服务等行业，他们承担着城市的基本功能，在城市规划空间内忽视这些低收入群体的情况下，城中村包容了他们，允许他们在城市中生存，并参加城市建设。

另一方面，大量的非农化农民进入城市，很难在短时间内融入城市社会，城中村正好作为一个过渡带，缓解流动人口和城市居民之间的矛盾，保证了城市的和谐发展。

深圳由于住房建设的缺位，没有为低收入群体提供生存空间，如果在城中村的改造中剥夺了他们的生存空间，只会使他们被迫移居到其他城中村。这样并没有解决城市建设中的城市化问题；并且短期来看，丢失廉价劳动力，也不利于社区的发展。

所以在年丰社区的改造中，必须对低收入群体有所考虑。年丰社区也存在大量的低收入人群，他们大都是在周围的工厂打工，为社区的发展贡献力量。可以预见，社区的发展和产业转型过程中，低收入流动人群仍将长期存在。可以说社区的良性发展离不开这一部分低收入人群。从长远的角度看，一部分适应城市发展、提升自己劳动技能的外来人口，在很大程度上将由流动人口变为户籍人口，真正成为社区的成员。

2. 深圳住房供应

深圳30年的快速城市化，这期间大量的人口从各地涌向深圳，为深圳住房市场的发展带来了机遇。同时也给深圳的住房建设带来了严峻的挑战。在"十一五"期间，全市规划建设住房总量69万套，建筑面积5700平方米。目前深圳的住房供应仍面临诸多问题。

首先是土地供应不足。测算结果表明，深圳总面积为1953平方公里，可建设用地只有760平方公里，而且绝大部分集中于二线关外。如果以每年10平方公里的速度开发，20年后深圳将无地可用。在"十二五"期间，深圳剩余可建设用地潜力仅约 214 平方公里。

其次，深圳住房供应结构失衡。主要表现在三个方面：第一，户型结构不合理，大户型住房、高档住房供给较多，中小户型住房供应较少。第二，保障性住房供应短缺。截至 2005 年，深圳住房总建筑面积为24537.18 万平方米，政策性住房总面积 1800 万平方米，总套数约 21 万套，仅占全市住房总量的 7.3%。深圳的住房供应结构加剧了居民的居住分异，造成了社会的不和谐因素。第三，城中村村民自建房所占比例巨大，截至 2009 年，全市住房总面积 4.09 亿平方米，城中村自建房 1.74亿平方米，占总量的 43%。而这些住房不能进入市场流转。

住房建设的土地计划中大部分来自城市更新，例如"十一五"期间，规划商品住房用地 11 平方公里，其中新供应 6 平方公里，城市更新 5 平方公里，而截至 2010 年年底，全市仅新供应住房用地 8.07 平方公里，城市更新仅 3.55 平方公里，城市更新缓慢。在"十二五"规划期内，全市计划供应住房用地 12 平方公里，其中 6.5 平方公里用地来自城市更新。与此同时，深圳加大保障性住房的供应力度，"十二五"规划期内计划供应 3 平方公里保障性住房，相对于上一个五年规划的 2.45 万平方公里有所提高。

从住房供应的角度出发，它的发展需要城市更新的顺利进行。城中村的顺利改造可以为住房供应提供更多的空间。深圳快速发展，住房供应日益紧张，通过对城中村的改造，为城市提供更多的土地和住房，是适应深圳城市发展、加速自身发展的重要方式。在新供应的住房中，应注意住房结构的调整，应为中低收入人群提供合适的住房。

年丰社区现阶段并没有商品住房开发，仅仅是村民的自建房屋。综上所述，这一部分住房不能进入市场流转。村民无法获取更多的资金进行建设，社区内的常住人口也不能购入自建房。在深圳住房供应短缺及城中村更新的双重动力下，年丰社区需要分期建设各类住房，满足社区发展及不同人群的需要。

3. 旧村城市化的阶段

美国经济学家弗里德曼将城市化过程分为"城市化Ⅰ"和"城市化Ⅱ"，"城市化Ⅰ包括人口和非农业活动在规模不同的城市环境地域集中的过程（实体性过程）；城市化Ⅱ包括城市文化、城市生活方式和价值观在农村地域扩散过程（精神上的过程）"[1]。"英国帕乔内将城市化定义为三个层次：一是人口城市化，即城市人口占总人口比重的增加；二是城市增长，即城市和城镇的人口和用地规模增加；三是城市生活方式，即城市生活的社会和行为特征在整个社会的扩展。"[2] 可以看出，城市化的发展是带有阶段性的。

深圳的城市化也带有明显的阶段性，珠江三角洲模式在深圳布局了大量的工厂，工业化的拉动使大量农村剩余劳动力来到深圳打工。城市人口急速膨胀，建设用地不断扩张。这一阶段形成了大量的工业村庄，年丰社区也是其中的一例。虽然在 2004 年，深圳在全市范围内实现"村改居"，所有的旧村村民全部变为城市居民，纳入城市保障体系，为农民向市民的转变奠定了基础，但这仅仅是旧村城市化的第一步。

年丰社区在完成制度转变后，城市化 I 和城市化 II 都是应该被关注的问题，使其不仅仅在物质空间上实现城市化，适应城市发展。同时社区居民也实现城市化，在生活方式和价值观等方面融入城市生活。

城市规划者和开发者往往关注物质的城市化，应该更重视人的城市化过程，村民在就业观念、文化素质和劳动技能等方面与城市居民存在差异，给社区的发展和社会的稳定都带来了潜在的问题。

在年丰社区，不管是原村民，还是外来人口，之前基本都是以农业为生。城市化的过程，也是形成新的社区的过程。在此过程中，需要使原村民改变现有的"种房子"收租和出让土地的生产方式；使外来人口能够长期稳定居住在此，不断提高生活质量，并最终成为社区、城市的成员。所以在城中村更新的过程中，不仅需要关注物质空间的改善，同时需要关注村民就业、社会保障、社区建设等方面的发展，实现村民、外来人口向市民的全面转化。而且从物质空间更新的角度，需要提供足够的培训、再教育、交流及安置场所。

四　年丰社区改造优势与更新动力分析

城中村社区发展的必由之路是物质空间的更新。通过影响改造的因素

---

① 彭水清、喻祥、魏广玉、周毅刚：《试论珠三角城边村社区发展的目标与路线》，《规划 50 年——2006 中国城市规划年会论文集》（下册），2006 年。

② 顾朝林：《国外城镇化主要经验启示》，《城市》2010 年第 10 期。

寻找改造的动力，最终推动物质空间更新，实现社区发展。

政策因素包括上层的规划和更新改造政策两个方面。

其中制度保障创造大环境保证改造的顺利进行，例如土地制度、社会保障制度等。在市中心成熟城中村形成的过程中，由于保障制度的缺位，形成了"违法抢建—追认既成事实—更多的抢建—继续追认"的恶性循环，建筑层数不断增高。上层规划是政府对地区发展做出的计划，可以为社区的改造提供指导。改造政策同样创造环境影响改造的发生。例如容积率奖励、对于低容积率的改造免收地价等，可以促进城中村的改造。

经济因素包括区位因素、产业转型等方面。经济因素是改造发生的直接动力，只有更多的经济利益才能推动改造进行。区位因素是现有的需要利用的因素，不同的区位产生不同的经济产业，对产业的收益也有影响。产业因素是社会发展的动力，随着社区发展，逐步淘汰旧工业，以新低能耗、集约的工业代替，第三产业的发展，都是社区发展的经济动力。

社会因素包括低收入人群、住房供应和旧村城市化三个方面。社会因素主要表现在需求上面，是使社会正常运行的条件。在城市边缘区旧村的更新中，住房供应的短缺可以满足社会和经济两方面的需求。

内在特征包括经济产业、物质空间和社会特征三个方面。内在因素表达需求，通过改造来改变现状。可以说内在特征表明了社区的发展难点与问题，结合现有的改造影响因素达到改造的目标。从经济产业分析，现在的收租经济和产业结构面临很大的危机，社区企业急需在经济上获得更多利润。而社会因素包括社区内存在的社会问题，需要在改造的过程中考虑其需求，特别是在城市边缘区，城中村的改造应避免"获取村民土地—补偿—拆迁重建—遣散外来人口"或类似损害原流动人口居住条件的开发方式。

制度环境、经济动力和社会需求三个力相互结合产生合力直接作用到物质空间，其中经济动力是直接动力，它和社会需求之间通常是矛盾的关系，需要找到两者的平衡点。制度环境不产生动力，它创造一种秩序、一种结构，保证经济力和社会力之间的平衡，加快或减慢改造的进行，或保证其中一方获得更多的利益。在制度环境失灵的情况下，城中村的改造将无法获得利润或带来更多的社会问题。

在改造完成后，新的物质空间同样需要经营才能使社区全面发展。这个过程需要现在的村股份公司发展、成长为参与市场、具有竞争力的现代企业,同时改变经济产业结构,解决存在的社会问题,达到社区发展的目标。

（一）改造优势分析

年丰社区更新改造的优势主要由自身特点提炼,分别从人口与社会、经济与产业、土地与空间三个方面阐述。

1. 人口与社会

年轻村民主要依靠工资生活,并没有形成仅靠收租生活的"寄生"群体。社区的治安建设较好,各居民小区内都有物业进驻。村民大多改造意愿强烈,有利于推动社区的更新。

2. 经济与产业

当前的工业主要以低端加工业为主,后发优势明显,可以结合城市发展提出适当的产业升级目标。工厂多是小于1000人的小厂,"多而小"的局面比较容易逐步进行改造和搬迁。产业较单一,多为电镀厂和小电子厂房,产业聚集且易于管理,容易形成系统产业链。

3. 土地与空间

年丰社区旧村容积率较低,改造成本大大降低,改造后可大大增加土地的利用价值;位于城市边缘区,经济不发达,居住空间多为村民服务,单纯为出租使用的出租房建设较少;居民小组的新村建设较好,容积率适当,采光及通风条件都较好,建筑质量多为钢混结构,通过较少的投入进行居住区的环境改善;对外交通便利,位于坑梓到坪地的主干道上,同时惠盐高速和横坪路也从社区旁经过,为年丰的产业发展提供了良好的对外交通条件;旧村落人口较少,大部分都已经迁入新住宅区内,旧村的改造难度降低。

（二）更新动力分析

促进年丰社区更新改造的动力主要来自影响因素,分别从经济动力、制度环境和社会需求三个角度阐述。

1. 经济动力

经济动力是社区改造更新的直接动力,主要有产业结构转型、区位因素和住房市场带来的外部更新动力,而政策因素中上层规划的影响也为更新提供了指导意义。

从这些动力中分析能得出三个主要的结论：

（1）产业结构转型要求年丰社区走一条集约、高效益的产业道路。

社区应逐步淘汰现阶段低端的电镀、电子产业等。从产业选择上应和坪地等周边地区形成产业集群、互补促进的关系。坪地中心区是以先进制造为主的综合聚集园区，年丰的产业调整应向电子信息、数码视听等方向发展。

（2）社区具有生态旅游和生态农业的潜力。

地处城市边缘区，年丰社区拥有自然森林资源及龙岗河等自然资源，具有开发生态旅游和生态农业的潜力，同时在景观上应注意更多地和自然相结合，走生态发展之路。

（3）住房供应紧张是社区建设商品房的推动力。

在建设大量保障性住房的背景下，在适当地区开发房地产，一方面可以促进更新改造，及早收回投资成本；另一方面也为深圳的住房建设提供更多的土地，缓解住房紧张带来的问题。

2. 制度环境

政府出台相关更新的政策以保证改造的顺利。"村改居"政策将年丰纳入城市管理体系，打破城乡二元体制，这为年丰的发展扫除了最大的制度障碍。早年城中村改造中户籍和土地的制度障碍已经扫除。现在应在社会保障、公共管理和村民就业等方面有所保障，这样才能保证"村改居"的全面完成。

在改造政策中，新引进"城市更新单元"对城中村的更新具有很强的推动作用，从城市的角度划定城市更新单元，确保单元内的综合效益，一方面加快了城中村的更新，另一方面也保证了公共利益不被侵害。

上层规划不仅为社区经济发展提供了方向，同样也创造了社区良性可持续发展的环境。

3. 社会需求

社会需求主要来自内在因素和外在因素两个方面。在更新中不能只考虑经济效应，或是只注重物质层面的更新。

考虑社会利益的角度包括：

（1）建设低成本居住区，仍然提供流动人口的出租用房，商品房开发时应注意保障性住房的建设。

（2）注重居住区的布局和公共空间的设计，尽量创造易于交流和聚会的空间，为和谐社区提供物质基础。在开发的同时注意保证公共利益不受损害。

（3）注意对传统物质、文化资源的保留和利用，年丰社区虽然没有著名的祠堂，但是本着保存历史记忆的原则，对待历史旧村居住空间的改造应保持审慎的态度。在历史资源比较优越的地区可以发展相关的旅游产业。

五 年丰社区改造对策及规划设计

提出年丰社区的改造目标，从三个层面阐述年丰社区更新改造的做法。第一个层面是策略层面，解决怎么做的问题。第二个层面是规划设计层面，解决怎么布局的问题。第三个层面是详细设计层面，解决如何实施的问题。

（一）年丰社区改造目标与原则

1. 年丰社区改造目标

通过对土地资源的整合与再开发、旧村空间的利用与再创造，为年丰社区产业转型与经济发展提供良好的平台，改善村民、流动人口的居住环境，创造更多的交流、受教育场所，提高生活质量。在产业上，逐渐淘汰低端加工业，结合现状优势发展电子信息等先进制造业，与周围片区形成产业集群。与此同时，通过空间更新的改变，为年丰社区经济、社会的全面发展创造条件，促进其由一个历史上的旧村向和谐的城市社区转变。

2. 空间更新原则

（1）注重整体分期改造的原则

年丰社区并不是像成熟的城中村主要由居住空间组成，同时它包括旧村、工业区、新村及生态控制线内的建设区，是一个包含多个用地属性的复杂区，一次性完全改造或不顾整体的片面改造都是不可取的。

所以要确保每一步的更新工作都是在关注社区的总体发展下进行的。并且在更新中制定全面改造或综合整治的更新路径，选择成熟的时机对相应的区域进行更新。在资金上可以周转使用，不需要大量的资金投入就可以一步一步促进更新，实现滚动发展。

（2）集约开发可持续的原则

粗放的珠三角开发模式产生的后果逐渐显现，大量的土地被粗放霸占，生态资源遭到破坏。现在社区的工业生产方式已经严重阻碍社区的发展。需要转变生产方式，把生产由简单的劳动力投入，转变为充分利用资源、发挥人力，提高劳动效率、增加科学技术在经济增长中的作用。可持续原则是在更新中不获取更多的一次性资源，包括土地、自然资源等，并且不会消耗未来社区发展所需资源的一种方式。

在更新改造中坚持集约的土地开发和生产的可持续，是年丰社区通过更新促进社区发展的必由之路。

（3）市场开发与公共利益并重的原则

依靠市场的力量才能快速推动社区的更新，但是单纯的市场机制容易造成对公共资源的占用，损害公共利益的现象。所以在更新中应注意市场和公共之间的平衡发展，找到两者的结合。

在改造的各个阶段，发挥不同改造主体的积极性，使其有利可图，同时注重保护其他群体的利益，保证改造过程又快又好地进行，避免产生新的社会问题。

（4）物质经济文化综合发展的原则

物质空间的更新只是城市更新的一个方面，在改造的过程中不应只关注物质空间的改造，人们的生活、文化等精神层面也不能忽视。

更新中一方面要对传统物质文化资源采取保留、利用的态度，另一方面创造更多的交往、活动空间，避免村民和外来人口的隔离，为社区全面的城市化打下基础。

（二）发展产业集群的先进制造业及第三产业

随着深圳产业转型，工业布局的调整，也给年丰社区的产业发展带来了机遇。在规划布局中强调：促进区域产业合理分工、延伸上下游产业链、合理引导产业空间集聚、提升城市经济活力，形成各组团的差异化竞争。

深圳的产业空间布局为一个增长极核，包括19个工业园区。年丰社区属于坪地工业园区，拟发展电子信息、数码视听、新材料、生物医药等产业。年丰社区的发展应顺应本地工业园区的发展，形成集群效应来发展自己。集群效应可以降低交易成本，集群内部建立起协作、交流的关系，即有利于提高企业效率，也有利于企业之间相互学习，提高创新能力。其次，产业集群形成一个庞大的集合体，产生的影响力远大于单个企业的相互叠加，其形成的地区产业综合竞争力也是其他地区难以比拟的。

所以，顺应坪地工业园区的发展，淘汰高污染、高能耗、低产业的企业，发展和产业园区相符合的优势产业，积极引进相关产业进驻，是年丰社区发展的又一机遇。现在的年丰社区主要以电子、电镀、皮革和低端的加工业为主。随着产业升级，当务之急是淘汰掉电镀、皮革等的高污染、低产出的工厂。现在年丰社区比较有特色的是扬声器生产，易于培养和发展。由于有电子和视听等产业为基础，在工业区的更新中，首先选择电子信息、数码视听的先进制造业等，形成区域的产业集群。把现在的依靠资源、劳动力的加工制造工业，转向依靠技术、管理及人才的先进制造业，实现工业的跨越式发展。

第二产业发展的重点在于工业升级，大力发展先进制造业或其附属产业。第三产业的发展同样重要，主要体现在生态、民俗旅游的发展，社区服务及商业的发展。

由于年丰社区与城市中心区的城中村的很大不同在于其独特的自然资源，历史村落中依然有客家文化的遗存。所以在一定程度上可以发展生态旅游、民俗旅游等第三产业。在保护自然环境、客家文化的基础上，把资源转化为社区产业，带动社区的全面发展。

第三产业的严重不足，在一定程度上阻碍了社区的发展。不仅是为工业服务的物流和旅游产业，同时社区生活服务例如保姆、打扫卫生、电器修理、文体教育等，还有邮电通信、商业、餐饮等全面发展，才能适应城市化发展的水平。

（三）整合土地、建设混合住区

深圳土地资源紧张，需要城市更新提供更多的土地。与此同时，住房供应的不足，以及政府大力建设保障性住房，都为年丰社区的住房开发提供了动力。总体来看，由于条件不同，社区的住房供应应满足不同人群的需求。

首先，年丰社区仍将以工业生产为主导，这决定了社区内仍将存在大量的流动人口。现有的社区住房中大约有50%的人居住在出租屋内，剩下的50%住在工厂提供的宿舍中，所以，现阶段为外来流动人口提供足够出租房屋，社区公司可以获得收益。由于地处城市边缘，租金普遍偏低，社区整体是一个低收入住区。在更新改造中应对外来民工提供足够的廉租房，保证他们在社区居者有其屋。现在仍有部分居民小组处于高压走廊影响范围之内，或者处于工业区包围之中。从长远来看，这些居民小组需要进行整体搬迁。对于部分处于生态控制线内的居民小组拟限制其大规模开发，应原位改造，以生态农业、观光农业、旅游业作为其发展的主要方式。

其次，随着社区内的产业转型，会有越来越多的高层次人才和管理者。同时坪地中心区的发展，坪西、高桥工业区的建立，也会带来大量的员工。这些人在此片区内工作，具有一定经济条件以后会选择保障性住房或中低价的商品房，以满足他们在此处安家、工作的需要，所以社区内也应建设一定数量的商品房。

最后，年丰社区拥有比较优越的自然资源，而且紧邻坪地郊野公园。同时对外交通便利，紧邻高速路口。在周围社区中是具有优势的。同时周围坑梓、坪西、高桥工业区的建立，会产生具有较强购买能力的管理层，所以在年丰社区开发高档住区也是有条件的。

总体来说，年丰社区应建立集廉租房、村民安置区、中低端商品住房、高端商品房于一体的综合居住社区。建设时注意各居住区的功能相容性，使住区之间实现共荣、共生的状态，同时注意建设时序和开发主体的引入。

（四）多种改造类型相结合

引入六种改造模式：保留、环境整治、功能置换、局部改造、拆除重建和逐步淘汰。社区内建设的新村条件较好，可以完全保留。原有的年丰市场，建筑密度和容积率处于较低的水平。改善环境，增加绿化和服务设施，恢复商业活力。对于新建的厂房，保存状态较好，可以直接引入先进制造业，采取功能置换的方式。在拟建的流动人口出租区，对原有的厂房进行改建，使之具有居住功能。对原有的小学恢复其功能并扩建，采取局部改造。而对于占据较好的地理位置、效益低的工厂区，还有保存较差的旧村居住区，保留个别具有重要意义的建筑的情况下，需要对其全面改造，建设新的居住区。对于处于生态控制线以内的工厂区，应有计划地淘汰现有工厂，避免破坏环境（见图3—11）。

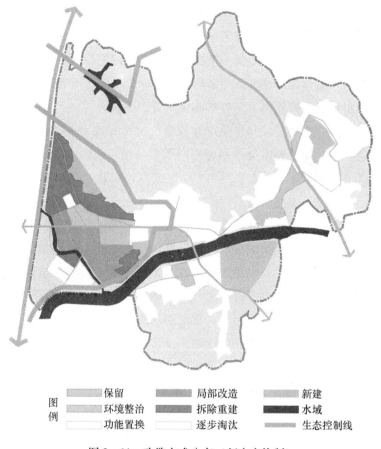

图例
- 保留
- 局部改造
- 新建
- 环境整治
- 拆除重建
- 水域
- 功能置换
- 逐步淘汰
- 生态控制线

图3—11 改造方式分布（何宁宁绘制）

（五）渐进分步的开发时序

根据年丰社区的现状以及城市发展的过程，对年丰社区提出分期开发的策略。开发共分三个阶段，逐步实现对现有居住区的改造、对工业区的置换、产业升级、开发高档住宅区等目标。

第一阶段主要任务是建设村民、流动人口安置区，进行产业结构调整。近期的主要问题是部分旧村处于工业区内部、高压走廊带，将有部分流动人口需要廉租房。与此同时，旧工业用地粗放使用，生产效益低。所以一期用地选择紧邻道路的旧工业区进行改造，拟建成供外来人口居住的商住混合区与村民安置区。随着社区的发展，学校、社区活动等方面的设施必不可少，在工业区改造时部分厂房可予以保留，改造成学校及活动场所。产业方面，淘汰电镀、皮革等的污染大、效益低的企业。吸引电子、数码视听等的企业进驻，配合工业区改造升级。尽量保持原有居住区的结构，和原有的商住混合区形成一个整体，扩大区域内的商业氛围。与此同时，增加停车位，改善现有路网结构，为下一步的改造做准备。在现有居住区，限制新建筑的发展、完善基础设施建设等。

在经过路网建设，部分企业产业转型，村民及流动人口得到安置后，第二阶段的主要任务是逐步开发房地产及参与企业经营。随着产业转型，年丰社区的人口也处于动态发展当中，一方面，随着产业转型，从事低端加工业的人群由于不能适应新的产业方式，将会迁移到其他地区；另一方面，随着整个坪地工业区的发展，也为社区带来了具有购买商品房能力的高级技术工人及管理人员。在产业发展方面，进一步完善了社区产业的转型，和坪西、高桥片区形成了产业集群。此时在交通便利的地区，建设商品住房可以为社区带来更多的收益。村股份公司提高其物业管理水平，参与社区内的企业经营。与此同时，通过建设完善的公共设施、形成完善的路网结构、提供更多的开放空间、建立步行系统等，初步形成完善的城市住区。

第三阶段结合现有的自然资源，开发高档住宅及生态、民俗旅游产业。经过一期、二期的建设，已经形成了比较完善的现代住区。村股份公司通过发展已具有一些经济实力，同时坪地工业区的发展也会产生部分具有购买实力的管理阶层。年丰社区可以开发旧村居住用地，建设高档住宅区。同时注意降低对自然资源和公共利益的侵害。在产业方面，拟发展生态旅游、客家民俗游等产业，为坪地、坪山工业区提供近郊旅游，发展社区第三产业。

（六）社区改造规划

1. 用地结构调整

年丰社区在《深圳市龙岗中心组团分区规划（2005—2020）》中为发展备用地，对其用地布局并没有给出指导性的意见。所以根据更大范围内的《龙岗区产业布局规划》（2011）和《龙岗区 2011 政府工作报告》等相关规划的指导，得出年丰片区应主要发展为先进制造的综合工业园区。

年丰社区常住人口为 16262 人，大部分为从事低端加工业的外来流动人口, 共 15232 人。现状建设用地为 211.64 公顷, 其中大部分仍处于生态控制线以内, 年丰社区实际规划可建设用地为 126.45 公顷。可以预见, 随着社区产业升级, 逐渐淘汰位于生态控制线内的企业, 社区内现有从事低端加工业的流动人口会逐渐减少, 主要需要与其产业相适应的高技术工人和管理阶层。所以, 按现有的人口增长来预测社区内未来人口增长是不合适的。

年丰社区规划可建设用地为 126.5 公顷, 根据《龙岗中心组团分区规划》中规定"至 2020 年龙岗中心组团人均城市建设用地面积 113.5 平方米",《深圳市城市规划标准与准则》(2004) 规定"全市城市建设用地人均指标在 105—120 平方米", 得到年丰社区可容纳的人口为 1.1 万—1.2 万人。由于地处城市边缘区, 人口密度相对坪地中心区会有所降低, 所以在现有土地供应状况下, 在该社区内应至少满足 1.1 万人的居住。

年丰社区现状工业用地超过 60%, 工业用地与居住用地比值过大。由于深圳市没有对工业园区的各类用地规模指标做出硬性规定, 参考类似的工业园区或旧村改造的案例得知, 作为一个以工业为主导的城边社区产业园区工业用地规模一般在 40% 左右。根据以上结论, 年丰社区用地结构调整的主要措施是: 通过对现有土地的整合与再开发, 减少工业用地的比重, 整合居住用地, 满足社区内工业及就业人口的平衡。增加公共管理与公共服务用地, 增加绿地面积。由于拥有坪地片区内良好的自然资源, 会逐步吸引高层次人才在此居住。

2. 道路交通改善

社区对外交通便利, 紧邻惠盐高速在坪地的出口。社区内对外交通主要是坪梓路, 它是连接坪地街道和坑梓街道的主要干道, 车流量大。社区内的其他道路都是村内自然形成或自行投资兴建的支路, 多为狭窄、尽端路, 未形成合理的路网。目前的路网也未考虑规划道路的影响。

所以根据《深圳市龙岗中心组团分区规划 (2005—2020)》中关于道路系统的规划及年丰社区现状道路存在的问题, 对社区内的道路系统进行调整和深化, 满足规划用地中对道路、交通设施的不同要求, 满足年丰社区产业升级、居住环境改善的需求, 满足年丰社区未来发展的需要。

年丰社区道路调整的主要措施:

(1) 考虑交通系统的使用要求, 增加年丰社区与六联社区的干道交通。

（2）改善社区内道路系统，完善道路等级，形成社区内的路网，减少对过境交通的依赖和压力。

（3）居住区内结合绿地及商业构筑以人为本的步行系统。

（4）保证工业区良好的对外交通，减少工业区对居住区的影响。

3. 公共服务设施完善

年丰社区内的公共服务设施不完善，随着年丰社区的发展，为适应未来居民生活的需要，对现有的公共设施进行扩建或补充。现有的幼儿园位于社区的中心，现有状态可以满足社区发展的需要。社区内原有一所小学，由于二元社会的因素，导致社区内现有的人口结构以青年流动人口占绝对多数，他们具有流动性，较少组成家庭长居于社区内。较少会有流动人口的子女在社区内求学，这导致了社区内现有的对教育设施需求并不强烈的现状。社区内适龄儿童主要通过校车在其他社区求学，原小学已经被改建为工厂。随着社区的发展，户籍人口的不断增多，在更新过程中，应对原有小学进行恢复和扩建，满足社区内教育的要求。

居住区级设施按照居住小区的具体要求完善。保留现有的社区康复中心，增加服务设施，提高服务水平。社区内现仅有有限的体育活动场所，缺少社区文化室及社区服务站。在更新改造过程中应新建多种体育活动场地和活动中心，并适当集中布置。结合原有公共空间新建社区文化室（包括图书馆、娱乐中心等，面积为1500—2000平方米）和社区服务站（面积为200—300平方米）。

按居住小区级商业设施对原有商住混合区进行景观改造，新建住宅区，沿坪梓路和绿道沿线开发商住楼，形成线形商业地带，满足居民生活购物的需求。

4. 景观环境提升

社区内现有的景观环境较差，缺少统一的规划和设计。在社区更新改造的过程中，需要提升社区内的景观环境。主要从公共空间、景观廊道、建筑形态三个方面进行景观环境提升。

（1）公共空间

社区内的公共空间主要满足社区居民的活动、交流需求。现有公共空间缺乏、分散，公共设施不完善。在更新改造中结合现有的公共空间，形成集休憩公园、城市绿地、集会广场等于一体的综合公共空间，并完善活动、休闲等设施,部分地段加入公共小品,增加空间的趣味性。

①景观廊道

社区处于城市边缘,和生态绿地相邻,这是社区特有的优势。在改造中利用社区原有的主要道路,增加绿化,把各主要公共空间联系起来,形成社区景观主轴。同时建立社区通向生态绿地的步行系统,为社区或周边地区居民提供郊野休闲、旅游的场所。最后要控制建筑高度,留出景观视廊,避免社区新建建筑对自然环境景观造成破坏。

②建筑形态

对于建筑形态的改造主要包括三个层面的改造。其一是原有保留的进行立面改造的片区(一类),其二是原有的工业厂房(二类),其三是完全更新的片区(三类)。

对于原有的商住混合区,由于建筑的密度和容积率都不高,街道的尺度也处于较好的状态,应保留其现有的城市肌理。为适应作为商住区的社区面貌,主要从建筑形态和色彩两方面对其进行改造。保留现有的建筑风格,并适当统一。主要做法是三段式的改造:底层增加雨棚或骑楼等"灰空间",增加商业气氛和交流场所;顶层顺应传统建筑形态采用坡屋顶,中间层统一开窗和立面划分;拟建成具有活力的传统风貌商住区。色彩宜采用淡黄、红(主)、橙(辅)等色彩。

坪梓路沿线的建筑,具有门户形象的特征,体现了年丰社区先进工业园区的特征。建筑立面改造应体现时代感,采用简洁、干练的处理手法。色彩宜采用白、淡蓝等素雅颜色。并应强调公共空间、景观绿化和建筑之间的整合。

原有工业厂房在能满足产业转型的条件下,宜采取保留的措施。由于工业厂房的主要作用在于满足生产的需求,在社区内宜采用统一的建筑色彩,以浅色调为主。

社区内仍有大部分片区应完全改造更新,主要用于建设新的居住区,包括村民的安置房、流动人口的出租房和商品房的开发。村民安置房和流动人口的出租房宜采用和原有商住混合区统一的建筑肌理,维持现有良好的空间特征。对于新开发的商品房,应采用现代建筑风格。

(七)详细地段设计

详细地段设计选用开发时序中的,首期开发用地。这一阶段的任务主要包括旧工业厂房的改造与重建，转变为居住社区，完善社区内部道路，以及新增社区文化中心，实现将坪梓路以北的工业用地改造为居住用地。置换出的居住空间主要用于位于市政走廊及工业区内的居民小组的安置和流动人口出租屋的建设。

1. 设计构思

（1）延续现有的空间尺度

现阶段，在年丰社区形成的街道面宽与围合的高度为1—1.5米，这是街道所处的适宜尺度。这既不同于市中心区的城中村在追求高容积率形成的"握手楼"等，也不同于新区规划中出现的高容积率、低密度的街道空间。

在年丰社区的更新改造中，应该延续现有的街道空间，并通过围合式的空间布局，形成多个绿化及活动场所，增强社区居民的交往和活动，提升居住条件，使年丰社区改造成具有宜人尺度和良好邻里关系的低容积率、高密度住区。

对于拟改建为打工人员出租屋的工厂区，应保留部分原有宿舍，进行外观更新，和新改造的厂房形成内院空间，为外来打工人员提供更多的休闲、娱乐和共享空间，增强其归属感。

（2）对原有建筑的保护与再利用

在改造片区中仍保留有大量的工业厂房和职工宿舍，对此采用统一的全部拆除重建的办法是不恰当的。对现有工业建筑的保留、功能置换和再利用，都是在工业区改造中优先考虑的做法。

设计中主要考虑在靠近坪梓路的部分工业区，就地适当改造，保留部分原有工厂住宅，仅进行立面美化。改造合适的工业厂房为居住空间。短期内，社区内仍将存在大量的外来人口，出租住房依然能获得收益。片区改造后形成面向外来人口的廉租住区。

新建的社区文化中心也考虑运用旧工业厂房改建，保留原有的结构框架，进行立面改造和功能置换。社区内的原小学，已经废弃并改为工厂。随着工厂的迁出，社区户籍人口越来越多，应恢复原学校的功能，并不断完善其功能。

对原有工业建筑谨慎地保留改造，不仅可以节约改造成本，使之具有新的功能，而且可以保留社区内曾经作为工业村庄的历史记忆，具有重要的社会意义。

（3）注重建筑的适应性

所谓建筑的适应性，就是指建筑在整个生命周期中可以承担不同功能的能力，主要表现为一种动态的、可变的过程，使住宅的设计能够在不同阶段适应使用者的需求。

原村民的安置房的设计应具有多重利用的可能性，这些可能性包括：

①供村民完全自住的住宅，或者首层作为门面房经营；

②现阶段部分用于出租，顶层供村民自住；

③村民中两代人同时居住；

④远期住宅加建和合建的可能性。

对于外来务工的流动人口，需要考虑满足不同人口的居住要求。对于资金较少的务工人员，提供多人一室的居住模式。同时应提供小面积的单间宿舍。最后对于有家庭的流动人口，需提供功能完善的、设计紧凑的户型。同时应注意各种户型之间变化的灵活性。

除了在户型和结构上的考虑，同时应结合社区发展、建筑功能的转变等因素。可以预见，随着低端加工业的迁出，社区内低收入打工群体会减少。现有的改造为廉租住区的厂房、村民闲置房应考虑其转化为社会廉租房、公租房的可能性。

2. 规划设计

（1）总平面图

根据设计构思得到改造第一阶段的总平面图，见图3—12。

（2）功能布局

根据居住区内不同人群的需求、建筑的质量、改造的资金等因素，将一期建设的片区分为商业组团、出租房组团、公共设施组团、安置居住组团和再开发组团五个组团。商业组团保存原有的建筑，进行环境改善。改造旧厂房为居住建筑，进行功能置换，结合现有的宿舍形成出租房组团。公共设施组团包括小学、幼儿园及社区文化中心，在原有建筑的基础上加以扩建和改建。再开发组团紧邻出租房，现阶段仍保持工厂的性质，为社区居民扩建高层住宅留出空间。

安置居住组团，采取全面改造的方式。年丰社区现有位于旧村内的住户34户，位于工业区内和市政走廊内的居民65户，需要在新置换出的工

图 3—12 详细地段平面设计（何宁宁 绘制）

业地段内为这些居民集中建设安置区。做好这些村民的安置工作，一方面可以直接解决未建房村民的建房指标，避免未来未建房村民建房的选址问题；另一方面，将现有的位于工业区和市政走廊内的村民集中安置，也改善了村民的居住条件。

（3）交通组织

年丰社区虽然紧邻高速公路出入口，交通位置优越。但是社区被高速公路和生态绿地阻隔，社区对外交通出口不多。社区内仅有一条坪梓路作为主要对外交通道路。一期交通建设主要利用社区原有道路，新建部分车行道路形成环线,拆除部分建筑,打通人行通路,满足社区内日益增长的交通需求。同时考虑分期建设的影响,使后续建设能形成相对完善的交通体系。

社区缺少停车空间,在原市场组团,沿主干道路开辟集中停车位。在新建的居民安置房各居住院落的外围结合绿化和休闲绿地集中停车。

步行系统在社区内部组织,拆除部分建筑形成东西方向的多条步行道路,以广场为节点,联系南北三个组团同时结合休息、广场等形成尺度适宜、空间丰富、设施完善的连续步行系统。

（4）公共空间

原有的社区居住区和工业区紧邻,却简单地被围墙阻隔,居住区被工业区划分成多个小的组团。一期建设主要在旧工业区内进行,在保留大部分原有建筑的同时,针对规划,对部分阻隔原商业区和拟改造成居住区的建筑进行拆除,形成共享、可达的公共活动空间。

社区公共空间东西方向利用原有小学、幼儿园及广场,新建社区文化中心,形成社区带状公共设施轴。南北方向保留原商业空间轴。结合原社区活动广场、拆除部分建筑,向北延伸至安置区活动广场,形成一条活动主轴、两个公共活动空间。社区建筑空间布局采用围合处理,在各街坊围合形成的场地组织多个绿化和小活动空间。

（5）景观绿化

车行道两侧种植高大乔木,形成南北方向的生态绿化轴,结合市场组团、公共设施组团和安置房组团建立南北方向的景观轴线,并横向渗透到各街坊内部。为了和东北方向的自然山体绿化形成呼应,东西方向留出两条视线通廊,通廊两侧以灌木和低矮乔木绿化为主,保证视廊的通达性。

在市场的入口处、学校前的广场、安置区入口及社区活动广场等地建立景观节点,适当强化照明并设置公共艺术品,增加社区的活力。对社区内的步行道进行整治,铺设石板路,两侧布置灌木,营造宜人、丰富的街道空间。

第四章

案例研究二:村落公共空间与公共服务配套设施提升

第一节　村落公共空间优化——广州小洲村

改革开放以来，广州地区的经济快速发展，城市空间的扩张十分明显，传统村落经历着前所未有的村镇化，许多原本位于城市边缘区的古村落，被动式地从城市外围区域向城市内围区域演进，最终成为建成区的一部分。

以位于广州边缘区的最具有岭南水乡特色的古村落小洲村为例，它是广东村落梳式布局形式与岭南网形水乡相结合的典型。小洲村拥有的历史文化价值，是其村落保护与发展的原动力，目前村落原村民人口减少，主要为老年人和小孩，成年人外出打工，外来人口融入较多，迫使该村原有文化受到一定影响。村民争先恐后地大肆建造新住宅楼，出租房屋以获取收入，小洲村的传统风貌在这样的情形下，已经遭到一定程度破坏，村落的物质文化遗产和非物质文化遗产危在旦夕。

从市区范围看，小洲村位于广州市边缘区，海珠区东南角。村东、村西、村北三面皆有快速路穿过，村落距广州火车东站10公里以内，村庄三面设有公交站点，交通便捷。

小洲村是广州果树保护区中独具岭南水乡民居风情的村落。村域东临牌坊河，南滨珠江后航道，北为土华村，西邻沥滘村。与广州大学城、正在规划建设的广州国际生物岛——官洲岛隔江相望，沿珠江后航道官洲岛北侧水道向东2公里为黄埔古港。

从村域范围看,小洲村重点规划区域位于小洲村东北部,现状以民居宗祠为主。南侧是目前广州最大的果树公园——瀛洲生态公园,西侧是改革开放以来建设的新村,西南侧为沥滘污水处理厂和村工业发展用地。

本书研究范围主要依据小洲村保护规划确定的重点规划的区域,用地面积18.5公顷(见图4—1)。

图4—1 小洲村研究范围(赵金龙 绘制)

一 小洲村公共空间格局演变

小洲村位于广州市边缘区域,村落的发展情况与广州市的发展情况有必然的关系。小洲村的公共空间发展主要集中在明末清初、民国中后期和改革开放以后。按公共空间的影响因素划分,大致可分为以宗族为主导因素的公共空间发展阶段、以制度为主导因素的公共空间发展阶段和以经济为主导因素的公共空间发展阶段。

1. 以宗族为主导因素的发展阶段

（1）公共空间属性

新中国成立以前，小洲村以小农经济为主，公共空间大都是祭祀性空间与生活性空间。这一发展阶段主要指小洲村建成后到 1949 年前，历经几百年的时间，其公共空间发展相对缓慢。

①祭祀性公共空间

这一时期的小洲村受封建制度的影响，以小农为主的经济，其背后的生产关系也是围绕宗族观念而确定的，从而祠堂成为村落的统治中心象征，同时也成为村落最主要的公共活动空间。小洲村的宗祠都建在村落建筑群的最前列，也有的建在河涌旁，祠堂前大都有村中较大的专用水埠，祠堂门前一般都栽植榕树，规模较大的还设有小型麻石广场，这是族人祭祀祖先和村民聚会娱乐的场所。数百年来，祠堂一直起着联系氏族血缘情结纽带的作用。小洲村在过去有很多祠堂，包括大宗祠和房份祠。大宗祠有简氏大宗祠、梁氏大宗祠、霍氏大宗祠、李氏大宗祠和黄氏大宗祠等，而现在只剩下简氏大宗祠。房份祠相对于大宗祠来讲，布局和形制要小一些，如简氏的西溪简公祠、慕南公祠、瀛山简公祠、东池公祠和四海公祠等[①]。

②生活性公共空间

除祭祀性公共空间外，用于挑水的水井、用于洗衣的河涌、便于乘凉的榕树、适于行走的街巷、便于娱乐的戏台等，这些地点也是村民进行交往活动的重要公共空间。例如，在水井周边通常会由于逗留形成一定人群，在其周边的场所形成公共空间，其形成机制是先满足其使用功能，进而形成交往的场所，最终成为乡村的公共空间。

其功能主要体现在五方面：供水功能，水井是满足人们的用水要求；洗涮功能，洗衣码头首先选择在水边，满足村民日常的洗刷要求，然后通过构筑亲水平台，来保证安全、放置物品等需要，至此形成洗衣码头的物质形态；遮阴功能，大树满足村民夏季乘凉的需求；交通功能，街巷是组织小洲村内外交通联系的主要通道；娱乐功能，戏台是满足村民的文化娱乐需求（见图4—2）。

---

① 屈大均：《广东新语》，中华书局1997年版。

图4—2　生活性公共空间（赵金龙摄）

（2）以宗族为主导的影响因素

①自然条件

根据《广州市海珠区志》的记载，"今海珠岛实为全新世以来几个基岩小岛为核心，由北江、西江带来的河流冲积物，以及由广州溺谷湾的海水带来的海积物，逐渐淤积而成"。小洲村东边有一座名为华台山的低丘，高度约为16米，起初华台山只是河中的小岛，随着河中泥沙累积和河道变窄，村落的面积也逐渐变大，最开始的小洲村村民就依靠华台山这一背山面水的地形特征，而选址驻扎。可见自然条件对村落的形态变化影响是直接的，从而也影响了村落的公共空间演变。

②风水思想

由于受风水思想的影响，小洲村的宗祠庙宇等重要公共建筑，基本按"背山面水"这一原则进行选址布局。这里的山一般指华台山，有依靠之意，水指村落中的几条河涌，有财富之意。村落水口位置与村落入口位置往往有密切联系，按照风水思想，水口象征财富积聚，从而村口设在水口处。村中榕树的种植、流水的曲折、古桥的搭建、宗祠的位置等这些受风水思想影响的空间环境因素，对公共空间的景观性影响较大。

③宗族观念

在过去的封建社会里，自然环境恶劣、村落生产力低下，同时村民还容易受到外部侵袭的骚扰，基于这样的种种压力，村民需要团结共同面对这些问题，于是宗族观念在此渐渐产生。随着宗族观念的成熟，以及宗族部落的发展强大，族人们开始兴建具有纪念意义的建筑——祠堂，同时，这些祠堂具有一定的权威性，代表着宗法制度，成为对一切事物判断的依据和标准。这样的制度也决定着村民的一些特定行为，在一些特殊日子、特定地点，村民举行祭拜活动、商谈村落要事和对村落的一些重要事情进行决判。村民在这样的宗族观念下，遵守顺从一定的道德伦理和等级观念。而在这样的观念下，村落的布局也受到影响，祠堂作为村落布局的核心要素，其他住宅围绕祠堂而建，形成小型的居住组团，多个组团共同构成村落的整体面貌。村落的空间层次、序列也遵循这个观念，使村落依靠一种内在法则而建成。

2. 以制度为主导因素的发展阶段

这一发展阶段指新中国成立后到改革开放前，历经数十年的时间，其公共空间发展相对特殊。新中国成立以后实行计划经济，国家的政权干预是这一经济制度的主要力量。对农村社会实行全面控制，摒弃传统农村组织，重新组织农民的生产和生活。但由于效仿苏联的社会主义制度，"公共性"与"集体性"却得到空前提高，"生产队"与"大集体"成为这个时期鲜明的烙印。在人民公社运动、大集体化的推动下，农村的社会活动也是单一模式的推广、集体动员的体制，在这样一个特殊时代背景下，农民的生产生活与政治往往密不可分。

（1）公共空间属性

从功能的角度看，这一时期公共空间主要体现为两种功能：一是政治性功能；二是生产性功能。

①政治性公共空间

寺庙、祠堂等以往的公共空间，在破"四旧"、除"鬼神"等政治性运动中，遭到一定破坏甚至毁灭。公共空间的属性也随之发生变化，从祭祀性空间向政治性空间快速转变，从生活性空间向生产性空间转变。空间的活动方式也由自由式转变成集中式，空间的活动内容也由从前的商业性变得单一枯燥。而广场、礼堂作为开展宣传意识形态活动的集会场所被利用起来。例如，小洲人民礼堂建于 1959 年，整个建筑为土黄色，样式是当时很流行的苏式风格，礼堂在 20 世纪 60 年代是小洲村的文化阵地，70 年代是政治、经济中心，曾经做过小洲大队的办公室、民兵部、信用社、大会堂等。

②生产性公共空间

由于受政治的全面控制以及集体生产制度的影响，原来村落的生产关系发生了突发性的改变，迫使原来的宗族观念丢失，村民的思想在一定程度上受到强制性的引导控制，从而村落以前的风俗文化也不复存在，传统的公共空间功能衰弱，公共空间活动消失。在这一时期，取而代之的是集体性生产空间的数量增加，规模扩大。例如，田间地头、麦场等生产劳动场所成为乡村重要的公共空间。这时期也产生一系列新形式的公共空间如保管室、供销合作社、露天电影场等，一些空旷的地方或大队部成为生产队人们聚集的地方。

（2）以制度为主导的影响因素

新中国成立以后，国家废除了封建土地制度，解放了现有的土地，土地归集体所有、全民所有。生产合作社、生产队的出现，改变了村落从前的生产关系，迫使村落的公共空间属性发生变化，以前的祭祀性空间已遭到废除，而得到土地解放的村落，其村口、广场成为这一时期最主要的公共空间。

从上述分析来看，计划经济时期的农村具有鲜明的生产与政治色彩，农村公共空间也因此发生变化，增加了生产性和政治性的公共空间，它们具有异质性，对传统的公共空间具有一定的弱化作用。但此时期是一个过渡期，很多空间在改革后均已不复存在。所以这个时期的乡村公共空间进入一个特殊的发展阶段。这个时期公共空间的功能需求并非自发的，而是由国家控制的，特殊的社会语境使生产与政治空间增加，但整体而言，该时期公共空间的活动性较高。

3. 以经济为主导因素的发展阶段

改革开放以后，广州的城市化得到高速发展，经济浪潮冲击着大部分珠三角地区，在这样的时代背景下，广州空间扩张非常迅速，小洲村被动式地成为广州边缘村落。村落受外源性经济力量的牵引，打破原有的封闭生产模式和生活状态，追求经济价值，成为小洲村发展的主要话题。到20世纪90年代，村落的人口流动速度加快，城市与乡村的信息交流更加频繁，村民向往城市生活，村中大部分成年人选择外出打工，留下的往往是老人和小孩，村落活力下降，村落的社会结构稳定性被经济浪潮打破。这一发展阶段主要指改革开放以后，其传统公共空间发展相对衰败。

（1）公共空间属性

这一时期，小洲村大部分公祠的传统祭祀性功能已经退化，门前较小尺度的广场是村民闲暇聊天的去处。随着小洲村经济发展和基础设施的完善，公共空间的生活性功能已经渐渐消退。计划经济时期的广场空间也已不再组织集体性活动、宣传活动。以往的公共空间在失去传统功能下，现在只供居民休息聊天和游人观赏之用。小洲村的社会结构发生改变，成年人长时间外出打工，村内本地居民以老人和小孩为主，致使本地村民对公共空间的使用活力不足，村落自身的公共生活变得萧条。而公共空间的使用对象在此时也不再只针对本地村民，外来经商人口、打工人口的入住，游客的观光游览，都对公共空间有所需求。公共空间的使用人群不再是单一性，复合使用变成一种趋势。总之，这一阶段公共空间的属性以休闲游憩为主。

（2）以经济为主导的影响因素

①制度变迁

改革初期，伴随家庭承包责任制的改革，农村有组织的集体劳动场景被"家庭"为单位的劳作方式所代替。人民公社瓦解和政社分离又进一步减弱农民的集体意识，集体意识的解体导致乡村难以组织公共集体活动，村民彼此之间的集体感与集聚力逐步弱化，联系迅速减少，村庄内部的舆论作用日益下降，公共空间出现了萎缩。

②市场经济

自改革开放以来，对经济目标的追求已成为村民的向往，村中兴起推旧建新之风，许多有价值的古建筑被拆除，村民在自家宅基地上盖小高楼，俨然有城中村之势。村民争先恐后建新楼以寻求出租，换取经济收入，这些只顾眼前利益的行为，毁坏了村落传统的历史风貌，破坏了物质文化遗产。这一时期，村落的公共空间遭到冷落，公共空间的周围历史环境已不复存在。村落传统经济结构稳定性的打破，促使村落传统文化发生变化，而且这种变化很难恢复原貌。

市场经济的兴起，乡村劳动力大量外流，人口频繁流动使传统同质熟人社会逐渐向异质陌生人社会变迁，村庄由同质圈变成了异质圈。

③生活方式改变

随着改革开放和农村经济的发展，以及村落基础设施和市政设施的完善，村民的生活条件得到改善，村民的生活方式也相继发生了改变。现代电器设备的使用，如电扇、空调等，使大树的公共乘凉功能弱化，进而削弱交往的可能性，也就难以汇聚人气；又如自来水设施改变了人们去水井取水的生活习惯，洗衣机与自来水的出现促使洗衣码头变得萧条。在这一时期，村民对原有公共空间的依赖大大减少，取而代之的是现代生活方式。村民室内活动的增加，室外活动的减少，使村落公共空间使用率再次下降，呈衰败景象。

根据以上分析可以看出，小洲村公共空间发展演变大致经历了三个过程，缓慢发展阶段是指村建立到新中国成立前，这一时期小洲村以小农经济为主，其公共空间表现为祭祀性空间与生活性空间，这一阶段影响村落公共空间发展的主导因素是宗族观念；特殊发展阶段是指新中国成立后到改革开放前，这一时期小洲村以计划经济为主，其公共空间表现为政治性和生产性，这一阶段影响村落公共空间发展的主导因素是政治制度；逐渐衰弱阶段是指改革开放后至今，这一时期小洲村以二产经济为主，外来人口不断增多，其公共空间以休闲观光空间居多，这一阶段影响村落公共空间发展的主导因素是市场经济（参见表4—1）。

表4—1　　　　　　　　　　小洲村公共空间发展演变历程

发展阶段	时　期	村落经济	村落人口	公共空间功能	影响因素
缓慢发展阶段	建村到新中国成立前	以小农经济为主	简氏族人壮大并成长为村中主要力量	祭祀性空间生活性空间	自然条件风水思想宗族观念
特殊发展阶段	新中国成立后到改革开放前	以计划经济为主	人口密度不断增大	政治性空间生产性空间	政治因素
逐渐衰弱阶段	改革开放后至今	以第二产业为主导	原村民减少，外来人增多	衰败性空间景观性空间	制度变迁市场经济生活方式改变

小洲村的公共空间可分为三个发展阶段：以宗教为主导因素的缓慢发展阶段、以制度为主导因素的特殊发展阶段和以经济为主导因素的逐渐衰弱阶段。村落外围经济资源的进入与组织形式的变化，改变了村民的行为方式，也打破了村落经济、社会、文化结构的稳定性，这也正是小洲村公共空间演变的主要原因，同时也使村落的公共交流变得萎缩，古村落传统文化的认同感也随之消失。

基于不同的角度，对公共空间类型的分类也不尽相同。从性质角度考虑，可分为政治性、生产性和生活性公共空间①。从空间形态角度考虑，可分为点状、线状和面状公共空间②。从时间角度考虑，可分为长期性和短期性公共空间③。从功能角度考虑，可分为交通、门户、祭祀和游憩公共空间④。从动力角度考虑，可分为外源性和内源性空间⑤。

本书所研究的公共空间，主要指在小洲村旧村村落里以祠堂、礼堂等重要公建为核心并与其周边相关要素共同围合而成的空间，包括码头、桥、古树等点状空间，河涌、街巷等线状空间，集市广场、祭拜广场、休闲广场等面状空间。

二　构成要素

小洲村是岭南水乡的典型代表村落，同时还是广州边缘区域性质的村落。该村落被评为广东省古村落，具有一定的历史文化价值。

（一）点性要素空间

小洲村公共空间的点性要素是指古桥、古树、古井和牌坊等环境要素场所。小洲村内分布着许多具有文物价值的桥梁，大都是明朝保留下来

---

① 梅策迎：《珠江三角洲传统聚落公共空间体系特征及意义探析——以明清顺德古镇为例》，《规划师》2008 年第 8 期。

② 耿虹、周舟：《民俗渗透下的传统聚落公共空间特色探析——以贵州屯堡聚落为例》，《华中建筑》2010 年第 6 期。

③ 刘兴、吴晓丹：《公共空间的层次与变迁——村落公共空间形态分析》，《华中建筑》2008 年第 8 期。

④ 杨迪、单鹏飞、李伟：《试论古村落公共空间整治规划——以太湖明月湾古村落为例》，《科技信息》2010 年第 17 期。

⑤ 曹海林：《村落公共空间与村庄秩序基础的生成——兼论改革前后乡村社会秩序的演变轨迹》，《人文杂志》2004 年第 6 期。

的。村中的古树主要沿河涌及水巷分布，树种以榕树、柳树及秋枫树为主，古树名木主要集中在开敞的公共空间。村里八口古井大都是明清时期的，多为花岗岩或红砂岩砌成。小洲村有两处牌坊，一处位于村北入口，为新中国成立初期建，用来标明地名的，尚且保存完整；另一处位于登瀛码头，是新中国成立后改建的。

1. 古桥

小洲村内分布着许多具有文物价值的桥梁。西浦大街与西园大街之间的翰墨桥、细桥大街与中华大街之间的细桥、新路五巷与南胜大巷之间的石板桥等，都是明朝保留下来的。如翰墨桥在桥身刻有繁体的"翰墨"两字，用料上乘，十分坚固，两旁可以同时坐20多人。

在古时，小洲村河涌上的小桥具有三个效用。第一个是满足村民交通需求，被视为带有交通性的公共空间。第二个是周边几户村民聚会、聊天的好去处，也是行人休息纳凉的场所，属于典型的生活性公共空间。例如，娘妈桥在过去是村民聚会聊天的场所。第三个是部分古桥还具有民俗文化作用，例如，翰墨桥在村里扮演夫妻姻缘见证人的角色，村里每逢嫁娶喜事，花轿乐队都要经过此桥。

随着时代发展，小洲村古桥的功能也渐渐消失。首先是交通功能的淡化，已不再是交通枢纽；其次是生活功能的减退，现在村里大部分外来人群对古桥缺乏认同感，很少去古桥那里聊天休息；最后是文化功能的遗失，村里的婚嫁习俗等也很少考虑古桥了。

2. 古树

小洲村为果林所包围，村中绿树苍翠，主要沿河涌及水巷分布，树种以榕树、柳树及秋枫树为主，古树名木集中在开敞的公共空间——码头、宗祠、庙宇前的空地等，树龄在100—200年。村中绿地缺乏，唯一两处集中分布于简氏大宗祠南及华台山。简氏大宗祠南绿地形成一小游园，占地面积约为3244平方米，园内有许多古树名木，树冠参天，有明代栽种的细叶榕两棵、龙眼树一棵和木棉树一棵；有栽自清代的假沙莉两棵、细叶榕一棵；有栽自民国的木棉树一棵。

古树作为人文景观环境中不可缺少的元素，更多体现了村落的传统文化，一般重要的建筑前都种植大树。如今的古树空间使用对象已经多样化了，供村内的老人和小孩纳凉休息，与游客拍照留念之用，增添了村内公共空间的活力。

3. 古井

保存明清时期八口古井，多为花岗岩或红砂岩砌成。其中明朝时期保留下来的古井有六口，分布于新路三巷、社巷、圣德一横、南洲大街、西园三巷；清朝时期保留下来的古井有两口，分别位于圣德一横、拱桥一巷。古井在古时主要分为公用和私用，公用的一般分布在街巷旁，私用的一般分布在私家天井内。

4. 牌坊

小洲村登瀛外街与登瀛大街交界处有一牌坊，正对着古码头，登上码头后一过牌坊便是登瀛大街，上刻有五角星和"新滘公社小洲大队"的字样，是新中国成立后改建的。此外，在村北入口处也有一处牌坊，又名新滘公社小洲大队牌坊，在新中国成立初期，建于登瀛外街，尚且保存完整。如今，小洲村牌坊不仅表明村落身份，还是村落交易集市的重要公共空间，增添了村落的空间活力。

（二）线性要素空间

小洲村线性要素空间主要是河涌和街巷，二者共同构成整个公共空间系统的骨架，其功能往往具有复合性。小洲早期的村民依水而居，街巷自然就沿着河涌垂直分布，共同构成村落的交通系统，把村落的重要公共空间节点串联起来，起着纽带作用。

1. 河涌

小洲古称"瀛洲"，意即"海中小岛"，当地人称"一眼望五洲"即登上村中的华台山远望，琶洲、长洲、官洲、新洲及小洲便可尽收眼底。小洲村沿西江涌建设，周边分布着密如蛛网蜿蜒弯曲的潮汐水道，早期的村民充分利用水网的优势，把其作为组织空间的骨架，使其发挥着交通性和生活性作用，成为村落极为重要的公共空间。

小洲村北侧及西侧为西江涌所环绕，西江涌宽30—100米，水面宽阔，水深2—3米，两岸果林环绕，树木茂盛，环境优美。小洲村东侧为西江涌支流所包围，水面宽20—50米，水深1—2米，涌东岸基本为果林。村内有水巷三条，将古村划分为四个地块，水面宽3—5米，水深1—2米，水巷总长约600米，由于新建步桥的限制，目前基本不能行船。

河道水巷既是村落货物运输的主要通道，又是村民与外界联系的纽带，还是村民日常生活如洗衣洗物聚集交流的生活场所。河涌是小洲村的灵魂，是小洲村的命脉，承载着其近千年的文化，年庆节日的活动，如赛龙舟也在河涌上举行，因此还具有文化功能。

2. 街巷

小洲村的街巷拥有两方面的功能：一方面，作为水运交通方式的补充，并且通常与其他公共空间紧密相连，组织其他公共空间秩序，使村民出行方便，体现了其交通性功能；另一方面，沿河的街巷往往作为流动集市最理想的场所，也是村民日常休憩娱乐的公共空间，体现了其生活性功能。由于村民新建大量楼房，和从前相比，村落的街巷已显得狭窄，其生活性功能也随之退化。

（三）面性要素空间

根据村里广场依附建筑物、构筑物、街巷和河涌的类别不同，小洲村的面性要素空间可划分为古码头广场空间、宫庙广场空间、礼堂广场空间、宗祠广场空间和华台山绿地空间。面性要素空间是对线性空间的延伸和点状空间的扩大，一般具有组织活动功能和休闲游憩功能。比较重要的集会往往在祠堂、礼堂广场举办，这些重要的公共空间往往是村落政治、文化中心，承担着管理、服务等重要职能。同时，是村民闲暇时聊天交谈的去处，承担公共生活交流功能。

1. 古码头广场

古城墙建于清朝时期，长约 50 米，高 3 米，沿着登瀛牌坊两侧延展。城墙用青砖砌成，外墙设碟口和枪眼。在古时，码头既是对外交通的重要场所，也是村民取水、洗衣等日常交往活动的地方，还是庆祝节日、举办民俗活动的场所。在当时小洲村最有影响力的登瀛码头，现在其传统的停泊、交易等功能已经基本消失，成为供村民平时停留、休息交往以及外来游人观赏的公共空间。

2. 宫庙广场

小洲村有很多庙宇，村前设有用麻石铺成的小广场，广场周围往往是古树、埠头、石桥等。旧时此类庙宇有十多座，现在遗存的有玉虚宫、天后宫、简佛祖庙和三帝庙。以前村民每年都要在这些村庙举行祭神活动以及唱大戏等民间文艺活动。此外，龙舟出师竞技的祭拜仪式也在此举行。

3. 礼堂广场

小洲村人民礼堂建于 1952 年，土黄色的建筑色调，经典的苏式风格，是"大跃进"时期村民自建成。现在礼堂前广场主要是村民活动的中心广场以及游客集散的地点，往往有写生的学生聚此绘画。广场四周设有服务设施，如小洲村派出所、老年活动中心和一些商铺等。

4. 宗祠广场

宗祠在小洲村中是非常重要和普遍的，往往承担祭祀性功能和生活性功能。数百年来一直起着联系氏族血缘情结纽带的作用，小洲村在过去有很多祠堂，有大宗祠和房份祠。这些宗祠的朝向一般都是遵循背山面水的规律，祠前广场的位置、铺装形式、环境要素很有讲究。

三　评价指标构建

（一）公共空间的评价方法

村落公共空间评价因素的确定、权重的判断、评价标准的确定、等级的划分往往和评价建立者的知识水平、对村落实际情况的了解程度有很大关系，所以评价方法的使用要弥补评价者的不足，积极采取多种评价方法，合理地利用。

1. 文献参考法

本书主要对现有的具有代表性的公共空间相关评价文献进行梳理研究，从中分析评价因子的层次、类型、数量等，为小洲村公共空间评价因子的建立提供参考。

2. 预设指标法

本评价体系的评价因素集是在参考前人的研究成果基础上，结合小洲村的公共空间现状。在确定评价因素集前，先预设评价因素集，这些因素是基于小洲村的保护与开发角度考虑，并结合小洲村的典型空间要素特点。

（1）层次分析法

本书采用层次分析法，将公共空间评价这一系统性问题分解为多种目标、多种准则，每个级别的目标统领下一级别的目标，层层目标连环相扣，这样使这个评价过程思路清晰，具有一定的系统性和客观性。

（2）德尔菲法

本书采用德尔菲法，按一定标准选取约 50 名相关专业学者及专家，用调查问卷获取他们对评价因子选择的意见。遵循系统程序，这些专业学者和专家采取匿名方式对评价发表意见，这一评价过程可以经过数次循环，直至学者及专家的意见相统一或接近。

（二）公共空间的评价因素

1. 公共空间评价依据

（1）相关经验做法借鉴

景观环境视觉质量的评估起源于美国的视觉资源管理，它代表着风景专家学派的核心思想，并逐渐派生出更为详尽的视觉影响评估，其进行分级评估的重点是景观敏感度水平和景观质量。对于景观视觉的评估主要分为四个方面：环境阈值、环境景色质量、环境敏感度和生态环境质量。[①]因此，在小洲村公共空间评价指标设计中，就要借鉴景观环境质量评估的经验，从其空间风貌真实性、价值度以及未来发展的可能性等方面加以考虑。

（2）相关评价因素借鉴

城市公共空间品质评价。周进、黄健中从公共空间的使用功能角度切入，注重空间本身品质，追求空间要素的质量，并且基于支持使用活动、形象认知和运行保障三个层面、60 个指标建立公共空间品质评价体系。[②]

城市公共空间使用状况评价。崔永峰主要研究的是空间的使用情况。评价框架分为 1 个一级指标、6 个二级指标和 24 个三级指标，主要针对生理适应性、可使用性、自然度、公共服务、可达性与定向和管理维护方面进行指标遴选。[③]

（3）城市公共空间活力评价

汪海、蒋涤非从使用者的角度切入研究，从空间活力这个层面进行深

[①] 刘滨谊：《景观环境视觉质量评估》，《城市规划汇刊》1990 年第 3 期。

[②] 周进、黄建中：《城市公共空间品质评价指标体系的探讨》，《建筑师》2003 年第 3 期。

[③] 崔永峰：《游憩性城市公共空间使用状况评价（POE）研究》，硕士学位论文，长安大学，2008 年。

入研究探讨，分析不同人群对公共空间活力的影响，得到相应的影响因素，从感官、社会、经济、文化四个向度进行评价研究，共包括60个影响因子。[①]

2. 预设评价因素集

评价因素是整个评价的基础部分，关系到评价的方向、具体的内容。对于评价因素的确定，本书首先根据以上分析，建立一个评价因子选集，针对这些因子设置调查问题，通过对相关学者和专家的问卷调查，最后统计结果，所以评价因子的确定要遵循一定的原则，因子的数量应当合理，因子的相互差异明显具有独立性，且典型性较强。

本书从保护和再开发的角度出发考虑评价因素集的建立。保护层面主要针对小洲村的风貌特色，包括街巷、河涌、广场和绿地。发展层面主要包括旅游服务设施、交通设施和文化活动。

3. 确定评价因素集

评价因素集的确定：通过发放调查问卷，并回收统计，再经过相关学者或专家的咨询意见得出评价因素集，建立起层次结构。

初步确定的因素集有以下三类：

第一类：一级指标风貌特色包括街巷、河涌、广场和绿地四类二级指标。二级指标分为15个三级单项评价指标，由此构成了小洲村公共空间风貌特色评价指标。

第二类：一级指标旅游设施包括服务设施和交通设施二类二级指标。二级指标分为7个三级单项评价指标，构成小洲村公共空间旅游设施评价指标。

第三类：一级指标民俗文化包括3个三级单项评价指标，由此构成了小洲村公共空间民俗文化评价指标。

通过专家的咨询意见以及反复的征询意见，确定评价因素集，并建立起层次结构（见表4—2）。

---

① 汪海、蒋涤非：《城市公共空间活力评价体系研究》，《铁道科学与工程学报》2012年第1期。

表 4—2 小洲村公共空间现状评价的层次结构

第一层	第二层	第三层
风貌特色	街巷	街巷节点
		街巷空间布局
		沿街建筑风貌
		街巷肌理
		街巷景观元素
	河涌	沿河开敞空间
		沿河建筑立面
		通向河边的视觉廊道
	广场	空间布局
		景观层次
		传统风貌
		休闲设施
	绿地	开敞空间
		景观层次
		休闲设施
旅游设施	服务设施	游览设施
		购物设施
		餐饮设施
		住宿设施
	交通设施	引导标识
		停车场
		交通工具
民俗文化	民俗文化	传统民俗节日
		传统艺术
		传统手工艺

（三）公共空间的评价权重

公共空间评价权重的确定，首先制定权重调查；其次发放问卷进行调查，调查对象主要为对小洲村较为熟悉的相关学者和专家，还有部分老师和小洲村村委会人员。具体步骤如下。

1. 制作权重调查表

根据评价因素集，第一层的 3 个指标权重之和为 100；第二层级受上一层级同一指标控制的权重之和为 100；共有三个组团，每个组团的权重之和为 100；第三层级的 25 个指标同样按照上述方法确定，共有七个组团。

2. 受访者对问卷进行评估

遵循一定系统程序，参与调查的相关学者和专家采取匿名方式对评价发表意见，这一评价过程可以经过数次循环，直至学者及专家的意见相统一或接近。

3. 计算权重平均值

根据专家调查的结果进行统计，计算每一指标的平均值和标准差。本次调查经统计，计算结果如表 4—3 所示。

表 4—3 问卷平均值分析

项 目	编 号	项目评价因子	平均值	标准偏差值
U11 街巷	1	街巷节点	4.0	0.706
	2	街巷空间布局	4.4	0.827
	3	沿街建筑风貌	5.1	0.783
	4	街巷肌理	4.5	1.003
	5	街巷景观元素	3.7	0.942
U12 河涌	1	沿河开敞空间	4.3	1.112
	2	沿河建筑立面	4.6	0.845
	3	通向河边的视觉廊道	4.3	0.792
U13 广场	1	空间布局	4.5	0.791
	2	景观层次	3.8	0.842
	3	传统风貌	4.8	0.712
	4	休闲设施	3.6	1.024
U14 绿地	1	开敞空间	3.2	0.945
	2	景观层次	3.1	0.847
	3	休闲设施	2.7	0.826
U21 服务设施	1	游览设施	3.7	1.128
	2	购物设施	5.1	1.006
	3	餐饮设施	3.6	1.018
	4	住宿设施	4.1	1.151

续表

项　　目	编　号	项目评价因子	平均值	标准偏差值
U22 交通设施	1	引导标识	3.3	0.876
	2	停车场	3.8	0.715
	3	交通工具	3.5	0.810
U31 民俗文化	1	传统民俗节日	4.5	0.706
	2	传统艺术	3.7	1.049
	3	传统手工技艺	4.1	0.845

4. 构建评价层次结构

将小洲村公共空间的评价总目标分解成三个分目标作为第一层,同时每个分目标按照评价因素的相似性,分别控制下一层级元素,第二层级元素受第一层级控制,又控制下一层级。这样所有评价元素分成三个层次,从第一层级逐渐向下个层级控制,使整个评价层次分明,序列严谨。

5. 评价因子的权重计算

主要采用对比矩阵法,对调查统计的平均权重进行比较计算。具体计算过程如下:

(1) 搭建矩阵

搭建一个层次清楚、一致性较强的两两对比矩阵 (见表4—4)。

表4—4　　　　　　　　　两两对比矩阵

A_{ij}	1	2	3	…	n
1	1	W_1/W_2	W_1/W_3	…	W_1/W_n
2	W_2/W_1	1	W_2/W_3	…	W_2/W_n
3	W_3/W_1	W_3/W_2	1	…	W_3/W_n
…	…	…	…	…	…
n	W_n/W_1	W_n/W_2	W_n/W_3	…	1

说明:(1) 其中 A 满足关系:$a_{ij}>0$,$a_{ij}=1/a_{ji}$,$a_{ij}=1$。(2) W 为对比因子,取调查问卷的平均值。

(2) 采用比例标度法

人们把对事物本质区别的评判标准作为比例标度法基础,对事物本质的等级差别采用多种判断，随着判断种类增多其判断精度也随之变高，一般采用五种判别区分等级。本书采用九个标度进行判断量化。

（3）权重计算

根据对比矩阵，输入前面得到的各个评价因子的平均权重值，把得到的结果与标度进行比较，把相接近的标度值填入评价计算表中，再次计算每个评价因子的几何平均值，利用几何平均值，求出评价因子的相对重要度，最后得到计算结果。

（四）公共空间的评价标准

本书对于评价标准的确定，引用了 SD 语义差别法，0—10 分与"很差、较差、一般、尚可、优秀"五个等级相对应。至于每个评价因子的具体分数标准，需要结合评价因子的实际情况和特征，根据程度差别对应的分数制定。而本次评价采用的语义差别标度的排序结果如表4—5 所示。

表4—5 语义差别标度

	较低程度			较高程度	
标度变化	0—2 分	2—4 分	4—6 分	6—8 分	8—10 分
标度等级	很差	较差	一般	尚可	优秀

根据以上方法制定了小洲村公共空间现状评价的评分标准。

（五）公共空间的评价等级

1. 公共空间总体评价等级划分

本书以城市公共空间评价等级的划分作为参考，同时借鉴历史文化村镇评价体系的经验，采用 SD 语义差别法，把 0—100 分与"很差、较差、一般、良好、优秀"五个等级相对应。每一个等级表示所处档次和存在问题的相应程度。而本次评价采用的语义差别标度的排序结果如表4—6 所示。

表4—6 语义差别标度

标度变化	较低程度			较高程度	
标度变化	0—20分	20—40分	40—60分	60—80分	80—100分
标度等级	很差	较差	一般	良好	优秀

根据评价的最后综合得分,对古村落公共空间的总体价值进行等级划分。

2. 评价因子相对评价等级划分

根据公共空间评价权重和标准,我们对公共空间的第二层因子的价值进行等级划分(参见表4—7)。

表4—7 公共空间相对评价标准等级划分

等级	相对于满分比重	情况说明
A(良好)	75%—100%	这个等级的因子,其第三层评价因素现状情况与评价标准较接近,整体上还不错,可能局部有些瑕疵
B(尚可)	50%—75%	这个等级的因子,其第三层评价因素现状情况与评价标准大部分接近,整体上还可以,局部有些问题
C(稍差)	25%—50%	这个等级的因子,其第三层评价因素现状情况与评价标准只有小部分接近,整体上稍差,存在问题较多
D(很差)	0—25%	这个等级的因子,其第三层评价因素现状情况与评价标准相差很大,整体上较差,存在问题严重

相对评价标准,主要针对小洲村公共空间具体评价对象的横向比较,在统一标准下,对同一性质的对象作相对比较,从而使评价与村落公共空间实际状况结合得更加紧密,评价效果更加全面、真实。

四 小洲村上层次规划解读与发展方向

1. 《广州市城市建设总体战略概念规划纲要(2001)》

该规划提出小洲村所在的都会区南部未来将布局基于知识经济和信息社会发展的新兴产业,城市中部生态廊道穿过小洲果园生态保护区。加强其生态性的建设，打造广州城市绿肺，瀛洲生态公园三期被确定为生态建设的重点工程之一。同时，小洲村被确定为中心组团第一批历史文化保护区。

2.《广州市海珠区果树保护区总体规划（2000）》

规划以果树为特色，打造具有生态平衡、环境循环自净、自然景致和可持续发展的农业观光旅游度假区。规划将果树保护区用地分为城市建设用地、村镇建设用地和果树种植用地三大部分，并提出可以在农业生态观光旅游的基础上，适度安排旅游度假设施；规划提出村镇建设用地采取集中发展的方式，高产果树种植区一般不作为村镇建设用地，违章用地要复耕；规划确定旅游主题格调为岭南水乡风情果林生态旅游，其中小洲村为岭南民居风情游览区的一部分。同时，建议小洲果区作为岭南名果及热带、亚热带名果的种植区，瀛洲生态公园逐步扩大到土华东部和仑头西南部。

3.《广州市海珠区分区规划（2005）》

海珠区分区规划继续强化小洲村所在区域的生态功能，将果树保护区作为海珠区的"绿心"之一，为城市组团提供绿化隔离带，为城市环境提供循环过滤带。同时规划进一步扩大了小洲村建设用地面积，在旧村区规划"十"字形交通干道，并对周边道路的衔接进行梳理。此外规划还按照《广州市城市规划管理技术标准与准则》对公共服务设施和开发强度进行详细安排。

4.《广州市海珠区小洲村规划（1995—2010）》

将村域用地划分为东北片、南片和中片，其中东北片为村建设用地，南片为城市建设用地，中片为果园保护区。

5.《广州市海珠区小洲村历史文化保护区保护规划（2009）》

保护规划划定的历史文化保护区保护范围面积为5.14公顷。主要是华台山周边及拱北大街北侧、西侧沿河涌处。划定的建设控制地带面积为9.15公顷，具体范围是：北至莲塘路—登瀛码头以北河涌一线，东至西江涌（村东，东道大街东面），南至林坑四巷、细桥直街和南胜大街一线，西至西江涌（村西，西约大街西面）。划定的环境协调区面积为15.9公顷。具体范围：北至北面15米规划道路，东至南部快线，南至南面15米规划道路（原唐边二巷），西至瀛洲路。

6. 小洲村公共空间的发展方向

上层次规划明确了小洲村的主要发展方向为生态、旅游和历史文化保护等，确定了历史文化保护区、建设控制区和环境协调区，为小洲村的发展定位和各项设施安排奠定了基础。但上层次规划对小洲村公共空间的考虑以保护为主，对于村落公共空间发展还存在一定欠缺，对于公共空间的历史脉络需要进一步梳理，公共空间的变迁机制需要进一步分析。

五 小洲村公共空间更新的目标、原则和思路

1. 更新目标

提出"岭南水乡，瀛洲古寨"的更新目标，以促进当地文化、旅游业的发展，营造活力边缘社区。

小洲村的公共空间有着祭拜、集会、生活、交通等功能，公共空间与村民的生活息息相关，是村落宝贵的物质文化遗产，同时又是非物质文化的载体，所以提出促进村落传统文化发展的目标。随着小洲村知名度的提高，越来越多的人对小洲村旅游产生兴趣，调整产业结构，在保护的基础上发展村落旅游业。在文化、旅游双丰收的基础上，营造小洲村活力社区，使村落呈现内源性发展，推动广州城乡一体化的进程。

2. 更新原则

小洲村公共空间更新规划应当充分研究、分析上层次的各项规划，并对上层次各规划整合和深化，从而更好地结合公共空间的发展方向。

（1）系统规划原则

小洲村公共空间的更新改造要遵循现有规划要求，充分挖掘村落潜质。在保护层面，注重村落整体风貌的改善，包括空间格局、空间序列的组织，色彩的统一、比例的协调、尺度的把握，街区风貌的连续性、完整性和原真性。在发展层面，注重旅游服务设施的完善，包括游览设施、餐饮设施、住宿设施和购物设施，组织旅游路线，串联村落重要景观节点和民俗活动节点。通过系统规划，使村落整体形象得到提升，整体文化得到加强和传播。

（2）原真性保护原则

应尊重小洲村物质文化遗产和非物质文化遗产，保护村落传统风貌，坚持其特色性，保持其原真性，增强其识别性，对小洲村的一切建设行

为，应该以尊重历史性、保护原真性为原则。在保护文物古迹和历史建筑的同时，重点保护构成小洲村古村落整体空间环境和风貌特色的建筑群落、人文环境和自然特色。

（3）以人为本原则

小洲村的公共空间不仅是为村民提供交往和服务的重要场所，还是村民寻求精神归宿的重要空间。制定以人为本的原则，就是在保护原有自然资源基础上，合理改善村落自然环境和人工环境，如河涌污水的治理、古树的保护、广场的修缮等。良好的公共空间品质，能够促进村民的空间活动更好地进行，也为游客提供良好的观赏景观环境。

3. 更新思路

更新的基本思路是充分抓住机遇，通过利用好现有历史文化遗产、公共空间资源，促进小洲村社会经济的全面发展。

（1）在利用中保护

广州城市"南拓"战略的实施和城市新中轴线的建设使小洲村古老的岭南水乡风貌和众多的历史文化遗产逐步被市民所认识，大学城建设和广州国际生物岛的开发也推动了小洲村历史文化遗产的保护，万亩果园的保护与发展为小洲村历史文化保护区的定位指明了方向。抓住外部机遇，发展小洲村历史文化旅游业，合理利用历史资源，是历史文化遗产得到保护的一种有效方式。在利用中一定要明确保护和利用的对象，划定保护范围，制定严格的利用和保护措施，避免无序的、破坏性的利用。

（2）在保护中发展

保护的目的不是为保护而保护，重要的是促进村落社会经济的全面发展，并为未来的发展预留充足的空间。小洲村位于广州市区的边缘，在城市快速发展的辐射带动下，第二产业相对发达，有较好的社会经济基础。并且小洲村已经实现村改居，村委会已改为社区居委会，村落正在向城市社区转变。

六 整体空间格局研究

（一）特色风貌控制

对小洲村传统特色风貌控制为"四区两轴四点"的空间格局。四区：规划形成主要的景观风貌区：华台山—村口景观风貌区、古码头—清代商

业街景观风貌区、简氏宗祠景观风貌区、西溪简宗祠景观风貌区。两轴:
规划主要控制两种风貌景观轴,即沿河涌传统水乡风貌轴、传统街巷风貌
轴。四点:对富有历史价值,但是周边建筑和风貌较差的保护建筑和历史
建筑,规划作为传统风貌景观点进行保护和控制。这些传统风貌景观点包
括:华台山、古码头、简氏宗祠和西溪简宗祠四个传统风貌景观点,并结
合景观旅游线的设置将其串联起来。

特色风貌控制要点:严格保持现状传统建筑街巷及小广场的空间尺
度,街巷及小广场周边建筑高度不得超过相邻的保护建筑;保护及恢复传
统的环境氛围,尤其对华台山加以整治和恢复,对周边风貌严格控制;除
严格保护有价值历史建筑的立面及材质外,现有建筑的景观风貌应与其
协调。

(二) 旅游设施布局

1. 服务设施布局

服务设施主要包括游览、购物、住宿和餐饮设施。

(1) 游览设施

游览设施的建设主要包括综合游客服务中心和游客服务点。规划在北
部入口处设立一处游客服务中心,为整个旅游区提供综合的旅游服务;在
登瀛古码头、简氏大宗祠、礼堂附近设立三处游客服务点,以满足游客的
一般需求。同时,合理布设导游小品 (标识、标志、公告牌等)、休憩庇
护设施 (坐桌椅、风雨亭等) 以及环境卫生设施等,为游客创造优美的、
人性化的旅游环境。

(2) 购物设施

规划在北部登瀛大街和北入口东侧建设两处商业街,分别以土特产品
与工艺品为主要商品。同时,改善日常购物场所的设施与环境。其中,在
北入口东侧的商业街搭建戏台、观演广场等设施,以满足各种旅游观演活
动的需求。

(3) 住宿设施

规划在登瀛大街、拱北大街等地改造几处现有建筑,建设小规模乡村
旅馆或家庭旅舍,保持小洲村的水乡古寨风貌。同时发动村民利用自住房
屋开辟家庭旅馆等,提高小洲村历史文化旅游的接待服务能力。

（4）餐饮设施

改善现有饮食设施的环境卫生条件，在登瀛大街增设一家至两家高档酒楼，建筑风格应与小洲村的整体风貌协调一致。

2. 交通设施完善

对引导标识进行人性化设置，至少每50米设置一处，重要交通节点必须设置标识；对标识的尺寸、颜色、纹理进行统一规格设置；组织标识线路，完善引导标识系统。提高村落西侧入口的重要性，改善入口环境，使新村和旧村的联系得到加强。同时考虑到乘车者进入小洲村的方便，在北部主入口西侧和保护区范围外合理设置两处停车场；恢复登瀛古码头，在北部简公佛、西部西溪简公祠、东部简氏大宗祠附近增设三处固定码头；同时，改善现有公共汽车站环境，引进游船、电瓶车等区内旅游交通工具，形成环保、便捷、多样的交通网络体系。

3. 民俗活动分布

小洲村民俗文化传统活动，是小洲村非物质文化重要的一部分，也是村落公共空间发展的活力源泉。传统活动包括花灯会、北帝庙会、龙船会、佳果会和岭南艺术会，形成七个主要活动场地。

元月花灯会：在中国传统节日春节与元宵节期间，充分利用小洲村的水乡特色，分别举办春节花市与元宵灯会活动，形成水与花、水与灯相映成趣的热闹景象，提供一处别开生面的休闲地。

北帝庙会：北帝庙会是小洲村的传统文化活动。每年农历三月初三为北帝诞辰，旧时全村人携老扶幼都来叩拜北帝，祈望全家平安、吉祥如意。庙会时通常还会举行传统的"飘色"巡游活动，并在北帝庙北侧的水塘上搭台唱戏。可根据当地风俗，恢复小洲村北帝诞的祭祀庆典仪式，展示小洲村特有的风土人情。

龙船会：赛龙舟是小洲村民间文娱活动中的重头戏，在广州也是小有名气。可充分利用小洲村的这一传统习惯，每年举办龙船会，或组织承办更大规模的龙舟赛，同时吸引广州市乃至国内外的游客来小洲村观看龙舟比赛。

佳果会：小洲村盛产石硖龙眼、红果杨桃、鸡心黄皮等岭南佳果，每年的7—9月，可根据不同水果的不同成熟季节，举办一系列的水果节，如荔枝节、龙眼节、杨桃节等，让游客们大饱口福的同时还能增长知识、玩得尽兴。

岭南艺术会：利用小洲村艺术家集聚的独特优势以及水乡、古寨的风貌特色，可在小洲村开展主题丰富的岭南艺术会活动。利用现状东道大街瀛山简公祠附近的画室，开辟一条艺术街，定期开展以小洲村为主题的摄影比赛、书画展览等活动，塑造高雅的旅游地形象。

七 重点地段空间形态设计

针对小洲村的实际情况，选定一些特定的地段进行重点整治，通过对建筑的修缮整饬、对环境的美化绿化、对街巷的疏通整治，突出体现小洲村的传统风貌和人文风俗，同时以点串线，以线带面，形成联系方便、特色突出的历史文化景观长廊，对小洲村公共空间整体的保护与旅游开发起示范和带动作用。

（一）重点地段分布及整治措施

重点更新的地段包括历史文化保护区主要入口区、东部、南部河涌沿线等地段，主体结构大体为"一线四片九节点"。"一线"即环绕中心区域的河涌风貌景观带；"四片"为村入口旅游接待区、中心广场—西园—华台山片区、简氏大宗祠—东祠祖传统风貌区、西溪简公祠—西江涌片区；中心广场、华台山、西园街区、玉虚宫、登瀛大街及码头、天后宫—四海公祠、东祠祖和西溪简公祠等九个重要节点（见图4—3）。

按照更新整治原则及思路，对九个地段分别采取如下措施。

（1）中心广场

拆除村入口牌坊周边的破旧建筑、拆除礼堂南侧建筑、拆除小洲中队围墙，使中心广场空间增加并且完整；对礼堂、小洲村入口两侧建筑、广场周边民居建筑的外观进行全面整饬，形成朴素大方、简洁协调的建筑风貌；保护好现有的大树、古树，建设中心广场。

（2）华台山

对华台山拆墙透绿，拆除山体周边破旧建筑，使视线更加开敞；对山体上的植被进行修整，清除杂草，在山顶设置观景平台，恢复社坛。

（3）西园街区

对西园直街—西园二巷范围进行整治，拆除街区朝向礼堂一侧的部分建筑和围墙，使两个重要景观节点紧密联系；对街区内保护建筑、历史建

图4—3 公共空间重要节点分布（赵金龙 绘制）

筑进行修缮，对沿街现代建筑进行整饬，使之风貌协调；拆除部分院落围墙，整修院内花园果木，形成开放式庭院绿地。

（4）玉虚宫

拆除玉虚宫两侧现代建筑，对建设控制地带范围内保留的建筑进行整饬；进行环境整治和美化，对玉虚宫周边进行绿化，保护好现有古树。

（5）登瀛大街及码头

拆除登瀛大街东侧三帝庙、简公佛等历史建筑周边的现代建筑，开辟广场绿地等开放空间；重新安置登瀛码头的碑石；码头前支撑古树的水泥支架采用仿木纹材质予以整饬，使其与古树保持风貌协调；对登瀛大街沿街历史建筑进行修缮，对现代建筑进行整饬，使之风貌统一协调；对登瀛古码头进行整治,增加绿化和环境小品,突出历史氛围。

（6）天后宫—四海公祠

拆除天后宫、四海公祠等历史建筑东侧的破旧建筑及临时建筑,使河涌景观全面开敞,并且与对岸登瀛大街街口景观形成呼应。对沿街建筑进行修缮或整饬,形成连续完整的历史街区传统风貌;对沿河建筑拆除后的空地进行环境整治和绿化美化。

（7）简氏大宗祠

对村东南的简氏大宗祠进行全面保护和环境改造,拆除祠堂周边没有保留价值的现代建筑,加强环境绿化,使祠堂建筑形象突出醒目,并与北侧粤梅祖相互呼应,联系紧密;对宗祠南侧河岸边的大树古树重点保护。

（8）东祠祖

对村南东祠祖周边建筑进行整饬,使之风貌协调;增加祠堂前的环境绿化;对祠堂前的河涌进行整治,增加亲水空间,在对岸建设游船码头。

（9）西溪简公祠

对西溪简公祠周边建筑进行整饬,使之风貌协调;增加祠堂前的环境绿化;对祠堂前的河涌进行整治,增加亲水空间。

（二）核心片区更新改造设计

中心广场—西园—华台山片区,是小洲村公共空间的核心片区,整体传统风貌的集中体现,具有较高的历史价值。

主要存在问题:华台山周围步行空间拥挤,连续性较差;华台山景观视点不突出;视觉景观通透性较差;新建房屋较多,空间整体风貌统一性差;空间卫生环境较差,需继续整治。

具体措施:对华台山重要景观节点进行设计,丰富其景观画面感,突出中心节点地位,改善其周边环境;以华台山为景观中心,疏通步行廊道,提高其可达性和视觉通透性;对新增步行街两侧建筑进行更新改造,重点是降低其层数,立面采用传统材料和建筑符号,以延续更新地段的传统风貌;对沿河驳岸,运用传统材料,采用传统工艺,进行修补和加固,改善沿河的绿化,营造较好环境;对墓南祖公祠及周边房屋进行环境整治,对其西南侧影响传统风貌的房屋拆除,改建成休闲绿地,提升公共空间开敞性,形成墓南祖景观节点,供村民和游客使用（见图4—4）。

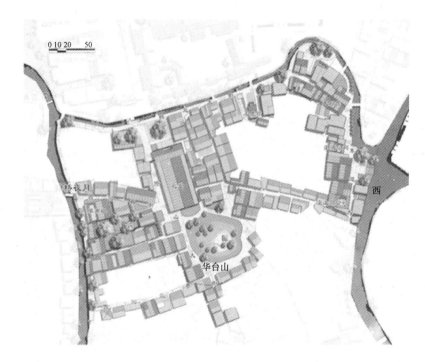

图4—4 华台山片区平面设计（赵金龙 绘制）

（三）重点街巷更新改造设计

街巷是村落的空间骨架，是河涌脉络的延伸。对街区内部有特色的巷道予以重点保护，主要有西园二巷、南胜三巷、细桥五巷等；保护街巷的空间尺度及沿街界面的连续性与完整性，除在保护建筑周边的沿街建筑可加以拆除形成小广场外，其余应以立面整饬为主，保持协调统一的街巷景观；保护入口广场及宗祠前广场的空间尺度，对周边建筑进行整治，完善广场的铺装及环境设计，使之成为游客及村民休闲的重要开敞空间。

主要街道：由拱北大街—东道大街—东庆大街—新路大街—新南大街—倚山大街—西园直街形成村落公共空间交通骨架，联系几个景观片区。

主要巷道：由西浦直街—西约大街—林坑大街、拱北大街—登瀛大街—登瀛外街、细桥大街—细桥直街—林坑四巷—林坑大街及新路大街—南胜大街—氹边大街形成村落公共空间交通支架。

1. 拱北大街更新改造设计

拱北大街北帝庙段位于华台山—入口景观风貌区的东侧，街巷两旁分布有北帝庙等历史建筑，传统风貌比较集中，具有较高的历史价值。

主要存在问题：传统风貌不连续；部分历史建筑、保护建筑和具传统风貌建筑比较残破；北帝庙等历史建筑湮没在新建筑之间，传统风貌特征不明显。

具体措施：按照"不改变文物原状"的原则，对北帝庙进行修缮、加固，恢复加强其传统风貌，改善其周边环境；结合入口广场的开辟，拆除部分对整体传统风貌有破坏的新建建筑；对两层及两层以下的"一般建筑物"，按照保护与整治方式的要求，对其进行整修和改造，同时对建筑进行内部改造，增加生活设施，提高村民生活质量；对三层的建筑物，对其进行改造，重点是降低其层数，立面采用传统材料和建筑符号，以延续更新地段的传统风貌；对沿河驳岸，运用传统材料，采用传统工艺，进行修补和加固，改善沿河的绿化，营造较好环境。

结合建筑的保护与整治方式，对沿街的建筑采取相应的保护与整治措施，修补残缺的历史片段，延续传统风貌，营造历史文化保护区整体传统风貌。

2. 登瀛大街更新改造设计

登瀛大街是小洲村一条极为重要的商业步行街，步行街北侧为小洲古城墙、古码头，这里在端午节时举行龙舟会活动，平时是村民较为集中的休闲空间，也是小洲村游客必去的景观节点之一。

主要存在问题：大街两侧建筑历史较久，建筑质量较差；新旧建筑掺杂，风貌不一；空间环境质量较差，基础设施缺乏；三帝庙和简公佛前缺乏开敞空间，与步行街联系较弱。

具体措施：加强景观节点设计，改善环境质量，增加绿地和广场，提升公共空间开敞性；改善古渡码头地面铺装，在古树下增添休闲设施；三帝庙和简公佛前拆除部分影响风貌的房屋，加强其与步行街区联系；注重步行街空间比例与尺度关系，对三层以上的建筑物，对其进行改造，重点是降低其层数，立面采用传统材料和建筑符号；加强大街南端河涌景观节点设计，形成开敞空间供村民和游客使用。

为了更好地体现小洲村的历史文化和传统风貌，因此对小洲村重要街巷的整治改造是十分必要的，保护和发展村落文化，做好旅游服务，带动广州边缘区村落的发展，推进城乡一体化。

第二节　村落公共服务设施配置 提升——深圳凤凰古村

一　深圳凤凰古村概况

随着整个社会对历史文化古村的重视逐渐加强，从政府出台的上层次文件，到市民对于文化危机的意识，众多湮没已久的古村、古镇相继重新出现在人们的视野当中，对古村的各种保护规划决策也相继提上日程。凤凰古村作为广东省内古建筑最集中、保存最好、面积最大、历史价值较高的典型广府文化古村建筑群之一，面对发展迅速的城市，新建筑的日益更新，如何将百年文化古村与现代城市相融合是古村可持续发展的一个重要问题。

（一）政策支持力量庞大

从改革开放至今，深圳已有了翻天覆地的变化，原有的一座座村庄，已经被林立的高楼所替代，那些留存下来的古村也面临着被吞噬的危机。目前深圳已经出台了关于保护历史文化村镇的相关保护规划，如《深圳历史风貌保护区和优秀历史建筑保护规划研究报告》《深圳市宝安区国民经济和社会发展第十二个五年规划纲要》等。深圳是一个快速发展的城市，市、区公共服务设施的配套相对完善，然而针对古村的公共服务设施配套仍是空白。因此，如何合理配置古村的公共服务设施，是古村可持续发展的重要内容。

2006 年 6 月，《深圳市宝安区 38 个历史文化古村基本情况及保护规划初步设想》编制完成，选定了保存相对完好的历史文化古村 38 处，其中文物价值较高、保存现状较为完整的有 8 处，文物价值较高、保存现状一般的有 10 处，而文物价值一般、保存现状也一般的有 20 处。凤凰古村便是这保存现状较为完整的一处，也是区级文物保护单位。2005 年文管办工作人员对全区文物保护单位进行普查时，宝安区当时还有 38 处古村，现在保存较完整的古村只剩下不到 10 处，其中包括凤凰古村。

2008 年，宝安区区政协教育文化活动组提出《关于规划保护和开发利用凤凰古村的提案》，区政协将该提案定为区政协主席重点督办案。委员们在提案中建议从保护古文物、发展文化产业、促进产业结构优化调整的角度，加快对凤凰古村的规划保护和开发利用。《深圳市紫线规划》《宝安区文物古迹专项规划》等文件都有将凤凰古村纳为保护的对象。

2009 年 8 月 25 日，广东省人民政府为了推进旧城镇、旧厂房、旧村庄（简称"三旧"）改造工作，下发《广东省人民政府关于推进"三旧"改造促进节约集约用地的若干意见》（粤府［2009］78 号）。2010 年 6 月 8 日，广东省文化厅、广东省住房和城乡建设厅、广东省国土资源厅联合发出《关于在"三旧"改造中加强文化遗产保护的通知》（粤文物［2010］268 号）。深圳城市发展再一次面临"三旧"改造机遇和挑战，需要重新梳理和强化深圳市历史文化遗产保护工作，凤凰古村属于"三旧"中的旧村庄，将纳入到历史文化遗产保护中。

2011 年 4 月 29 日发布的《深圳市宝安区国民经济和社会发展第十二个五年规划纲要》提出"十二五"期间重点建设的商贸项目——凤凰山商圈，充分利用凤凰山、凤凰古村等生态人文资源，在凤凰社区建设娱乐休闲产业园。要打造该商圈，商圈内的基本配套设施建设是目前首要任务。

2011 年 12 月，《深圳历史风貌保护区和优秀历史建筑保护规划研究报告》提出对于历史建筑的保护措施，其中包括社区文化设施和商业旅游两个措施，主要是修缮和新建相关的日常生活设施以发展相关的旅游业，带动周边地区的文化产业发展，同时也给当地居民创造大量的就业机会。古村落保护与发展的主要任务是强化风貌区空间特色、延续文脉、改善居住环境质量、提高市政基础设施服务水平，使之适应现代生活的需要。《深圳历史风貌保护区和优秀历史建筑保护规划研究报告》还指出，随着旅游产业的不断发展，要求风貌区部分功能做适当调整以适应不断增长的客源。

（二）旅游产业发展潜力巨大

1. 现状旅游资源

凤凰古村的旅游潜力资源分为内部旅游潜力资源和外部。内部旅游潜力资源以悠久的历史建筑为主，建筑以广府、客家、广客混合为主要类型，但保存较好、较完整的相对较少。宝安区是深圳市的文物大区之一，不可移动文物占了全市的一半以上。凤凰古村是民族英雄文天祥族人后裔、文氏宗族的祖居和民居。从文氏迁址到凤凰古村居住至今，已有近400年的历史。古建筑约360座，占地面积11.3万平方米。其中，明代建筑4座，清代建筑60座，民国时期建筑96座，是广东省内古建筑最集中、保存最好、面积最大的典型广府民居建筑群之一。

外部旅游潜力资源为凤凰山，位于凤凰社区的东面，海拔378米，绵延29.7平方公里。凤凰山景区有七个景区，山中有观音庙——"凤岩古庙"，凤凰古庙与凤凰山两者相辅相成，优势互补。凤凰山作为深圳西部最大的森林公园，每年有400多万游客前来登山游玩。

2. 深圳凤凰创作研究基地落户

2014年1月，深圳凤凰创作研究基地正式落户福永街道凤凰古村，现设中国艺术研究院凤凰创作基地、凤凰艺展中心、中国非物质文化遗产凤凰保护研究（传承）基地和凤凰书院等。2014年5月13—19日，中国艺术研究院与深圳宝安区政府在凤凰古村联合举办"中华巧艺——中国非物质文化遗产百项技艺（深圳）联展"，即第十届中国（深圳）国际文化产业博览交易会。以图文、作品及传承人现场演示相结合的形式展示传统美术、传统技艺、传统医药领域中的近百项国际非物质文化遗产代表性项目以及传承人的精湛技艺，为广大市民提供了一个学习观赏中国非物质文化遗产的平台，并且使百年历史的凤凰古村重新出现在人们的视线之内，让人们重温那段历史。凤凰创作研究基地的落户会有一些资深的艺术家入驻创作，并且对外开放，从而带动当地的文化旅游业。

（三）古村服务设施不完善

根据2013年11月5日和2014年5月18日笔者对凤凰古村走访调研发现，现状有教育设施、医疗卫生设施、体育设施、管理服务设施、商业服务设施、金融邮政设施，缺少文化娱乐设施，种类缺失，项目单一，配套不完善，不能满足居民日常生活的需求。由于凤凰古村搁置已久，年久失修，很少有游客来到这里，因此这里的旅游服务设施种类缺失、缺少最佳游览路线等，都是制约文化旅游业发展的因素。

1. 公共服务设施不完善

笔者在对凤凰古村走访调研时发现,凤凰古村周边目前只有小饭馆、小型超市、厕所、小诊所等一些小型设施,还缺少一些日常基本的公共服务设施。例如,教育设施方面,现状只有凤凰小学,数量不足,并且缺少幼儿园设施,种类不足。古村是一个具有文化性的场所,它的配套设施应当充分体现出它的文化性,并且与周围的古建筑风格统一。

2. 旅游服务设施不完善

笔者在调研中发现,凤凰古村要发展文化旅游产业,还缺少相关旅游服务设施,现状周边只有公共厕所、小型餐饮、超市和广场,其他旅游服务设施并没有提供,例如公共标识、文化娱乐设施、机动车和非机动车停车场等。服务设施在满足当地居民的情况下,也要分担凤凰古村作为旅游景区对旅游服务设施的需求。在中国非物质文化遗产百项技艺联展没有选定凤凰古村作为举办基地之前,凤凰古村的知名度不高,很少有人将凤凰古村作为旅游地。随着凤凰古村慢慢地被人熟知和政府出资进行维修建设,凤凰古村的旅游业会逐步成熟和发展壮大,公众对旅游服务设施的需求也在日益增长,因此凤凰古村公共服务设施的建设迫在眉睫。

二 公共服务配套设施配置前期分析

(一) 现状概述

1. 公共服务设施现状

现状中,凤凰古村的主要公共服务设施均匀分布在整个凤凰社区中。卢银桃以上海市江浦街道为例,以 466 份的调查问卷为数据来源,从使用多样性、使用频率、使用的距离衰减规律三个方面分析市民以步行方式使用日常服务设施的特征。以容忍时间为基础,分析出服务设施使用的距离衰减规律:容忍度时间分为 5、10、15、20、30、45、60 分钟 7 种水平。调查发现,平均容忍时间集中在 10—20 分钟的区间。[①] 按照正常成年人一分钟可以步行 80 米,本书选取 10 分钟、15 分钟容忍时间作为服务范

---

① 卢银桃:《基于日常服务设施步行者使用特征的社区可步行性评价研究——以上海市江浦路街道为例》,《城市规划学刊》2013 年第 5 期。

围，即 800 米、1200 米。

本书研究范围内的公共服务设施主要有教育设施、医疗卫生设施、体育设施、管理服务、商业设施、金融邮电设施。根据图 4—5 中的设施分类以及配置的数量可发现缺少文化娱乐设施、社会福利设施，在 10 分钟步行范围内共计凤凰广场 1 个、纪念馆或博物馆 1 个、社区体育活动场地 1 个、社区卫生站 2 个、小学 1 所、卫生站 2 个、超市或市场 2 个、垃圾回收站 2 个、公共厕所 12 个、社区警务室 2 个、派出所 1 个、银行或ATM 机 1 个，调研中发现一些公共服务设施由于修建年代已久已经被拆除，导致这些功能现在缺失，例如文化娱乐设施，使得在凤凰古村居住的人们平时休闲的去处只有分布在凤凰古村内部和外部的一些广场，品种单一，应增设一些室内的文化娱乐中心，如纪念馆或博物馆、酒吧、文化展示中心、社区活动中心等。

2. 旅游业潜力

(1) 商业配套发达

至 2009 年年底，发展到大小商铺 1500 家，形成了田螺山路和工业大道侧的第一工业区商业街、凤凰大道和创业路侧的第二、第三工业区商业街、凤凰山大道侧的综合市场和西区商业街、环村路侧的社区内商业街等四条主要商业街市。凤凰台湾美食街坐落于深圳市宝安福永街道凤凰社区凤凰山大道，总长 586 米，道路总面积 3.8 万平方米，是深圳首条以台湾美食为主的食街（见图 4—5）。

凤凰古村的邻近主次干道附设的小店也是很好的商业资源。随着凤凰古村旅游业的发展，这里具有打造文化创意商品的创作和销售，以及为古村文化旅游附属的餐饮、娱乐等设施的潜力。首先将现有的餐饮业重新改造，并且要按照类别增设快捷餐饮、中低端餐饮、街边小吃，游客可以选择就近用餐，另一种是为停留时间较长的游客准备的，如增设文化娱乐场所和住宿场所。

(2) 旅游资源丰富

凤凰山位于福永街道凤凰社区，海拔 378 米，绵延 29.7 平方公里。山中有观音庙，名"凤岩古庙"，凤凰古庙与凤凰山两者相辅相成，优势互补。凤凰山景区主要有栖凤台、松涛石涧、风烟古寺、云顶参天、幽谷逸香、夕风唱晚和龙王古庙等七个景区。

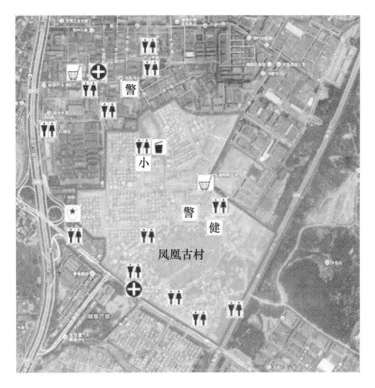

图 4—5　现状生活类服务设施分布（张文奇　绘制）

此外，凤凰境内还有以明清古建筑群为主体的古建筑景区，共计 36 个景点，即 14 口古井和 22 个建筑节点，其中以文昌塔、文氏大宗祠、顾三书室、协和家塾、捷卿祖家祠等最为著名。凤凰古村正修建文天祥纪念馆，其位于凤凰山大道与环村路的交口处，位置醒目，纪念馆荟萃文天祥史迹于一堂。在纪念馆的周边还修建了池塘和九曲桥等景观供人们游览。从凤凰山大道进入古村的环村路入口处便是文昌塔，目前正在对其周边的环境进行改造，该塔是宝安境内现存最高古塔，被列为深圳市第二批市级文物保护单位，也是凤凰古村的地标性建筑。在凤凰山风景区凤岩古庙下已经修建好凤凰书院，定期会邀请学者前来讲座，是传播中华文化的高端交流平台。

（二）数据采集与配置标准

本书对人口数据、公共服务设施配置标准、旅游服务设施配置标准进行数据的收集。根据《深圳市公共服务设施分级标准》《城市居住区规划设计规范》对公共服务设施编制出配置标准；根据《中国旅游公共服务"十二五"专项规划》对旅游服务设施进行分类，由于中国的旅游配置标准比较滞后，配置标准已经不适合现在的旅游区，因此本书以10分钟、15分钟步行距离，即800米、1200米服务范围，对服务设施进行分析及优化。

1. 人口数据

凤凰社区（村）是目前福永街道最大的社区，下辖18个居民小组。2013年12月，凤凰社区有常住人口1989人，暂住人口108000人，此外，还有凤凰籍华侨、港澳台同胞500余人。凤凰社区90%以上居民为文姓，构成凤凰最主要的姓氏宗族。其中凤凰古村人口为1200人，居住区人口为87000人，由于主干道凤凰山大道和快速路广深高速对功能产生较大割裂的原因，凤凰山大道南侧区域和广深高速东侧区域不作为本书研究范围，因此本书所研究范围内的人口约为66300万人，凤凰古村的年旅游人口为15万人次，增长率为20%。

2. 生活类服务设施配置标准

通过上述国家级《城市居住区规划设计规范》、深圳市级《深圳市公共服务设施分级标准》对生活类服务设施进行的分类以及对现状的调研，以深圳市级的规范标准为文本，总结出本书研究的分类标准（见表4—8），增加了国家级中的商业服务设施和金融邮电设施。本书研究的生活服务设施分为教育设施、医疗卫生设施、文化娱乐设施、体育设施、商业服务设施、金融邮电设施、管理服务设施，按照10分钟、15分钟的步行范围来分析它的标准。生活类服务设施的使用人群按照年龄梯度划分可分为中青年、老年层次。不同年龄阶段的人对生活类服务设施的使用需求也是不一样的，例如，中青年的主要生活类服务设施是学校、图书馆、运动场、展览厅等，老年人的主要生活类服务设施是养老院、老年人活动中心、综合性医院、健身场所等。生活类服务设施的使用人群按照消费水平划分可分为高端、中端和普通，不同消费水平的人对生活类服务设施的需求层次也是不一样的。

表 4—8　　　　　　　　　　生活类服务设施标准

分　类	项　目	服务半径	服务人数	一般规模	
				建筑面积（平方米）	用地面积（平方米）
教育设施	幼儿园	服务半径不大于 500 米	12 个班级 0.8 万—1 万	3200—3900	3600—4300
			18 个班级 1 万—1.5 万	4800—5800	5400—6500
	小学	服务半径不大于 500 米	24 个班级 1.5 万—2 万	6500—12000	8700—13000
			30 个班级 2 万—2.5 万	8100—15000	10800—16500
医疗卫生设施	卫生站	10 分钟步行范围：800 米 15 分钟步行范围：1200 米	1 万—1.5 万	400—1000	—
文化娱乐设施	文化活动室（图书阅览室，老人、青少年活动室等）	10 分钟步行范围：800 米 15 分钟步行范围：1200 米	1 万—2 万	1000—2000	—
	公园绿地	300—500 米有一处小游园	—	—	—
体育设施	社区体育活动场地	10 分钟步行范围：800 米 15 分钟步行范围：1200 米	1 万—2 万	3000—6000	—
商业服务设施	综合百货店	居住区不宜大于 500 米	—	2000—3000	—
金融邮电设施	银行	10 分钟步行范围：800 米	1 万—2 万	800—1000	400—500
	邮局	15 分钟步行范围：1200 米		100—200	—
管理服务设施	派出所	10 分钟步行范围：800 米	3 万—5 万	—	—
	社区警务室	15 分钟步行范围：1200 米		—	—

资料来源：根据《深圳市公共服务设施用地规模》《城市居住区规划设计规范》GB50180—93（2002 年版）自绘。

3. 旅游类服务设施配置标准

在中国《旅游规划通则》和《中国旅游公共服务"十二五"专项规划》中，对旅游公共服务设施按照功能需求进行了分类。由于中国关于旅游标准缺失的制约，作为一日游的景区没有对其服务设施的选址、配置数量规定相关标准，因此本书按照调研中游客的需求、相关论文的总结、服务对象的性质和 10 分钟、15 分钟的步行距离，安排其所在位置和数量，最终得出本书采取的旅游类服务设施的分级分类（见表4—9）。

表4—9　　　　　　　　旅游类服务设施分类标准

分　类	项　目	服务规模
旅游公共信息服务	旅游标识导览系统	入口处、每个路口和每个重要节点处
	旅游咨询站	每个重要节点处
旅游安全保障服务	派出所	3 万—5 万人设一处；应有独立院落
旅游交通便捷服务	非机动车停靠站	在景区入口处设置
	停车场	在景区入口处设置
旅游惠民便民服务	广场	景区入口处、内部设置
	纪念馆或博物馆、纪念馆	可设 1—2 处
	公共运动场	10 分钟步行范围：800 米 15 分钟步行范围：1200 米
	医疗诊所	1 万—1.5 万人设一处 10 分钟步行范围：800 米 15 分钟步行范围：1200 米
	综合商场 餐饮场所	10 分钟步行范围：800 米 15 分钟步行范围：1200 米
	邮电所 银行	宜与商业服务中心结合或邻近设置 10 分钟步行范围：800 米 15 分钟步行范围：1200 米
	公共厕所	人流集中处设置
	书店	人流集中处设置
	纪念品店	人流集中处设置
旅游行政服务	旅游咨询服务中心	景区入口处设置
	行政管理中心	景区入口处设置

资料来源：根据《中国旅游公共服务"十二五"专项规划》《城市居住区规划设计规范》GB50180—93（2002 年版）自绘。

三　公共服务配套设施配置现状分析与问题

（一）生活类服务设施现状分析与问题

1. 现状分析

教育设施方面，以本书研究范围为中心，步行 30 分钟以内共有 3 所中学，初、高级学校的配置已经能够满足现状的需求，因此无须考虑初、高级学校的数量。本书研究范围内有一所凤凰小学，共计 27 个班级，根据本书生活类服务设施配置标准中提出小学的服务半径不能大于 500 米，1.5 万—2 万人需要设置 24 个班级的小学一所，2 万—2.5 万人需要设置 30 个班级的小学一所，从图 4—5 中可以看出，500 米的服务范围不能满足凤凰古村和周围部分居住区内居民的需求，并且缺少幼儿园，因此需要增设。

《深圳市公共服务设施用地规模》及各个城市标准中的"医疗卫生"类设施均分成三级卫生中心，其中包括综合医院、社区卫生服务中心和卫生站。社区卫生站除医疗职能外，还具有预防、保健、康复、健康宣传等集中职能，与大型综合医院的职能实现区别化、互补化，使其便民特点明显突出，有助于形成城市完善的医疗服务系统。社区卫生站不需要独立占地，宜设于建筑首层。

医疗卫生设施方面，以本书研究范围为中心，步行 30 分钟以内共有三家大型的二级甲等医院、一家专科医院，因此无须考虑大型医院的数量。在本书研究范围内任何一地点在 10 分钟、15 分钟步行范围均能到达这两所卫生站，根据配置标准，卫生站需要 1 万—1.5 万人设一处，现状不满足，因此需要增设。

《深圳市生活类服务设施用地规模》中涉及居住区级别的文化活动中心和居住区级别的文化活动室，文化设施全部为居住地区级和居住区级设置。从公众的使用情况得知，居住区级和城市级的小型文化馆、图书馆在规模和管理方面存在很大区别，居住区级使用较低，反之，居住区内的小型活动室很受居民好评，其中包括老人活动室、图书阅览室等，交通相对方便、经济成本相对低廉使其成为居民文化生活不可缺少的一部分。居住区内部的文化活动站应适当地缩小服务半径，占地面积较大的活动站应分解其面积，即增加设置点的数量、减少单体面积。

文化娱乐设施方面，现状有文天祥纪念馆一座，位于凤凰古村西侧，东、西广场两个，分别位于凤凰古村内。在本书研究范围内任何地点以10分钟、15分钟步行范围，能到达这些文化娱乐设施，但是种类单一，不能为居民提供丰富多彩的娱乐生活，因此需要增设文化娱乐设施种类。

从居民使用体育与设施的情况得知，城市日常体育活动日益普及与增长，随着生活水平和质量的提升，体育设施的需求也是逐步递增。但是，居住区体育设施发展的不完善是制约居住区内居民进行体育活动的因素。

体育设施方面，研究范围内有三个运动场，面积分别约为560平方米、1050平方米、4800平方米，在10分钟、15分钟步行范围内基本满足本书研究范围，但是根据本书生活类服务设施配置标准中对社区体育活动场地的要求，现状不满足，需要增设。

商业服务设施方面，由于凤凰古村周围的餐饮、便利店等基本生活的商业设施数量充足、分布均匀，因此不进行分析。根据本书生活类服务设施配置标准，居住区内的综合商场的服务范围不宜大于500米，现状有两个综合百货店，不满足研究范围内居民的使用，需要增设。

金融邮电设施方面，研究范围内分别有一所小型的银行和邮局，并且是合设，在本书研究范围内任何一地点以10分钟、15分钟步行范围，能到达这两所银行和邮局，但是凤凰古村作为旅游景区现状的小型银行和邮局已经不满足旅游旺季时居民与游客的需求，因此在凤凰古村内需要建设银行和邮局。

管理服务设施方面，在10分钟、15分钟步行范围内基本满足本书研究范围，根据本书生活类服务设施配置标准中规定管理服务设施数量在3—5个，因此不需要增设。

2. 存在问题

根据上述分析我们可以得出，研究范围内只有管理设施的现状满足配置条件，其他设施均需要增设。生活类服务设施现状的问题分为两种，一种是设施种类缺失，包括教育设施、文化娱乐设施；另一种为设施数量不足，包括医疗卫生设施、体育设施、商业服务设施、金融邮电设施。

（1）设施种类缺失

教育设施方面，现状只有小学，对凤凰古村的走访调研得知凤凰小学目前班级数量为27个，根据生活类服务设施配置标准规定24个班级内的服务人口为 1.5 万—2 万人；30 个班级内的服务人口为 2 万—2.5 万人，幼儿园 12 个班级内的服务人口为 0.8 万—1 万人，18 个班级内的服务人口为 1 万—1.5 万人，在 6 万多人的居住区内应该为居民增设小学，且提供幼儿园设施，满足学龄前儿童的教育。

文化娱乐设施方面，原有的活动中心已经被拆除，现有的文化娱乐设施有：正在建设的文天祥纪念馆或博物馆，已经投入使用的凤凰广场和凤凰古村内部的东、西广场；位于凤凰古村东侧的著名的凤凰山森林公园，但由于有一定的距离，乘坐公共交通的时间在 1 小时以上，不在居民 10 分钟、15 分钟步行距离的范围内，因此不作考虑。但是对于凤凰古村居民来说，只有纪念馆或博物馆和凤凰广场是不够的，需要增加室内娱乐活动中心和室外公共空间。

（2）设施数量不足

医疗卫生设施方面，根据生活类服务设施配置标准，需要增设 3 个卫生站。

体育设施方面，现状有三个室外体育场，面积分别为 560 平方米、1050 平方米、4800 平方米，缺少室内小型体育设施，因此在凤凰古村周边居住区需要增设 1 个室外体育活动场地，在凤凰古村内增设 5 个室内体育活动场地。

商业服务设施方面，现状有两个综合商场，根据生活类服务设施配置标准，居住区服务范围不宜大于 500 米，因此现有的综合商场不能够满足居民需求。

金融邮电设施方面，现状只有一所银行和一所邮局，凤凰古村作为旅游景区，现状的小型银行和邮局在旅游旺季时不能满足居民与游客的双重需求，根据生活类服务设施配置标准，1 万—2 万人内需要设置一所100—200 平方米的邮局和一所 800—1000 平方米的银行。

（二）旅游类服务设施现状分析与问题

1. 现状分析

对于一个旅游景点来说，首先应考虑的就是它的交通方便性，即是否有公共交通的停靠站、是否有自驾游的公共停车场、是否有自行车租赁点等交通设施。凤凰古村的规模与结构决定了它的旅游游览方式主要是步行，因此不考虑自行车租赁点的配置。在凤凰古村入口处分别设立两个公交站点，在 10 分钟、15 分钟步行范围内便可到达；公共厕所是旅游景点区的重要配置，凤凰古村现状公共厕所在 10 分钟、15 分钟步行范围内基本满足本书研究范围，公共厕所共计 12 个，在凤凰古村的周围分布均匀，目前公交车站和公共厕所的数量已经足够满足凤凰古村旅游时期的使用。

目前，四个方面目前旅游公共信息服务设施、旅游交通便捷服务设施、旅游惠民便民服务设施以及旅游行政服务设施是凤凰古村景区缺失的项目。

（1）旅游公共信息服务

包括旅游标志导览系统和旅游咨询站，这是旅游景区必备的一种设施。凤凰古村主要是以古建筑为主，并且相邻较密，内部的通道以宽约 1 米的小巷为主，初到这里的游客往往会失去方向感，需要在每个重要节点处或者服务距离之内设立标志系统和旅游咨询站。

（2）旅游交通便捷服务

主要包括非机动车停靠站和停车场。由于凤凰古村临近凤凰山的大道上已经设立了骑行绿道，因此在凤凰古村入口处需要为骑行者提供非机动车停靠站，以及为自驾游的游客们提供停车位。

（3）旅游惠民便民服务

在景区内部或周围应设置纪念馆或博物馆，提高游客对凤凰古村的认识与了解。另外作为文化景区，需要配置相关的文化产品供游客欣赏与纪念，例如书店、纪念品店等。不仅可以向游客展示凤凰古村的历史文化，而且还可以以旅游业带动当地的就业、经济等。

（4）旅游行政服务

即行政管理中心，这是负责旅游景区正常运行的部门，景区内举办活动、文化资源的引入、景区内纠纷的协调以及环境卫生等工作都是行政管理中心所负责的事项。

2. 存在问题

（1）设施种类缺失

①旅游公共信息服务和行政服务

作为以步行交通为主的文化旅游景区，道路的明确性、路线的清晰度是游客们最需要的，在凤凰古村现场的调研中，常常会因为不熟悉道路而迷路，因此凤凰古村内部缺少在交通道路上做好路标和指引、景观或建筑节点处相应的介绍，以及文化性的商业设施。

②旅游交通便捷服务

景区的交通可达性是旅游区的一个重要标志，凤凰古村的入口处紧邻城市主要干道，并且周围有骑行绿道通过，以及距离入口处10分钟、15分钟步行范围内有两个公交车站，因此交通可达性比较方便。但是机动车停车场和非机动车停靠点的缺失，会造成旅游高峰期的交通问题。

③旅游惠民便民服务

作为文化旅游景区，应为游客提供基本的商业设施。现状为凤凰古村西侧有一座正在建设的纪念馆，但凤凰古村作为主要游览区，内部没有配备基本的商业设施，制约了旅游地的建设与开发。

凤凰古村目前在旅游安全保障服务方面与生活类服务设施的管理服务设施相重合，因此不需要重复建设。在公共信息服务、交通便捷服务、惠民便民服务和行政服务四方面缺失较多，需要进行增设。

（2）游览路线缺失

凤凰古村古建筑之间道路曲折，很容易迷路，游客在游览时很容易走回头路，延长游览时间，以及错过很多景点的游览。在调研时发现，凤凰古村众多的景观或建筑节点是以散点式分布在古村内，没有形成方向明确、指引清晰的游览路线。

四 优化目标与原则

（一）规划目标

生活类服务设施和旅游类服务设施的配置，目的是形成设施种类全、数量足、覆盖广、距离短的生活类服务设施和旅游类服务设施体系，其中生活类服务设施涵盖教育设施、医疗卫生设施、文化娱乐设施、体育设施、商业服务设施、金融邮电设施、管理服务设施共七类设施。旅游类服务设施包含旅游公共信息服务设施、旅游安全保障服务设施、旅游交通便捷服务设施、旅游惠民便民服务设施以及旅游行政服务设施共五类设施。规划的目标是满足凤凰古村及其周边居住区的生活类服务设施配置需求，满足凤凰古村游客的旅游类服务设施配置需求，构建舒适的居住条件和旅游条件，打造设施充足的历史文化古村，保护并且推动深圳未来文化的发展。完善生活类服务设施和旅游类服务设施，改善旅游环境，使旅游业成为凤凰古村重要的经济增长点，并带动整个古村的发展。

（二）规划原则

1. 统筹兼顾原则

根据两种服务设施的项目，筛选出二者共有的服务设施，按照统筹兼顾的原则，以及居民和游客的需求情况进行设施数量和种类的建设，避免重复建设，节省建设资源。

2. 历史保护原则

凤凰古村具有七百多年历史，是广东省内古建筑集中度最高、保存最完好、面积最大、历史价值比较高的典型广府古村建筑群之一。因此在为凤凰古村进行生活类服务设施和旅游类服务设施配置时，要保护古村历史建筑，做到多改造、少拆除、减少重复建设。

3. 整体性原则

凤凰古村的古建筑均是明清时代建筑样式，在为其配置生活类服务设施和旅游类服务设施时，应该与凤凰古村古建筑的建筑风格保持一致，使其从外在的建筑风格到内在的文化历史性，都有着整体的统一性。

五 公共服务设施布局优化

（一）增加设施种类

根据生活类服务设施现状分析得出的结果进行布局优化，对生活类服务设施缺失的种类和数量进行增设和添加，进而满足凤凰古村及其周边10分钟、15分钟步行范围内居民的使用。需要增设种类的生活类服务设施有教育设施和娱乐设施。需要增添数量的生活类服务设施有医疗卫生设施、体育设施、商业服务设施、金融邮电设施。

教育设施方面，本书研究范围内的现状只有一所小学，共设27个班级，依据本书的生活类服务设施配置标准，增设30个班级的小学一所，由于现状的用地限制，能够保障30个班级的小学用地，只有位于凤凰古村东南角的用地，因此此处为增设小学的位置；由于本书所研究范围内的人口有66300万人，需要幼儿园设施，12个班级内的服务人口为0.8万—1万人，参照该地段的环境、用地现状，选择了6个可作为幼儿园的用地，采用网络分析法计算出最适合作为幼儿园的5处用地。

文化娱乐设施方面，现状为原有的娱乐活动室、老年活动室均被拆除,但并未及时新建,使居民目前只能在广场活动,种类单一,需要增设。根据生活类服务设施配置标准中娱乐活动室建筑面积为 1000—2000 平方米、服务人口为 1 万—2 万人,在选择娱乐活动室的时候可以选择面积不大的场地作为备选位置,依据现状坍塌或危险的古建筑的面积、现状空地的面积,定为 8 个设施点作为娱乐设施的供应点。首先将凤凰古村内多个危房和坍塌房作为设施点的备选点,凤凰古村内居民居住的房屋作为请求点,采用网络分析得出 4 个最合适凤凰古村居民出行的设施点;其次对凤凰古村 10 分钟、15 分钟步行范围内居住区进行网络分析时选择了 6 个设施点的备选点,计算出 4 个最合适的设施点。新增设的文化娱乐设施内容包括老年人活动室、青少年活动室、图书借阅等。在 2013 年 11 月 5 日对凤凰古村进行走访式调研时发现,凤凰社区的东面有凤凰山森林公园,但由于距离较远,并且有快速路隔开,居民只有在节假日才会前往,不适合平时休闲;在凤凰山大道南面有凤凰广场,内部有公园,但是由于有城市主干道隔开,居民前往不方便;在分析调研问卷时得知居民对公共绿地的呼声最大,他们希望在茶余饭后 10 分钟步行范围内有一座小游园,丰富居民的娱乐生活。因此在调研中发现紧邻凤凰古村东侧有一处绿地,面积约 1 公顷,适合开发为居民作短时间的休息散步的绿地。

(二) 增加设施数量

医疗卫生设施方面,根据前文分析得出现状卫生站的辐射范围,并且卫生站都是附设于建筑一楼或与其他生活类服务设施组合设置在一起的,因此选择的请求点都是将道路分割开来的居住区设为一处请求点,共计 9 处请求点,根据生活类服务设施配置标准中卫生站的服务人口为 1 万—1.5 万人,需要增设 3 个卫生站。居住配套体系中的医疗设施应突出社区职能,以医疗保健和康复功能为主,与大型综合医院形成区别化、互补化,为居民医疗设施提供方便。

体育设施方面,现状的 3 个室外体育场地不能满足凤凰古村和周围居住区内居民的人口数量,由于室外可用于建设体育场地的用地较少,因此需要增设 1 个室外体育活动场地和 5 个室内体育活动场地,例如乒乓球室、儿童活动场地和一些简单的运动器材室,增设 1 个室外运动场,并且在现有的体育场地上增添一些室外健身器械。将古村内部的危房和坍塌房作为设施点的备选点,计算得出 5 个合适的设施点。由于现状已有两个室外运动场地，加上新增设的室内体育场地，已经满足配置标准中的要求。

体育设施设置需要考虑地区的气候特点和大众喜好。例如在深圳等地区，夏季炎热天气持续时间较长，室内运动场馆更受欢迎，因此在居住区应设置一些室内体育场地。

商业服务设施方面，根据上文分析得出，综合商场的10分钟步行范围内的村子有凤凰古村周边村子和部分凤凰古村，因此所有的新建商业设施都在凤凰古村内设置，依据本书的生活类服务设施配置标准，综合商场的用地面积为2000—3000平方米，根据凤凰古村危房和坍塌房的面积选取10个综合商场作为新增设的设施点。

金融设施方面，凤凰古村作为旅游景区，现状的小型银行和邮局不在旅游旺季时不能满足居民与游客的双重需求，因此在凤凰古村内部增设四个金融设施，即两个银行和两个邮局。

六　旅游服务设施布局优化

旅游类服务设施的优化首先从最佳旅游路线开始，采用网络分析法中的最佳路径命令，计算出途经凤凰古村著名景观或建筑节点的最佳游览路线，将其分为游客使用和居民使用。根据游览路线行走的道路，整合出游客使用率最高的道路，并在这些道路上建设旅游类服务设施。由于现状旅游安全保障服务已经满足，因此不作优化，分别对旅游公共信息服务设施、行政服务旅游设施、交通便捷服务设施以及旅游惠民便民服务设施四方面进行优化。

（一）最佳游览路线

凤凰古村作为一个以步行为主且尺度较小的景区，便捷舒适的游览路线是游客们最需要的，在以往提供游览路线或游客自行组织的游览路线中都存在着大量的走回头路、迷路、游览时间长等问题。本书采用网络分析法选取凤凰古村最佳游览路线。

凤凰古村的占地面积约为11.3万平方米，目前只有位于凤凰大道上的一个入口能方便深圳市区游客的出入，而凤凰社区内的居民只能走上一定的距离到达正门进入或者从距离居民较近的某一个小路进去，这就造成了两个结果：一是浪费居民的出行时间，二是没有方便居民的指定入口，居民随意进入，造成景区混乱，不易于管理，因此需要有出入口的合理安排。根据凤凰古村周边现有道路和居住区分布的情况,将现有的入口设定为凤凰古村景区的主入口,另增设 3 个次入口,分别位于凤凰古村西侧和东侧。

凤凰古村主入口主要是为深圳市区游客和在 A 区域居住的居民准备的,他们往往将交通工具停在主入口处或是到主入口周边的公交站台乘车,这条路线必定是以主入口为起点和终点的或是终点与游客乘坐交通工具处较近。三个次入口主要是为在 B、C 区域居住的居民准备的。本书使用网络分析法中的最优路径查找进行分析,添加所有的停靠点,即选取凤凰古村内所有景观或建筑节点,并确定起点和终点,将其设为本次计算的阻抗,分析出路径最短的游览路线。

本书所选取的景观或建筑节点参考凤凰社区街道办编制的《凤凰村志》一书。凤凰古村的著名景观或建筑节点有:凤凰塔、顾三书屋、茅山公家塾、松庄祖祠、巽岭公家塾、伯元公家塾、协和公祠、捷卿祖家祠、拔茹书室、菴岭二祖祠、麒甫家祠、宸宸祖家祠、梁庆祖祠、梁任祖祠、文顺祖祠、四胜祖家祠、东广场、西广场、井仔、南井、文顺井、良佐井、青龙井、卖鱼市井、东井、西井、孖井、嗯昂井、红井、北井、石井、文塔、文天祥纪念馆,共计 33 个景点。

首先为深圳市区的游客提供两条游览路线,第一条是以主入口为起点的游览路线,即 1A 号游览路线,将主入口处的协和家塾作为该路线的起始点,将位于凤凰古村西侧的文天祥纪念馆作为终结点。选择主入口某节点为起始点是考虑到由深圳市区到此的游客可以从凤凰山大道直接下车进入,简单方便;由于文天祥纪念馆和文塔都不在凤凰古村内部,因此将这两个景点作为最后的游览景点。第二条是以 4 号次入口为出入口的路线,即 1B 号游览路线,由于 4 号出入口位于新增设停车场的附近,方便深圳市区的游客换乘私家车。

其次是次入口游览路线,即 2 号游览路线,本书共有 3 个次入口。2 号次入口位于凤凰古村西侧,主要服务于 B 区域的居民,由于该入口距离文天祥纪念馆和文塔较近,计算出来会形成大量回头路,因此不考虑这两个景点,居民可在游览该路线前后去这两个景点。这条游览路线将位于该次入口的西广场作为起始点,将距离 3 号次入口的西井作为终结点,这样为 B 区域的居民游览节省了时间,并且方便出入。

再次是 3 号次入口游览路线，该游览路线是以西井为起始点，以文天祥纪念馆为终结点，服务对象为 B 区域的居民，相较于 1 号次入口游览路线不同的是，该游览路线增加了文天祥纪念馆或博物馆和文塔两个节点。

最后是 4 号次入口游览路线，这条游览路线的主要服务人群是在 C 区域居住的居民，是以石井为起始点，以文天祥纪念馆为终结点。

（二）增加设施种类

1. 旅游公共信息服务和行政服务

公共信息服务包括旅游标识导览系统和旅游咨询站。

（1）旅游标识导览系统

包括信息标识、指路标识、命名标识、规章标识、警告标识五大类，具有引导、解说、指示、命名、禁止、警示等功能。根据不同的使用者，标识系统可分为三类：驾驶员使用、行人使用、行人和驾驶员共同使用。凤凰古村作为小尺度的游览景区需要信息标识、指路标识命名标志。

①信息标识

提供区域信息服务，是特定区域的整体图示，一般设置在景区的入口处。凤凰古村现在共有 4 个入口，即 1 个主入口，3 个次入口，在每个入口处设置一个信息标识，提供整个凤凰古村的地形图、人文景观简介、区域引导等。

②指路标识

用箭头加文字或图形等表现手法向游客表述目的地的方向、距离等。凤凰古村规模较小，因此指路标识设在古村内的重要转角处和易迷路处，为游客提供导向性和服务性指示。

③命名标识

用来向游客阐述所在地的地名、道路名、景点名等名称。在凤凰古村内重要景观或建筑节点旁边设立，提供对该节点的介绍。由于凤凰古村内部交通道路比较狭窄，古建筑相似度较高，不易于游客辨识方向与道路，因此应该在主要道路上赋予它们名字，并附设所在位置的地图和附近节点的方位，供游客们参考。

（2）旅游咨询站

建立在景区入口处，方便游客寻找和咨询。旅游咨询站和行政管理中心一般设置在景区入口处的明显位置，方便游客咨询问题，并且便于找到。景区入口不远处有一间闲置的空房，由于该地点处于景区主入口较好的位置，宜将其作为旅游咨询站和行政管理中心使用。目前凤凰古村的游客较少，因此其他三个次入口处的旅游咨询站可设为临时可移动站点，在游客较少时期可节省开支。

2. 旅游交通便捷服务

凤凰古村周边没有足够的可建设用地建立体地面停车场，因此只能选择临街建设一些停车位，并在新增设的小游园下面建设地下停车库，不仅提供一些临街机动车停车位和非机动车停车位，方便深圳市区内游客短暂停留，而且提供地下停车场，为停留时间较长的游客准备。

3. 旅游惠民便民服务

目前凤凰古村正在建设文天祥纪念馆或博物馆，作为文化历史的展示场所，凤凰古村已经满足。景区内部需要建设一些小型文化性场所，供人们欣赏与纪念，例如书店、纪念品店、咖啡店、酒吧等。可以将凤凰古村的一些传奇故事、历史发展事迹等制作成书籍，供游人学习，并由村内手工业劳动者和无业人员制作出代表凤凰古村的纪念物，从而传播古村文化性和带动当地的旅游业收入。根据上文 4 条最佳游览路线进行叠加，可以得出步行使用率最高且最热闹的几条道路。选取在步行使用率最高道路上的坍塌房和危房作为设施点的备选点，计算出符合凤凰古村内居民和游客步行最方便的 4 个设施点，作为书店、纪念品店、酒吧、咖啡店。

由于中国旅游类服务设施的相关规范都是为多日停留的景区所准备的，以床的数量为标准单位，凤凰古村规模较小且知名度较低，一日内即可游览完毕，因此对凤凰古村服务设施数量没有规定性的要求。但是随着凤凰古村未来的发展，旅游人数会日益增多，旅游惠民便民服务设施数量也应随之增加。凤凰古村内部，应在游客使用率最高的道路上进行旅游惠民便民服务设施的安置，逐渐扩展到古村内部游客使用率较低的道路周围，将古村内部各处都带动起来；未来随着凤凰古村旅游人口日益增长，旅游人口需求量日渐提升，凤凰古村外部，依托凤凰古村旅游集中点，可在周边建设大型或中型旅游惠民便民服务设施，满足游客的需求，并且依托凤凰古村中心点可带动周边的旅游业发展。

（三）设施建设方式

根据其规模、功能、需求度的不同，生活类服务设施的建设方式也有很大不同。占地较大、容纳人数较多的设施需要独立占地，保证其设施的私密性、整体性；功能相同或者占地较小、使用人数较少的生活类服务设施，在节省建设用地的情况下，可以选择合设或者附设。

1. 独立占地

独立占地，是指造型独特、形象具有标志性的生活类服务设施独立占地；交通量大、周边交通复杂的生活类服务设施独立占地；占地规模较大、容纳人数较大、外观形体大的生活类服务设施独立占地。本书的教育设施建设中的小学和幼儿园属于私密性设施，要保证学生的安全性，需要独立占地进行建设；由于凤凰古村内部古建筑均是独立占地，因此位于凤凰古村内部和外部新增设的设施均为独立占地；凤凰古村现状周边的管理设施有社区警务室和派出所，属于安全保障机构，均需独立占地建设。

2. 合设

合设，是指功能相同的生活类服务设施可以合并设置，并独立占地。凤凰古村由于可建设用地较少，因此新增设的幼儿园，三所为独立占地建设，两所与小学合设，并且采用中间分隔，对外均有出入口，节省建设用地。

3. 附设

附设，是指运营管理上方便，能提高服务效率的生活类服务设施可附设到适宜的其他生活类服务设施中。用地面积 2000 平方米（含 2000 平方米）以下的生活类服务设施可附设到适宜的其他生活类服务设施或居住建筑中。例如社区卫生服务站、居民健身设施等。由于本节研究范围的规模较小，医疗卫生设施仅需要增设卫生站，附设在居住建筑中。

（四）设施平面布局

由于现状可建设用地有限，部分新建设施均设在凤凰古城内部。为了使古村周边与古村的风格保持整体性，新增设施的建筑风格要与凤凰古村古建筑保持一致。根据上文的生活类服务设施标准中对设施规模的要求进行建设。

1. 生活类服务设施平面布局

（1）教育设施

现状有 1 所凤凰小学，用地面积 30247 平方米，建筑面积 8485 平方米，共设 27 个班级。新增设小学 1 所，用地面积约 10000 平方米，建筑面积约 8100 平方米；幼儿园 5 所，用地面积约 3600 平方米，建筑面积约 3200 平方米。

（2）医疗卫生设施

现状有 2 所卫生站，均是附设在居住建筑中，新增设的卫生站依旧附设在居住建筑中，共计 5 所卫生站，满足 10 分钟、15 分钟步行距离和生活类服务设施配置标准中对本书规模的要求。

（3）文化娱乐设施

现状没有文化娱乐设施，均为新增设设施。位于凤凰古村内部的文化娱乐设施是在古建筑内建设，用地位于凤凰古村外部的设施附设在居住建筑中，包括老年人活动室、青少年活动室、图书借阅室等。凤凰古村外部文化娱乐设施用地面积分别为 660 平方米、1300 平方米、900 平方米，内部文化娱乐设施用地面积均为 200 平方米，还有 1 个室外小游园，面积为 10000 平方米。

（4）体育设施

现状有 3 所室外社区体育活动场地，用地面积分别为 560 平方米、1050 平方米、4800 平方米，新增设的体育设施为 1 个室外社区体育活动场地和 5 个室内社区体育活动场地，包括乒乓球室、儿童活动场地和一些简单的运动器材室等，室外用地面积分别为 1800 平方米，室内用地面积均为 200 平方米。

（5）商业服务设施

现状综合百货店有 2 个，用地面积分别为 1350 平方米、9300 平方米，新增设的综合百货店均在凤凰古村内部，用地面积均为 200 平方米。

（6）金融邮电设施

现状有 1 所银行和 1 所邮局，建设方式为合设，用地面积为 300 平方米，新增设金融设施包括银行 2 所、邮局 2 所，用地面积均为 200 平方米。

（7）管理服务设施

现状有 2 所社区警卫室和 1 所派出所，满足现状的规模，因此并未增设。

2. 旅游设施平面布局

来到此处游览的游客主要的游览对象是凤凰古村，旅游类服务设施同样也在凤凰古村的内部和附近建设。旅游设施从旅游公共信息服务和行政服务、旅游交通便捷服务以及旅游惠民便民服务三方面进行建设。

首先，旅游信息标识在凤凰古村五个出入口处设置，指路标识在凤凰古村内部道路转角处或容易迷失处设置，命名标识在凤凰古村内重要景观或建筑节点处设置，旅游咨询站和行政管理中心设置在古村入口处的一栋古建筑内。

其次，旅游交通便捷服务，根据《风景区停车场规划设计》规定，每100平方米游览面积需要建设0.8个机动车停车位和0.5个非机动车停车位，凤凰古村需要建设机动车停车位880个，非机动车停车位550个。根据《汽车库建设设计标准》中要求小型车出入口单向坡道为3.5米，双向坡道为6.0米，行车道为5500—6000米，停车位为2500米×5300米，柱网为8100米×8100米，并且500个以上停车位的地下车库必须有三条出入口车道坡道。在凤凰古村入口建设机动车停车位50个，非机动车停车位190个，新增设的小游园下面建设地下机动车停车位830个，非机动车停车位500个。

最后，旅游惠民便民服务，根据上文计算出的4条最佳游览路线得出游客使用率最大的道路，并在这些道路上增设书店、纪念品店、咖啡馆、酒吧设施。由于凤凰古村规模较小，目前游客较少，不建议建设过多，只作引导性建设，未来随着游客的增多，可随之增加。

3. 平面布局整合

优化生活类服务设施与旅游类服务设施时要保持统筹兼顾的原则，生活类服务设施和旅游类服务设施的使用人群是灵活的，可以交叉使用。根据两种服务设施的项目，筛选出二者共有的服务设施，按照统筹兼顾的原则，在满足居民和游客使用的情况下，选择适用的设施数量和种类，避免重复建设，从而节省建设资源。生活类服务设施种类中的医疗卫生设施和管理服务设施与旅游类服务设施中的安全保障服务设施是重合的，它们的功能相同，其中包括增设的三所卫生站、现有的两所卫生站和现有的社区警卫室两所、派出所两所；生活类服务设施中的文化娱乐设施、金融邮电设施、商业服务设施与旅游类服务设施中的交通便捷服务设施、惠民便民服务设施是可以通用的，其中包括现有的文天祥纪念馆、增设的老年人活动室、青少年活动室、图书借阅室等，现状两个综合百货店和增设的综合商场，现有和增设的小型银行、邮局。

第三节 休闲旅游视角下深圳东部滨海村落的公共空间更新研究——深圳鹤薮村

一 研究背景

深圳东部滨海村落主要集中在深圳大鹏新区,深圳大鹏新区由大鹏、葵涌、南澳三个街道组成。这块土地是深圳最大、保存最为完好的生态净土,森林覆盖率达到76%,拥有七娘山(国家地质公园)、排牙山(自然保护区)、横头岭等多座山峰。大鹏半岛是深圳的"黄金海岸"。它有着133公里的海岸线,三面环海,多为花岗岩山地,山势陡峭,山谷幽深,奇峰怪石众多。大鹏半岛沿岸分布着大大小小十几个沙滩,如金沙湾、西涌、东涌、桔钓沙等,这些沙滩沙质松软,属中细沙,湾内水深较大,这使大鹏半岛的沙滩除能承担传统的功能外,还可以冲浪、玩帆板,为越来越多喜爱甚至尝试新兴运动项目的游客服务。

半岛滨海散落着具有上百年历史的村落,由于大鹏半岛多年处于保护中,严禁开发,所以这些村落还保留着质朴的一面,同时也导致当地居民普遍收入较低、集体村落的公共服务和城市基础设施配套落后等问题,更是出现了空心村和建筑危房。2013年大鹏累计接待游客逾800万人次,旅游开发已经在大鹏滨海的乡村聚落中产生,这种旅游开发是无序、低端的,没有经过整体策划和规划。

二 研究对象界定

本书研究对象是深圳东部滨海村落,这一区域的滨海村落数目庞大,为了便于研究,本节将挑选出其中一个类型的村落进行研究,并对其中典型的六个村落进行调研,发掘村落自身休闲旅游属性,从村落公共空间的形态角度归纳特色,对村落外部公共空间包括滨海廊道,村落内部空间包括点状空间、线状空间、面状空间进行特色归纳,以更好地研究休闲旅游视角下村落公共空间的更新。其中最具代表性的村落为西涌的六个村落,即芽山、新屋、鹤薮、格田、沙岗、西贡。研究范围包括村落内部公共空间以及村落与海滨之间的公共空间。村落均坐落在山脚下的坡地上,背山面海,中间是农田和林地,具有典型滨海田园风光,村落各自具有的资源特色见表4—10。掌握了这种类型的滨海村落情况后，本节将探索具有滨海村落特色的休闲旅游公共空间更新策略，然后以鹤薮村落为例进行具体的实践研究。

选择鹤薮村的依据有以下几点：①鹤薮村现存古村质量最优，规模最大，具有良好的开发潜质。②鹤薮村地理位置优越，处于进入西涌的入口位置，是游客最先到达的村落。③鹤薮村旅游开发已经产生，虽然是几个村落中发展最好的村落，但还是有问题出现。④鹤薮村是几个村落共性问题的集中点。

表4—10 西涌乡村聚落情况

村落名称	区 位	年 代	村落格局	居民产业
鹤薮	邻西涌南路，邻新屋村、沙岗村，距西涌海滩约800米	近代洋楼建筑，20世纪七八十年代之前传统建筑，90年代现代建筑	山林—聚落—环村水系—田地格局，街道整齐，格局清晰	以前：务农、打鱼 现在：外出务工、经商（养殖海产品）、旅游业
西贡	三面环山，距离西涌海滩950米	200年历史	传统建筑比重大，新旧建筑边界明显，街道格局完好	以前：耕种、出海捕捞 现在：附近海滩管理、经营烧烤摊
沙岗	邻公路，依山而建，村前为红树林	400年历史	整体格局完好，传统建筑多，空间感觉好	以前：种植、打鱼 现在：打工、经商
芽山	邻鹤薮村、新屋村，依山而建	200年历史	传统建筑占一定比例，新旧建筑便捷明显，街巷布局单一	以前：务农、打鱼 现在：旅游业、出海打捞、海胆养殖
新屋	邻鹤薮村、芽山村，距离西涌海滩600米，依山而建	200—300年历史	规模较小，传统建筑占一定比重，街巷布局单一，原始风貌不完整	以前：出海、务农 现在：打工、经商
格田	距离交通道路700米，较偏，依山而建	—	传统建筑比重大，石头铺路	—

三　相关概念辨析

（一）休闲旅游

休闲旅游是以旅游资源为依托、以休闲为主要目的、以旅游设施为条件、以特定的文化景观和服务项目为内容，离开定居地而到异地逗留一定时间的游览、娱乐、观光和休息。休闲旅游是休闲的一种类型，是以休闲为目的的旅游。它不同于单纯的观光性旅游，它更强调人的精神感受、人的体验，以发展个性、陶冶生活情趣、体验人生快乐为目的，追求的是人与自然的和谐。不同于短期观光式的旅游，它旅游的时间相对更长，对于环境的要求也更高。休闲旅游除了关注旅游地的观光属性，也更为关注观光地的生态及对于身心的调养功能。本书中的休闲旅游指在城市郊区村落中产生的短期旅游体验，旨在为工作者缓解平日生活的紧张情绪，提供与家人朋友短期度假的旅游方式，通过将村落周边重要旅游资源进行梳理，为游客提供休闲旅游产品，从而使游客感到放松愉悦。

（二）村落公共空间

（1）概念

村落公共空间是村民公共生活的载体，也是村落空间的重要组成部分。Habermas 认为"公共空间"是"公共领域"的载体和外在表现形式，是各种自发的公众聚会场所和机构[①]。Jacinta Francis 和 Billie Giles-Corti 等在其基础上，提出公共空间是存在于住宅和工作地之外，为大众自由进入并促进居民一起活动、增加交流机会的集会场所，强调居民的广泛参与性。结合中国农村社会及农户活动特征，农村社区公共空间的内涵主要是指社区内的居民可以自由进入并在其中进行各种思想交流的公共场所，如寺庙、戏台、祠堂、集市、院坝等[②]。

村落公共空间是村落居民生产和公共活动的主要场所，承担着村落公

---

① Habermas J, Burgerm T. The Structural Transformation of the Public Sphere : an Inquiry into a Category of Bourgeois Society ［M］, Polity, 1989：26 – 28.

② Francis J, Giles-Corti B, Wood L. Creating Sense of Community：The Role of Public Space ［J］. Journal of Environmental Psychology, 2012, 32 (4)：401 – 409.

共生活的全部，体现村落居民的生活观念、理想和价值观，承载着村落的历史和记忆。然而，随着城市文明的冲击，传统村落生活形态已发生巨大的改变，传统村落公共空间已无法满足村落居民生产生活和新型社会关系下的公共交往需要，新的村落公共空间也将产生。

村落外部空间概念一般包含三个不同层面：一是聚落所在地区的"自然空间"，包括该地区地形地势、山峰湖泊、气候因素等；二是聚落周边的"生产空间"，如田野、河塘、小溪等乡村景观；三是聚落边界内部的"生活空间"，主要包括聚落内部庭院、街道、小巷和广场。本节研究的村落公共空间属于第二和第三层面。

结合本节研究的村落，村落外部公共空间指村落与滨海之间的廊道空间，村落内部空间包括点、线、面三种空间形式的公共空间。村落公共空间是村落中具有人际交往功能的非私人场所，以某种空间形式固定下来而形成的，由各种空间实体所组成的，公众可以任意到达的外部空间环境形式的总和。

（2）构成要素

村落的公共空间构成要素可以从不同角度进行分类，可以依照公共空间的功能性质分类，分为政治性公共空间、生产性公共空间、生活性公共空间三大类。可以根据公共空间的物质形态来分类，分为点状空间、线状空间、面状空间。还可以根据时间分为暂时性公共空间和固定公共空间，从动力结构分为"行政嵌入型"公共空间与"村庄内生型"公共空间。根据功能可以分为道路空间、门户空间、神仪空间、休闲空间四大类。

由于本书中将对具有滨海特色的村落公共空间提出更新策略，所以对空间形态较为关注，将按照村落分成内部公共空间、外部公共空间两大部分。村落外部重点强调线状空间——滨海廊道，即村落与海洋之间的通道，因其对于游客来说，是到达滨海的必经之路，相对于廊道两侧的农田空间、泻湖空间来说，是公共性更强的空间。村落内部主要从点状空间、线状空间、面状空间对公共空间进行分类，其中点状空间包括古桥、古树、古井、门牌坊；线状空间包括河涌、街巷；面状空间包括庙宇空间、绿地空间、运动空间、池塘空间。点状空间与面状空间的区分在于空间范围的限定，点状空间以一个中心点为主向周围空间辐射，面积不大，容纳人数有限，而且空间无严格的限定，面状空间则有一定开放的广场空间，面积比点状空间大，能容纳的人数较多，空间界面有所限定。

四 深圳东部滨海村落公共空间调研与问题分析

（一）调研技术路线

（1）调研对象

本次调研的对象是位于深圳东部大鹏新区南澳街道的西涌滨海村落，包括芽山村、新屋村、鹤薮村、沙岗村、格田村和西贡村等六个村落。根据现场调研照片，结合获取的西涌村落平面图及相关资料，对西涌村落的公共空间按照要素进行分类，并总结公共空间的特征，分析其存在的问题。通过使用者问卷调研、访谈以及数据分析的办法进行深入研究，了解西涌村落游客与村民的行为需求。以此调研分析为基础，为公共空间的更新策略提供依据。

（2）调研方法

本书调研采用的方法有文献阅读、实地考察、问卷调研、访谈等，尽量收集相关数据、资料。首先通过向相关领域学者搜集资料，并通过采访了解情况，对西涌村落有了初步的了解。其次，组成调研小组对实地进行调研，通过拍照、测绘、观察等方式记录村落公共空间的情况。最后对村落公共空间使用人群进行问卷调研。问卷设计的问题应利于游客理解，由于村落村民数量少，文化程度有限，对于村民主要采用访谈法。

（3）调研过程

在深圳东部南澳街道进行多次调研，其中对西涌村落重点调研两次，分别为 2014 年 12 月和 2015 年 5 月小长假。第一次调研，走访了西涌村落群，进行拍照、访谈等，并选择鹤薮村作为实践研究的对象。第二次为加强调研，对六个村落进行游客以及村民的调研，在游客休闲旅游的过程中，发现村落公共空间存在的问题。

（二）使用人群调研

1. 游客调研

（1）调研准备

问卷设计：本书问卷设计的主要目的是了解西涌游客基本信息，游客对于西涌休闲旅游的认识及休闲旅游的需求，对西涌村落公共空间的评价。同时，由于西涌村落群公共空间的相似性，对每个村落发放等量问卷，以获得滨海村落存在的共性问题。

问卷调查情况：问卷采取随机调查方式，对六个村落主要公共空间中的游客进行重点调查，对游客简单介绍调研目的及意义，再进行问卷填写，以确保科学性与客观性。本次调研共发放问卷128份，其中有效问卷117份，问卷有效率为91%，本次调查结果有效。

（2）游客调研情况

受访游客基本信息：接受调研的游客中以中青年为主，偏年轻化，其中20—35岁占74%，是西涌旅游业的主力军（见图4—6）。游客职业以私企工作人员、个体经营人员和学生为主要组成部分，其中私企工作人员占34%，个体经营人员占27%，学生占21%（见图4—7）。游客选取的交通方式主要为自驾和公共交通，分别占43%和39%（见图4—8）。游客来自深圳的最多，占40%，来自其他省的占27%，可见西涌海滨还是具有一定吸引力（见图4—9）。

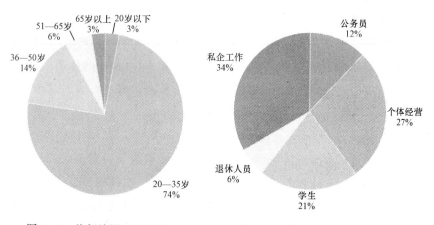

图4—6 休闲旅游人群年龄分布　　　图4—7 休闲旅游人群职业分布
（刘丽嫒　绘制）　　　　　　　（刘丽嫒　绘制）

游客旅游重游率及停留时间：游客重复来到西涌旅游的频率以一季度到半年为主，其中间隔半年到一年的占34%，间隔一季度的占30%。游客在西涌停留时间基本上为周末两天时间。由此可见，游客来西涌的频率较低，停留时间较短。

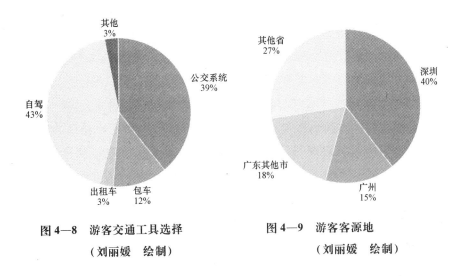

图4—8　游客交通工具选择　　　图4—9　游客客源地
（刘丽媛　绘制）　　　　　　　（刘丽媛　绘制）

游客休闲旅游活动：游客在村落外部乐于进行的休闲活动主要为游泳及海上运动，占总人数的27%，其次为观光农业、喝茶及咖啡、沙滩运动，分别占13%，此外海钓、徒步爬山、森林娱乐等活动也有一定比重（见图4—10）。游客希望在村落内部进行的休闲活动为安静思考和观赏建筑，分别占38%和28%，此外学习技能和融入村民生活也占一定比例（见图4—11）。

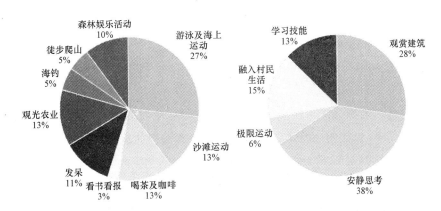

图4—10　游客喜爱的休闲活动　　图4—11　游客在村落内主要的休闲活动
（刘丽媛　绘制）　　　　　　　　（刘丽媛　绘制）

游客对于村落公共空间的认识：游客在村落中最喜欢的空间为古树自然景观，占34%，其次为滨水空间，占31%。街巷空间和广场空间也占有一定比例。游客在村落中喜欢与亲人朋友交流。

游客对村落公共空间满意度：通过对村落外部公共空间、村落内部公共空间两方面进行满意度调查发现，村落外部线状公共空间——滨海廊道存在的主要问题为廊道交通混乱、缺乏节点这两个选项，分别占26%、27%。对于外部资源空间最不满意的是农田，占36%。村落内部公共空间中，需要更新的内容包括空间风貌、空间设施两方面，分别占24%、22%。点状公共空间中的古树、伯公庙空间不满意度最高，占整个公共空间的13%、11%，面状公共空间中的庙宇空间和运动空间满意度也很低，分别占14%、11%，线状空间中的街巷空间不满意度为18%。

2. 村民访谈

由于文化与专业的问题，问卷调查法对村民的效果并不好，故采取访谈法对村民进行休闲旅游下村落空间使用的调查。调查结果如下：在村落公共空间使用方面：村民休闲的主要时间段为中午12点至下午2点、晚上5点至8点。村民在村落内部最喜欢的交往空间为古树空间、运动空间，在村落外部经常使用的空间为农田。村民对于村落中的街巷空间不满意，因节假日拥堵影响了生活效率。对于空置的绿地空间，在旅游期间堆满杂物，且没有很好地利用，这一点也是村民不满意的地方。在休闲旅游方面，村民认为目前的部分旅游产品比较单一，只有基本的衣食住行是游客需要的，怎样开发新颖的旅游产品是需要提升的。

（三）村落外部公共空间现状与问题

1. 整体空间现状与问题

（1）休闲旅游现状

村落沿着西涌海岸线分散布置，村落与村落之间的距离为500—1500米，由S359道路将村落串联起来。村落距离海边的距离为500—1500米，从海洋到村落之间的空间依次是海洋、沙滩、树林、田地（鱼塘）、街道、村落，这种布局方式体现了村民对于自然的尊重以及合理利用，树林作为一个防护带，可以阻挡台风及风沙对村落的影响。

田地和鱼塘体现村民生活的主要来源，曾经一度是自给自足。村落与田地之间是一条行车道路，联系各个村落，村落一般布置在山脚下，背山面海的格局符合风水理论。

目前，整个村落外部空间只有沙滩区域的休闲旅游功能比较完善，包括住宿、餐饮、购物等内容，同时沙滩休闲运动活动丰富，游客可以在此区域享受日光浴、野餐、沙滩排球、沙滩雕塑等多种活动，其余区域都是未开发利用的自然区域。农田部分，只有很少一部分作为村民种植利用的土地，其余都是未被开垦的荒地。泻湖和防风林目前都是自然原始状态，部分休闲旅游服务设施，如餐饮设施、购物设施沿着滨海廊道逐渐延伸，向村落方向发展，但滨海廊道空间与整个旅游资源的关系比较单一。

（2）存在的问题——旅游资源利用单一

西涌村落位置优越，周边旅游资源丰富，包括海洋资源、山丘资源、森林资源、泻湖资源等自然资源。总体来说，主要的休闲旅游问题为：旅游资源的利用单一，旅游产品低端且数量有限，主要旅游产品聚集在滨海沙滩，对于其他乡村自然资源的利用处于起始阶段。

2. 滨海廊道现状与问题

（1）空间现状

调研区域内，连接村落到海滨的廊道一共有四条，每条廊道会有分支，最终到达滨海沙滩，是联系村落和海洋的重要交通廊道。

一号滨海廊道：西贡村、格田村通过此廊道到达海边，西贡村到达海边最短距离约为 1680 米，格田村到达海边最短距离约为 1440 米。步行时间为 15—20 分钟。由西贡村出发到达海边，经过的自然景观依次为农田、泻湖、防风林、沙滩；格田村到海边依次经过果林、农田、防风林、沙滩。

一号廊道的特色之处在于泻湖资源所占比重很大，在廊道两侧形成连续的水景，倒映着农田与村落的影像，环境氛围良好。

二号滨海廊道：沙岗村可以通过此廊道到达海边，村落到海边最短距离为 600 米，步行时间约为 10 分钟，依次经历的自然景观为防风林、沙滩，与其他廊道相比，二号廊道经历的景观变化很少，到达海边比较方便。

二号廊道的特色在于防风林的面积比较大，形成一处遮荫效果好的休闲场所，游客经常在防风林内野餐、打牌、午睡，防风林与沙滩交界处有旅游设施如小木屋、烧烤设施、商店等。

三号滨海廊道：鹤薮村通过此廊道到达海滨，同时这也是外来游客进入西涌后的第一个进入滨海区的通道。村落到海边最短距离约为 680 米，步行时间约为 10 分钟。通过廊道经历的景观依次为农田、泻湖、防风林、沙滩，共有三条支路，只有西侧支路会经过泻湖。三号廊道长度较短，但是包含的自然资源以及风景都很丰富。

四号滨海廊道：芽山村与新屋村通过此廊道到达海滨，这条廊道位置偏僻，整体环境安逸。主要廊道为一条，从芽山村出发到达海滨长约 1500 米，步行时间为 15—20 分钟，依次经历的自然景观为农田、防风林、山体、沙滩。

四号廊道位于所有廊道最东侧，和山体关系最紧密，同时穿越东西涌可以从此处开始。沙滩视野不开阔，整体环境氛围比较安静。

（2）存在的问题

滨海廊道作为连接村落和海洋的线性空间，是游客必经之路，存在以下问题：在空间节点方面，廊道在转折处、道路分支处无放大空间，整个廊道空间自始至终呈单一线状形式，与周围自然资源也没有互动的空间节点。在空间断面方面，廊道目前交通方式为人车混行，无人行路，硬质车行道与自然资源的边界没有明显限定，有的廊道无行道树，影响了游客休闲旅游体验的舒适性。在廊道的交通设施方面，目前主要的交通工具为私家车，停车场位于廊道近海的部分，面积较小，分散布置，难以满足休闲旅游大停车的需求，同时大量私家车进入滨海区域也污染了自然环境。

（四）村落内部公共空间现状与问题

1. 整体空间现状与问题——旅游功能不完善

（1）休闲旅游现状

村落内部空间布局分为新村和旧村两部分，旧村是村落起源时由村民兴建的，满足以农耕和打鱼为生的日常生活，新村是村落不断发展壮大之后，在新划拨的土地范围内增建的，可以满足现代生活所需。新村、旧村之间一般由主要街巷、点状面状空间和农田等空间进行分隔，起到一定的过渡作用。

主要发展的休闲旅游资源是村落建筑资源，已开发成休闲旅游餐饮设施、住宿设施、购物设施，可以满足游客基本旅游需求。但是对于想要了解村落的游客来说,村落中特色空间包括点状空间、面状空间,如古树、古井、伯公庙、协天宫等旅游资源缺乏利用,相关的历史文化介绍以及休闲设施匮乏。

点、线、面公共空间分布于村落内部,通常由线状空间进行联系,但是目前村落内部点、线、面空间分布不均匀,通常在村落中心地带会密集地分布点状、面状空间,成为人群聚集的地点。主要的休闲旅游开发沿着村落主街部分展开,但是对于散落在旧村内部具有村落特色的点状、面状空间,则处于一种无人问津的状态,如何将其串联起来形成一个旅游系统是有待解决的问题。

(2)存在的问题——旅游功能不完善

在村落整体空间方面,结合村落空间布局特点发现以下问题:

①村落具有文化特征和价值较高的旅游资源主要分布在点、线、面三种空间之中,但是对于资源的利用处于起步阶段,没有形成一个村落整体的旅游功能布局。

②休闲旅游服务配套设施缺乏。

③内部公共空间作为休闲旅游主要载体,分为三种不同形态的空间——点、线、面,与休闲旅游结合较差,缺乏旅游线路。

2. 点状空间现状与问题

点状空间作为村落内部公共空间的一部分,具有很强的标识性,主要的休闲旅游功能为展现村落历史文化特色、为游客提供休闲的驻足点。通过调研发现村落点状公共空间本身存在的问题以及缺乏的休闲旅游功能。

(1)空间现状

古树:滨海村落内有很多古树,树龄在200—500年,多以古榕树为主,同时还有古樟树、古五月茶、龙眼、东京桂木等。古树一般位于村落的中心开敞位置以及旧村新村交界处,古树周边自然形成开阔空间,为居民、游客提供纳凉休闲的去处。滨海村落的古树分为两种类型,一种是交流型,另一种是观赏型,交流型古树一般有人为处理的界面如古树基座,设施包括简陋的石凳、石桌;观赏型古树与土地自然融合,界面无人工处理,这种古树年龄较大,树径较粗,具有很强的观赏性,但有时卫生环境较差,景观层次单一。

古井:滨海村落中古井的数量不多,现在也基本上很少有人从古井中取水，而是成为一种景观。在鹤薮村内有古井两口，沙岗村内的一口古井据说有 300 年历史，古井旁有小井神庙一座，小庙上有对联："借问何人不饮水，未知谁个是思源"，为古井增添了人文气息。古井被铁网罩住以防人和杂物掉落，旁边的施工木架影响了古井的空间氛围。古井的空间以建筑实墙作为垂直界面，以石材或水泥地作为底面，古井多用井圈装饰，有圆有方，空间层次比较单一，古井空间内没有休闲设施。

伯公庙：滨海村落伯公庙数量较多，多位于村口、桥头、古树下、路边等，内部供奉伯公牌位，代表了村民对于风调雨顺的美好愿景。伯公庙尺度较小，高宽不超过一米，是硬山双坡顶的庙宇模型，材料以水泥、石材、筒瓦为主，颜色以灰色、绿色、黄色为主。伯公庙前的公共空间范围有限，界面单一。

根据调研走访，在沙岗村有两处伯公庙，位于古树下和古井旁，在格田村道路旁的古树下有一处，在西贡村有一处，位于古樟树下，在芽山村有一处，位于风水林边界处，在鹤薮村有一处，位于古树下。

门牌坊：部分村落有自己的门牌坊，包括芽山村、鹤薮村和沙岗村。具有历史价值的门牌坊多位于旧村入口处，尺度较小，如沙岗村和鹤薮村的旧村门牌坊，材料以砖、筒瓦、水泥为主。而在新村入口处的门牌坊多为新建，鹤薮村入口的大门已经完全现代化，不具有古村风貌，芽山村入口门牌坊虽为新建，但是具有一定古村特色，红色调为主，三开间，栏板辅以风景画装饰。

（2）存在的问题

村落点状公共空间自身存在问题：一些村落主要地段的古树空间下缺乏休闲设施、空间界面单一，具有观赏性的百年古树，空间堆砌杂物，地面无处理，无法吸引游客和村民停留。伯公庙与古井空间位置比较偏，缺少休闲设施，景观界面的处理单调，没有形成具有文化氛围的场所，难以吸引游客关注。门牌坊存在废弃的情况，历史价值没有被展现，周边景观界面单一。

由于点状公共空间本身存在的问题，一定程度上影响了其休闲旅游功能，景观界面的处理不当影响了空间观赏价值，难以展现点状空间的文化魅力，同时缺乏休闲设施也导致点状空间难以吸引游客驻足，成为消极空间。

3. 线状空间现状与问题

线状空间作为村落内部公共空间的一部分，其主要的休闲旅游功能为展现村落风貌、引导游客到达主要公共空间。通过调研发现村落线状公共空间本身存在的问题以及休闲旅游功能缺乏的问题。

（1）空间现状

河涌：经过调研及资料查询，共有三个村落有河涌水系，包括鹤薮村、格田村以及西贡村。河涌一般位于村落边界处，将村落与外界空间阻隔，河涌两边砌筑围栏，周围树木茂密，河涌宽度一般为5—10米，河道内现在存水很少，只有格田村的河道内水量较多。鹤薮村和西贡村内河道基本干涸，西贡村河涌位于新旧村交界处，空间风貌良好，河涌两边间接布置台阶，可以供人们洗衣、取水，河道一边自然形成开阔通道，另一边是村民居住房屋，这种线性空间具有视线的交流以及空间的层次性。

街巷：平面布局层面，滨海村落的街巷由于新、旧村落的存在而产生不同的空间组织，新村部分的街巷由明显的主要通道组织，旧村部分的街巷则呈现横纵相交的网状形式。旧村街巷尺度较小，平均宽度为1.2—2.5米，少量街巷依旧为石材铺装，并伴有高差处理，旧村的街巷空间给人一种幽静、围合的感受。新村街巷空间尺度比旧村大，平均宽度为5—7米，为村落提供对外的交通功能，新村道路基本为水泥地，街道两边建筑布置松散，具体情况见表4—11。

表4—11　　　　　　　　　　　　街巷布局特征

村落名称	街巷形式	特　点
沙岗村		旧街宽1.2米，材质以水泥为主、少量石材。街巷以横向为主，曲折蜿蜒、韵律感好，新区形状单一，旧区以网格状存在

续表

村落名称	街巷形式	特　点
新屋村		旧街宽 1.2—1.5 米，材质为水泥，南北走向为主，布局单一、风貌不完整。新区街巷成环状，旧区为网状
格田村		旧街宽 1.2 米，石头铺地，方向为北偏东，布局规整。新区街巷为鱼骨式，旧区为网格式
西贡村		旧街宽 1.2—1.5 米，石材，基本走向为横向，依水而建、高低错落。新区街巷呈现鱼骨式，旧区为网格式
芽山村		旧街尺度为 1.5 米，材质以水泥、碎石材为主，基本走向以横向为主，布局单一，局部高差 3 米。新区街巷主要道路为环状，配合网格状支路，旧区以网状街巷为主

　　街巷风貌层面：在比例尺度方面，当街巷两侧建筑高度与街巷宽度的比例为 D/H < 1 时，人将感觉视觉空间受到限制，这类街巷的活动范围狭小，给人以压迫感。当 D/H = 1 时，人的视线可以自由变化，空间存在较强的界定感和内聚力，创造了适合交往的最佳尺度。当 D/H = 2/1 时，空间感增强，给人一种宽阔的感觉，心理上会感觉到自由和安定，这种比例关系较好，建筑与街道的关系和谐。在村落的街巷尺度方面，村落中新区的街巷建筑高度各异，村落中新区通常会有一条主要街

道，起到交通性的作用，一般是机动车和人混行，宽度为 5—7 米，街道两旁的建筑一般为 3—15 米，大多数集中在 6—9 米，所以新区主要街道的高宽比 D/H0.3—2.3。根据以上数据，我们发现新区部分街道的尺度变化范围较大，介于封闭与开敞适宜的尺度之间。村落中旧区的建筑排列紧密，街巷空间多为小尺度空间，其中的线性空间宽度为 1.8—2.5 米，主要用于人行，两侧建筑高度为 3—9 米，大多数建筑为 3—5 米，所以 D/H 的比值范围为 0.5—0.83，小于 1，因此空间属于一种狭窄压抑的空间，给人一种非安全感，这也是西涌滨海村落街巷的一种特点。

在色彩材质方面，调研发现，鹤薮村是色彩数量最多的一个村落，对比其新区旧区的街巷色彩发现，旧区的色彩比较单一，变化相对也较少，为 2—3 种色彩，新区色彩变化范围大，为 4—9 种。综合来看，新区建筑的颜色以橘色、白色为主，改造成旅游用途的建筑以蓝色、粉色、紫色、绿色、红色、黄色等艳丽颜色为主，而旧区的建筑大多数为灰色、白色和土黄色，统一度高。整个街巷主要材质以砖、石材、贴面瓷砖以及水泥墙为主。

这些村落色彩运用有一些特色，一个建筑转角处有两种不同色彩，这使得在街上行走的人体验到同一栋建筑色彩的变化，对游客起到一定引导作用。部分墙面有涂鸦作品，题材以海洋和动植物为主，丰富的色彩变化体现了村落的滨海特色。

在街巷连续性方面，对比新旧街巷立面的连续性发现新区建筑间距较大，建筑高度不一致，建筑体块各异，造成界面的不连贯。旧区的建筑间距小，建筑高度保持一致，连续性较高。

（2）存在的问题

村落线状公共空间自身存在的问题：河涌空间在风貌上存在三个问题——干涸、污染、无人亲近的问题。街巷空间存在两方面的问题，一是平面布局的问题，包括新旧村街巷关联性差，旧村入口隐蔽，旧村街巷难以进入；二是街巷风貌的问题，街巷界面的连续性、尺度比例、颜色材质、艺术装置都有改进的需要。

由于线状公共空间自身存在的缺陷，影响了线状空间主要的休闲旅游功能，首先是在平面布局上无法满足游客游览村落主要空间的需求，可达性差；其次是在空间风貌上难以给游客留下良好的村落印象，缺乏吸引点。

4. 面状空间现状与问题

面状空间作为村落内部公共空间的一部分，其主要的休闲旅游功能为举办休闲旅游活动、展现村落文化，通过调研发现村落面状公共空间本身存在的问题以及休闲旅游功能缺乏的问题。

（1）空间现状

庙宇空间：西涌滨海村落群宗祠数量较少，天后宫、协天宫数量较多，反映了滨海村民重地缘、轻血缘的传统。庙宇空间指庙宇建筑和其前广场，多数位于村落的边界部分，广场由水泥地铺装，尺度亲切怡人。其空间布局主要为庙宇坐北朝南，位于广场南部，有的庙宇旁边会设置小学，如鹤薮村；有的广场中间会有香炉放置，如沙岗村。广场的风貌特色有待展现，广场周边少有休闲设施。

运动空间：村落中基本上都配置有一个篮球场地，一般位于村落中心的开放地带，或者是街道旁，便于到达。平面布局方面，运动空间独立存在，有些篮球场地周边有小型建筑存在。篮球场空间风貌普通，有围栏或安全网进行阻隔。有些运动场周边会有古树，形成阴影空间，利于观看者和运动者进行观赏和休息，但休闲设施很少。

调研过程中发现，篮球运动场所的使用人群多为青少年和老年人，幼儿活动设施使用者多为儿童和成年人，使用情况多为村内人自己使用，游客使用比重较低。有些篮球场成为村民放置杂物或者晾晒的场所，影响了空间的使用。

绿地空间：滨海村落村前经常有绿地空间，空间布局单一，内部没有进行空间的划分，无路径规划。空间风貌方面，绿地空间内部为杂草，卫生环境很差，周边点缀树木，有部分区域会种植果蔬。绿地空间无休闲设施，与游客之间互动很少。

池塘空间：芽山村、西贡村、新屋村内有风水池，一般位于村落的开放空间或者旧屋前，风水池是村民对村落运势的一种期盼，希望风水池可以阻挡戾气，为村落带来吉祥兴顺的气息。风水池形状各异，有月牙形、长方形、圆形等不同形状。风水池周围界面一般是围栏，采用石材或者金属材质围栏。平面布局上，池塘空间与周围开放场地之间没有交流。有的池塘上横跨一座小桥并辅以凉亭,形成一处休闲景观,但大多数池塘周边开敞空间无休闲设施。

(2)存在的问题

面状空间普遍存在利用率低的问题,需要新功能的加入激活,从而带动公共空间风貌、平面布局的更新,同时包括休闲设施的增加如休闲座椅、游乐设施。庙宇空间:只有村民在逢年过节才会利用的空间,游客很少进入此空间,空间风貌缺乏文化氛围,布局单一,缺乏休闲设施。运动空间:相比其他空间利用率高一点,但是被村民用作晾晒场地,影响休闲旅游的使用,且空间风貌单调乏味,难以激发使用人群运动潜力,缺乏观看活动比赛的休闲设施。池塘空间失去原有蓄水功能,周围空间单调,缺乏休闲设施。绿地空间风貌较差,无休闲设施,被杂物堆砌,造成空间浪费。

由于面状公共空间存在的问题,影响了其休闲旅游功能。平面布局的不足导致了空间功能单一、空间活动难以展开,空间风貌缺乏文化体现影响了对游客的吸引力,休闲设施的缺乏造成了游客休闲的不便。

5. 本章小结

本章首先对深圳东部滨海六个村落进行实地调研,了解村落发展现状。其次对村落游客进行问卷调研,掌握游客基本信息、游客对休闲旅游以及村落公共空间的认知。对村民进行访谈,从而得出村民希望更新哪方面的公共空间。最后,在调研基础之上,结合休闲旅游的发展,总结滨海村落现状并提出村落外部、内部公共空间存在的问题。

(五)西涌滨海村落公共空间的更新策略

1. 更新目标、原则与思路

(1)更新目标

①以整合休闲旅游资源为依托更新村落外部公共空间

目前村落外部的休闲旅游类型单一,海是旅游主题,但是由于滨海区域本身拥有充分的资源,应给予同等的重视及利用。将休闲旅游由滨海空间逐渐向村落空间扩展,有利于整个休闲旅游的空间互补,形成多元的旅游空间格局,使滨海休闲旅游从单一转向多变,从滨海向村落延续发展。通过结合村落外部旅游资源、旅游产品,打造景观丰富的滨海线状廊道,在为游客提供更多旅游产品选择的同时,也提供了优美适宜的滨海廊道体验。滨海廊道将成为游客到达滨海区域的慢行体验空间，其空间节点、空间断面的处理将给游客留下深刻的滨海村落印象。其交通设施的处理将满足游客舒适的旅游体验，摆脱原有混乱的交通局面。

②以加入休闲旅游功能为依托激活村落内部公共空间

村落的公共空间面临许多问题，随着村落产业转型，传统的农业、渔业逐渐被旅游业替代，村民数量有所减少，村落中的一些公共空间不再被村民使用，逐渐荒废，通过休闲旅游业的引导，可以对村落内部公共空间的功能进行丰富与创新，在满足村民使用基础上加入旅游需求的设计，以重新激活整个村落的公共空间，形成点线面布局合理、风貌突出、休闲设施齐全的滨海村落内部公共空间。

（2）更新原则

①整体性

整体性指村落内部系统要素处于一种结构稳定、功能合理的状态之中，各种空间要素互相协调，每一种要素都有其特殊功能。村落的公共空间不仅包括人工改造的空间，也包括村落周边的自然空间。村落的街巷、广场、绿植、建筑、河涌、山体、农田等协调共生，街巷建筑的风貌包括尺度比例、色彩材质、连续性、符号装置等内容，绿植的种类、界面内容、广场的铺装、空间收放等内容可以统一处理，共同体现村落公共空间更新的整体性。

②连续性

连续性不仅体现在空间体验感方面，也包含着村落生态体系的一个延续过程，具有一定的适应性。空间连续性体现在对空间文脉的尊重层面，继承原有建筑的发展趋势，在原有空间肌理的基础上进行更新，同时还要强调社会结构、生产方式、生活习惯、地域文化的连续。在保证村落原有的空间结构和空间肌理之上，保留重要节点空间，利用当地传统建筑的资源特色作为更新的参照，在设计中进行强化与创新。新的公共空间在尺度、材质、功能等方面都要与原有空间有所关联。延续传统村落特有的空间意向，满足村民与游客对传统村落的诉求，在此基础之上逐步完善设施，满足现代化的城市需求。

③人性化

人性化强调以人为本，满足人的各种需求。按照马斯洛的需求层次理论，人的需求是多方面多层次的，最基本要满足的是人的生理需求和安全需求，体现在休闲旅游层面就是满足基本的服务实施如餐饮设施、住宿设施；其次是社会交往需求、受人尊重的需要以及自我实现的需求，这部分体现在休闲旅游的内容上就是增加具有村落特色的公共空间，满足游客学习提升自我的需要，并为游客营造交往空间，提升人与人之间交流的机会。乡村旅游的兴起将为村落的空间更新带来机遇，在满足游客和村民的各种心理需求的同时，对空间的尺度、环境、交通、布局等方面进行更新，体现对人的关怀。

④乡土性

乡土性是村落休闲旅游赖以生存的重点与核心。虽然城市化进程对村落的空间产生了一定影响，但是在休闲旅游发展过程中，一些村落盲目发展低端庸俗的旅游产品和设施，一味追求城市化在乡村空间的体现，为了吸引游客扩大场地简单粗暴地破坏了村落的格局，拆毁历史建筑并重新建造客房民宿，严重影响了村落休闲旅游的吸引力和生态性。

本书中村落的乡土性主要展现在两方面，一个是滨海特质，另一个是田园风貌。乡土性的保留不仅需要在政府的引导下逐步渗透至空间内部，还需要游客、村民形成一种保护乡土文化、认同本土特色的自豪感。在具体的更新策略以及更新设计方面，应该以乡土性作为更新的原则。

⑤生态性

生态性体现在尊重滨海村落的自然环境，在设计时要考虑其地形特点、气候因素以及乡土资源，不能盲目地追求经济利益而破坏生态环境，要充分分析村落周边自然条件，给予合理的规划设计，避免人对自然进行大范围的侵占与利用，向游客、村民宣传生态的重要性，将休闲旅游的发展与保护村落的生态性结合起来。

（3）更新思路

①整体层面更新

在村落公共空间的更新设计中，首先要关注村落的布局情况，利用街巷这种线性要素将村落中的重要空间串联起来，并结合面状空间、点状空间内的服务设施、景观植物等内容共同设计，使村落的公共空间形成一个系统。其次，结合休闲旅游的发展，考虑游客游览体验的需求，需要把握村落空间的节奏，处理好空间秩序，结合点、线、面三种空间的位置、大小，以及新增的一些补充的空间节点和道路，构建起始段、过渡段、高潮段、结尾段这样的空间序列，并安排合适的旅游活动，最终形成多元丰富的旅游路线。在设计中，注意空间风貌的细节处理，整体的空间氛围保持一致性，详细的更新策略可以借鉴相关案例，参考其策略。

②局部层面更新

局部更新强调循序渐进的更新模式，村落外部空间规模大、范围广，因此着重强调滨海通廊的更新有利于游客使用周边旅游资源，对于农田、泻湖、防风林的更新则需要阶梯式前进。对于村落内部公共空间，线状空间作为联系整个村落的重要空间应给予优先更新，由线状空间连接的点状空间、面状空间，考虑对游客和村民喜爱的空间和村落特色空间给予重点更新处理，其他次要内容逐渐更新。这部分的更新策略借鉴相关设计理论及基础数据、游客与村民需求以及优秀案例。

2. 休闲旅游视角下村落外部公共空间更新策略

这里所指的村落外部空间是村落边界到达海边的范围，包含了村落周边的各种丰富旅游资源，其中重点强调滨海廊道空间。对外部空间布局提出策略是为了更好地组织旅游产品，形成多元旅游路线，为滨海地区的休闲旅游发展提供有序空间。

（1）结合休闲旅游资源整合空间布局

①合理利用村落自然资源划分旅游区域

根据旅游资源的位置及规模大小，分成四个旅游区域，分别为农业体验区、泻湖观光区、森林娱乐区以及沙滩休闲区。其中农业体验区和泻湖观光区分别有一大一小两个分区，均匀地分配到东、西侧两个部分，这样可以保证东、西侧拥有不同资源侧重点，同时又有小型资源辅助，例如喜欢观赏泻湖风光、体验安静休闲旅游的人群可以选择西侧为主要目的地，喜欢体验农田活动、观赏农田景致的游客可以选择东侧的区域，如图4—12所示。森林娱乐区和沙滩休闲区则呈现带状布局，贯穿整个西涌海岸线。通过这样的分区划定，使旅游资源充分发挥其本身的魅力，使游客在海洋休闲旅游之外有其他的选择。

还要重点强调一下生态性，由于对旅游资源的利用会使人进入自然区域，因此需要从开发容量和开发技术上给予考虑。在整体布局方面，大面积的资源利用，如东侧农田的开发，根据需求人数可以沿着滨海廊道开发一定比例；而小面积的资源，如东侧的泻湖资源，在保证其原始生态的前提下，开发一条生态小径让游客得以观赏，减少对环境的影响。这样一大一小两种规模的资源相互配合，形成景观的互补，展现了空间的主要和次要景观，并与滨海廊道结合，丰富游客游览过程的体验与感受。

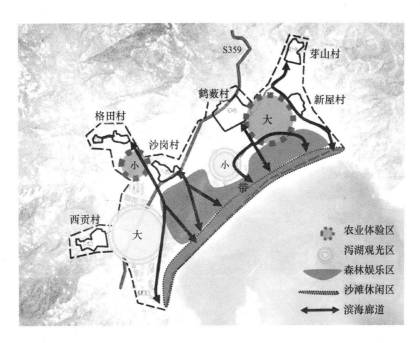

图4—12 整体旅游资源利用格局（刘丽媛 绘制）

②结合旅游产品分类利用空间

农田空间是乡村旅游的一部分，是将生产性与观赏性景观融为一体的空间，农田景观的优化不仅要注意空间形态是否美观，还要尊重农民生产实用功能的合理性，在此基础之上合理设计调整。可以结合观光农业旅游产品，种植本地特产，注意农作物颜色、高度、样式的搭配，更可以预先设定好图案，使农作物的形态与图案完美融合，形成富有观赏性的农田画卷，以此吸引游客。如日本青森县田舍馆村的稻田画，通过将黑稻米和紫稻米等不同品种的稻米，根据设计好的布局种植而成。每年种植题材都不同，题材广泛。观光农业旅游产品设置在最接近道路的部分，便于行人观赏。在观光农业周边可安排农业采摘、农业种植等旅游产品，形成阶梯状的旅游产品空间。农田内部交通保持土路原本面貌，在适当位置布置休息平台、茅草屋、凉亭等休闲空间，满足游客休息、观光需求。

防风林空间的利用包括两方面，一是森林中游览路径处理，二是森林中旅游产品设施处理。游览路径包含最短路径，即快速到达海滨的廊道，还包括游览体验多种旅游资源、旅游产品的支路，不同资源结合不同的路径处理手法。森林中的旅游产品可开发成如森林乐园、森林静修空间等，在整体布局中有效组织这些功能。

沙滩是滨海休闲旅游最富有人气的场所，这一区域可以从以下两点进行更新：一是安排沙滩运动场地、沙滩艺术场地，这些场地互相穿插、串联，可以有效丰富海滩的空间。由于海岸线长达3公里，这些空间可以沿着海岸线相互交错安排；二是对沙滩与泻湖边界的小木屋进行更新，提高旅游设施品质。

泻湖空间位置处于较为安静的区域，生态环境良好，人群进入的可能性不大，建议保护为主，开辟原始的小径，引导游客进入观赏，不建议开发大型的旅游产品，避免对乡村资源过度开发。

（2）滨海廊道的更新策略

①廊道空间节点

为了适应休闲旅游发展的需要，创造丰富变化的空间，在原有村落外部廊道空间的基础上，在现有游客游览序列的基础上，参考当地自然资源的空间特征，建立从村落开始的、变化丰富的空间节点序列。选择廊道节点的标准有两点：一是根据游客需要，比如集散、等待、观赏等；二是根据优质资源特色，比如村落景观、泻湖景观、农田景观等，选择景观欣赏最优秀的地点放大节点；三是依据空间秩序的建立，在廊道起点和结尾考虑设置节点，并利用廊道中的节点打破其单一性。

根据以上选点原则，结合村落实际情况，在以下几部分安排节点：在廊道的起点可以设置空间节点，作为旅游人群集散地，设置旅游服务平台，为游客提供便利的服务。联系交通停车设施，方便游客通过滨海廊道进入滨海区域。廊道的转折点和岔路口可以设置空间节点，作为引导游客方向的标志性节点，利用具有乡土气息的指示标牌以及适当的购物设施为游客提供服务，同时提供等待空间，这部分的空间处理注意廊道乡土特色的展现。优质自然景观与廊道结合的部分，开辟空间节点以帮助游客更好地欣赏自然景观，提供木质观景平台、休闲座椅。廊道的结尾设置节点空间，引导游客进入滨海沙滩区域，注意结尾的节点不宜设计成大尺度空间，为了与滨海沙滩连续开阔的景色形成鲜明对比，森林具有其封闭性，应控制结尾空间节点的规模，欲扬先抑。

②廊道的空间断面

廊道断面主要考虑两点：设置人行步道，方便游客穿行到达滨海区域，减少车辆对人的干扰。设置生态过渡区，种植灌木、花草，形成具有层次的景观界面，植物围合空间具有极大的灵活性，不同植物种类、不同配置方式、不同疏密程度都会产生不同的效果。提倡采用本土植物进行界面处理，本地植物更容易存活，同时也代表着本土特色。在廊道两侧种植行道树，为游客提供舒适的漫游体验。在处理人行步道与生态区的分隔时，还可以借鉴传统农村民居中的做法，如采用卵石夯土做法，形成底面的变化，展现农业乡土文化的潜在美学。

廊道随着景观变化而产生界面处理的变化，廊道铺地一般有两种形式，一类是利用植物铺设而成的柔性地面，另一类则是利用石材等材质铺装的硬质地面。车行道路采用水泥铺地，利于交通流动，其他廊道的设计利用当地材料，展现其生态性、地域性以及功能性，可以利用条石、鹅卵石、老船木、砂土等材料以体现乡土特色。而森林中的游览小路则考虑碎石子、鹅卵石路或是石板汀步，一些节点部分可采用植物柔性铺地，以展现原始风貌，一些休闲类的平台可考虑木质铺地。

③廊道交通设施

首先，廊道停车场需要从位置和界面两方面更新。停车场的位置分散于村落入口、滨海防风林内，在旅游区内部适当位置新建停车场，逐渐停止防风林内停车场的使用，以减少对滨海自然的破坏以及缓解私家车拥堵的问题。选择新建停车场位置的标准有三条，第一条是尽量选择生态不敏感的空地或目前已经荒置的田地，以不破坏生态为前提；第二条是选择在主要交通道路S359两侧，靠近滨海廊道入口的地方，便于游客下车后到达滨海区域；第三条是停车场设置尽量与村落保持一段距离，以免破坏村落周围乡野景观。对于大面积停车空间的界面更新，考虑到旅游淡旺季旅游人次的差异性，给予弹性设计。当村落处于休闲旅游旺季时，大量私家车涌入村落内部以及廊道空间，在空间和视觉方面影响了游客休闲的心情；在旅游淡季，游客减少，停车场地空置并形成资源的浪费。因此，停车场在设计时尽量将大空间划分成小尺度的生态空间，将景观与停车位结合起来设计，在停车位的间隔区域种植乔木、灌木，铺地主要利用透水砖、植草砖等材质，减少硬质铺地的面积，使停车场兼具视觉景观与停车两种功能。

其次，目前廊道交通工具为私家车、摩托车，节假日由于旅游的影响产生拥堵，影响自然环境。建议在主要滨海廊道内部以电瓶车为主要交通工具，可缓解私家车拥堵，也营造了廊道内部干净整洁的环境，形成以人行为主的漫步廊道。

3. 休闲旅游视角下村落内部公共空间更新策略

（1）结合休闲旅游功能完善公共空间

①结合旅游功能整合村落空间布局

根据村落内部空间布局首先明确村落包含的旅游功能，主要为旅游服务功能、传统建筑体验功能这两种。村落中新村建筑密度较高、街巷尺度较宽敞、公共空间数量较多，而旅游服务为了满足游客各方面需求，需要新村这样的空间形态，有利于高效地解决游客衣食住行基本需求。村落中旧村建筑年代久远，格局紧密，包含古树、古井、门牌坊、宗祠等村落本土元素，适合开发传统建筑观赏产品，增强村落文化吸引力。注意两种功能相交位置，需要处理过渡空间，形成一定开放的场地，以引导游客进入。

②休闲旅游需求下完善配套设施

休闲旅游基本的配套设施为食、住、行、游、娱、购，也就是餐饮设施、住宿设施、交通设施、游览设施、娱乐设施、购物设施这六个方面。对来西涌村落休闲旅游的人群来说，最主要的是住宿、餐饮、交通设施，可以满足游客基本的生存需求；其次是游览、娱乐、购物设施，满足游客休闲放松的需求。西涌村落内部目前主要的设施为食、住、购，而游、行、娱有待加强。将休闲旅游的服务设施，如住宿设施、餐饮设施、购物设施安排在村落主要街巷两侧，其中餐饮设施结合道路转折节点布置，以吸引更多游客。游览设施中的游客服务中心布置在村落主要开放场地，是人流最为密集的部分；卫生设施均匀布置在村落内部，结合点状空间、面状空间布置，方便游客寻找使用。休闲娱乐设施主要结合村落面状空间布置，例如运动空间周围可以设计小型辅助运动空间、儿童沙坑，庙宇广场可以结合休息平台布置老年人活动设施。交通设施结合村落入口附近的空置空间设置。

③结合村落点线面公共空间构建休闲旅游线路

首先根据滨海村落现状，结合点、线、面公共空间构建空间秩序，形成一个村落中心和多个吸引点共存的格局。村落起始阶段，利用村落入口的门牌坊、自然资源强调入口空间。村落高潮阶段是在线状空间串联下，面状空间和点状空间组合，形成一个村落的中心地带，包括古树、风水池、运动空间，对这种空间进行合理更新，以突出村落特色。村落点状空间、面状空间还可以借由线状空间串联成丰富的旅游路线，在村落缺乏空间吸引点的时候，可结合空间现状开辟新的点线面空间，如利用危房空间。结尾部分为村落边界部分，一般围绕着农田、果林、山地等自然要素，应保存原生态的自然状况，更新时注意避免用强硬的分割手段例如水泥、铁网，应以柔和的方式暗示村落边界。

在村落重要的点、线、面公共空间内，可以利用丰富的休闲旅游活动激活空间，一方面可以借由村落本身留存下来的民俗活动，如赛龙舟、舞草龙、宗庙祭祀祈福等活动，向游客展现滨海村落文化特色；另一方面可以结合新兴的滨海活动，如海洋音乐节、涂鸦艺术展、义工活动等，丰富游客的体验。结合村落整合之后的点、线、面三种公共空间，联系其空间序列以及游客最想体验的村落内容，开发多元的旅游路线，如建筑历史游览线、村落田园风光线、民俗活动体验线等，使游客的休闲旅游行为变得积极、动态。

（2）点状公共空间更新策略

由于点状空间分类较多，且形式特点各异，具体的功能作用也不尽相同，因此在提出策略的过程中，可以根据从不同分类的点状空间分别阐述，以强调特性。

①古树

休闲旅游功能更新：根据古树目前在村落中的状况，可以分为两类进行更新设计，一类为交流型古树空间，这类古树处于村落主要交通道路节点，原有功能为村民交流场所，更新策略主要为加强其聚会交流的功能，通过增加休闲设施使游客和村民可以共同聚集在古树空间下并产生交流；

另一类为观赏型古树空间，这类古树树龄较高，通常为 100—300 年，位置处于村落边界地带，更新策略以增加祭祀祈福功能为主，使游客在参观古树时还能表达自己的愿望，参与其中。重点通过完善景观界面，营造一种具有观赏价值的古树空间。

具体更新策略：交流型古树，树下一般为水泥砌筑的基座，或用石材堆砌，古树周边有其他小树围绕，古树阴影下为石凳和石桌。更新策略为：将古树基座与休闲座椅相结合设计。古树与周围树木用地面铺装和矮墙融合在一起，可结合儿童娱乐设施设计，形成一个整体。

观赏型古树，无基座，周围布满废弃砖木、杂草，地面为暴露的土地。更新策略：沿古树基底布置为富有层次感的景观铺地，从内到外依次为草丛、砖石地面、低矮砖石或者木材围合限定空间，使游客保持距离观赏古树。结合古树围栏设置祈福牌，使游客更好地利用空间。

②古井与伯公庙

休闲旅游功能更新：古井与伯公庙体现着村落的历史文化价值，但其原有功能已经退化，新增的旅游功能以增加祭祀功能以及文化展示功能为主。古井结合周围景观界面处理，向游客展现水文化；伯公庙结合景观界面的更新展现其独具滨海特色的土地庙文化，并为游客提供短暂休息的设施以及可以祭祀祈福的平台，使游客体验到村落土地文化的魅力。

具体更新策略：西涌滨海村落存有的古井数量不多，很多井口因为安全隐患问题已经被填，古井曾经作为村民生活的基础设施，现在已经丧失原本功能，并且空间层次单一。因此，更新策略以游客体验为主，策略包括：加强景观界面处理，强调古井基座的处理，设置防护围栏，保证古井安全性，辅以小型绿化盆景，营造层次丰富、景观宜人的古井空间。利用休闲设施增加游客体验性，设计水文化互动设施，例如座椅、提水设施等。提供祭祀平台，使游客体验宗教文化，营造水文化空间。

伯公庙是用于供奉管理土地、道路、古树等神祇牌位的小型庙宇。伯公庙按位置可以分为古树型和道路型，寓意警戒和保护村落。对于伯公庙的空间更新，也需功能的转变，使伯公庙不仅作为村民信仰的存在，也作为游客体验的要素之一。

古树型伯公庙，常位于新村、旧村交界处，背靠古树、树林，伯公庙前有开敞空间，经常被私家车辆占据，影响了伯公庙的景观。更新策略：

通过丰富景观界面,增加空间限定界面,保证伯公庙周边小尺度范围内无车辆、杂物围堵,营造安静整洁的宗教氛围;利用平台抬高,或者地面材质限定空间,形式自然多变;在休息平台增设少量木质或石材座椅,吸引游客驻足。

③门牌坊

休闲旅游功能更新:门牌坊位于村落入口处,是具有标识性的点状空间,结合游客在入口空间的等待、拍照、询问等需求,结合门牌坊增加其旅游服务功能。对于具有历史价值的旧村门牌坊,增加其文化展示功能。

具体更新策略:新村门牌坊一般是新建的,且与现有旅游功能联系紧密,是游客进入村落前对村落印象的最先认知,因此,应该采取积极主动的更新办法。加强门牌坊的细节处理,将雕刻和彩画质量提高,通过向优秀的村落入口学习借鉴,注意其村落入口乡村景观的营造,利用乡土材质以及树木、花卉等,展现村落开放、包容的滨海特色。

旧村的门牌坊历史悠久,尺度较小,存在问题较多,有的甚至失去了让人穿越的功能,面对这样的门牌坊,应该以保护为主,可以对门牌坊周边的环境要素进行更新。更新策略:强调门牌坊作为景观节点的作用,丰富其景观界面处理,通过地面铺装、绿植的引导,加强门牌坊与周边建筑互动,并通过加入旅游介绍来吸引人群。

(3)线状公共空间更新策略

①河涌空间更新策略

休闲旅游功能更新:现有的河涌缺乏利用,根据游客调研发现游客愿意停留在滨水空间,因此应增加休闲旅游方面的功能,借鉴相关案例可增加河涌景观欣赏、民俗体验、购物功能等。

具体更新策略:河涌空间存在的问题包括干涸、无人亲近、污染。从空间风貌方面考虑的更新策略包括三点:对干涸的河涌,在河涌坡面铺装鹅卵石块,形成一条凹陷的硬质景观,同时一旦雨水量增加,河涌可以继续利用,如日本白川乡合掌村河道;对于河涌与人的关系,平行于河涌的道路采取石材或木材铺装,营造与人亲近的空间,如阶梯状台阶,节点位置放大处理,作亲水台阶或平台。同时在河涌步行系统设置购物设施,为游客提供小食、特色旅游产品等,方便游客停歇,还可以结合河道内景观增设龙舟元素,宣传村落民俗文化;对于污染的河流,利用植物的力量改善河水质量，如睡莲、香蒲、水生鸢尾、美人蕉等，这些植物在较差的水环境中也能生长，可吸收重金属，逐渐改善水质，可根据河道走向设计特有的布局，让每一条河道与水生植物相得益彰。

②街巷空间更新策略

休闲旅游功能更新：在休闲旅游的影响下，街巷空间的更新策略注重平面布局的合理性和空间风貌的特色性。

平面布局：作为滨海休闲旅游的一个载体，村落街巷空间应具备连接游客目的地的功能，将村落中优秀的空间、特色景观进行串联。

对于新旧村之间交通联系较弱、旧村可进入性不高的问题，更新策略如下：在新旧区街巷交界处布置节点，标志出入口。将旧村入口处的街巷拓宽或营造一个入口空间，以引导游客进入；将新旧区之间的道路整理为数量较少的主要通道，强调少数通道以避免其余支路扰乱游客；在保证村落内部主要街巷不变的情况下，合理利用各次要街巷，适当地引入次要横向或环状的游览路线，将人们在旧村的游览线路中可以方便地寻找到环状路线，最后汇集于主干街道上。

空间风貌：在街巷空间尺度比例方面，旧村的街巷比较封闭，但是作为传统建筑，以保护为主，新区建筑的比例和尺度需要控制，建筑层数控制在 2—5 层，D/H 控制在 1 左右，在建筑一层近人尺度内增加一些檐廊及花园，可以使人产生亲切感，又丰富了空间的层次。

街巷立面色彩方面，现有村落的色彩采取一楼一色的方式，整个街巷形成了色彩的碰撞。这种现象产生的原因很有可能是村民的模仿，学习大鹏其他旅游村落的开发模式，如较场尾民宿，这种现象我们应该尊重。丰富的色彩与海洋欢乐的氛围融合一致，也形成了吸引游客的卖点。

根据案例借鉴，色彩更新的策略包括：虽然色彩丰富各异，但是整个村落的统一性体现在整体颜色的控制，如威尼斯布拉诺小镇，所有建筑都是浓烈的色彩，相邻建筑使用不同颜色，最终村落整体感形成。第二个案例为巴哈马群岛的天堂岛，选取颜色为浅色系，大多数建筑会遵循这一规律，最终村落形成一种淡雅别致的风格。同一栋建筑如果出现对比色，那么颜色的搭配多以补色或者相近色为主，例如粉色搭配蓝色，绿色搭配蓝色。对于本书中出现的村落色彩，应该从滨海生活中提取颜色，加入其中；新区建筑保持色彩多变状态，以吸引更多游客，提供多元服务，旧区建筑保持其灰白色调,以延续村落文化历史氛围。

街巷材质选择方面,鼓励就地取材,充分利用西涌特色资源,变废为宝。在海洋资源的利用方面,由于村落地处滨海,许多海产品可以提供材料装饰村落,例如生蚝壳、贝壳等,将其镶嵌在墙体内部或者直接作为墙体填充物,都可以突出村落海洋特色。对于废弃资源的利用,可利用照片、明信片、塑料瓶盖等小饰品装扮建筑立面,形成亲切而又吸引人的立面。

街巷艺术装置方面,村落现在可利用的具有滨海村落艺术气息的要素大体可以分为两类:植物、生活用品。艺术装置的策略依靠村民发挥其想象力完成,此处提出一些想法,具体操作因人而异。在植物利用方面,将不同植物排列组合,利用其枝叶、颜色的差异进行装饰,选取具有创意的底座,形成旅游的吸引点。生活用品可以利用生活中的废弃物品,重新设计作为装饰,例如废弃的渔船、船锚、救生圈、汽车轮胎、烧烤架等西涌滨海特色装置,可更新为植物栽培器皿、公共空间边界、座椅、观赏性雕塑等。

在街巷的连续性方面,新村街巷的连续性较差,可以利用植物和构筑物以及休闲设施弥补这些空缺。当前的建筑可以沿用传统街巷概念,通过各种建筑手段达成连续界面,例如在两栋建筑之间利用围墙和沿街店面,联系相对独立的两个部分,还可以设计一些院落空间,利用建筑遮阳设施、商店招牌、灯光装饰品等将建筑界面补充完整。

(4)面状公共空间更新策略

根据对游客调研得知,游客对于面状空间中的庙宇空间和运动空间最不满意,因此将重点对这两种空间提出更新策略。

①庙宇空间

休闲旅游功能更新:祭祖拜神是村民丰富其精神生活的主要内容,在村落中常保留着各类庙宇,然而随着村民生活的日益丰富,这些庙宇建筑与空间也随同祭祀等传统活动一起衰败没落。结合休闲旅游的需求,首先激活其原始的祭祀功能,其次结合空间布局、风貌的更新提供文化展示功能,通过增加休闲设施提供休闲娱乐、举办活动的功能,将庙宇空间打造成休闲旅游中展现村民精神的重要节点。

庙宇空间更新的策略如下:在平面布局方面,保证庙宇前广场的开放性，结合新加入的旅游功能如村落历史介绍、海洋文化知识传播、村民聚集中心等，在庙宇旁边寻找合适位置，予以更新，如鹤薮村协天宫旁的鹤薮小学，已经废弃，可以改造成新的旅游空间，广场周边以绿植为主。在空间风貌更新方面，空间界面包括墙面和植物两种，墙面处理注意细节展示，可以辅以图画、雕刻宣传村落文化，界面材质的处理应注意呼应庙宇，可采用石材、木材等乡土材质；植被的处理应注意植物的色彩、植物的间距。其广场空间由于庙宇色彩鲜艳，广场空间色彩应保持灰、白色调，以木色、植物的绿色点缀，形成对比。在休闲设施方面，在庙宇广场边缘布置休闲座椅，结合具有遮阴效果的亭台、绿化植物为游客村民提供休闲去处，激活庙宇空间。

②运动空间

休闲旅游功能更新：村落中的运动空间主要为篮球场地以及一些健身设施空间，这类空间一般位于村落中心位置，与主要交通道路关系紧密，为村民提供日常体育运动的空间，丰富村民生活。随着村落旅游业发展，大量游客进入村落，但是游客对体育空间的利用度不高，可将原有的运动功能逐渐向其他功能转变，例如村落文化宣传、音乐现场等，结合一些休闲设施以及空间风貌的处理，将运动空间打造成村落内部文化娱乐活动的聚集点。

运动空间可从以下方面进行更新：在平面布局方面，结合新的功能更新，旅游旺季可举办现场音乐会、交流互动活动、民俗展示活动等，可以在运动空间长边两侧布置简易台阶，作为观赏平台，淡季作为村民晾晒衣物、床单、谷物的场地。在空间风貌方面，为突出运动空间的体育氛围，应灵活多变地处理空间界面，采用软质的地面铺装，防滑耐磨材料优先考虑，利于老年人和儿童使用；大胆尝试鲜艳色彩，利用色块的碰撞产生运动兴奋点。在休闲设施方面，结合运动空间周边的树木更新休闲座椅，结合周边小尺度空地，加入儿童娱乐设施、老年运动器械等。

③池塘空间

休闲旅游功能更新：风水池原有主要功能有两点，第一点是方便村民取水、洗涤、应对火灾、雨季排水。第二点是风水方面，古村落建设的基本原则就是要"背有靠山，前有流水"。现在村落已经拥有自来水管线，取水方便，池塘已经失去第一个功能，面临旅游发展，应把风水文化体现在空间中，使风水池成为游客了解风水知识的空间。同时结合一些村落鱼类观赏等功能，丰富其旅游体验性。

从以下方面考虑更新策略：在平面布局方面，以风水池为主要内容，保证环绕水池的空间无阻挡物。在池塘周边空出游客活动场地，在场地外围布置绿化景观，从草地、花坛到树木，提供一定休闲空间。在休闲设施方面，以水文化为主题在池塘周围空间设置景观小品、座椅等。

④绿地空间

休闲旅游功能更新：绿地空间多位于村落入口前方的空地。主要功能有两点：一是满足村民自己的食材需求，二是形成良好的村落景观。而现有村落的绿地空间空置率高，且景观不美观，面对旅游业的发展，需要为游客提供参观与体验功能，根据游客问卷调研结果，可以增加农业种植体验功能以及农田观光功能。

从以下方面更新：在平面布局方面，在适当的位置开辟游客体验区，为游客提供种植、采摘、观赏的土地，可以建造木质房屋作为服务中心，并利用植物附属品创造游憩的环境。在空间风貌方面，保证土地利用率，创意种植植物果蔬，将荒草地清整干净，注意耕种的规整性、美观性。

（六）实证研究——以鹤薮村为例

1. 鹤薮村概况

（1）区位分析

鹤薮村位于深圳东部大鹏新区南澳街道西涌村落群之中，处于西涌南路（S359）前段，是旅游交通道路进入西涌村落群的起始位置，与芽山村、新屋村以及沙岗村相邻，距离西涌海滩仅有900余米的距离。村落占地面积约为9.8公顷。古村落内只有几户人家居住，新村现有户籍人口约380人。

村落依地势而建，坐西北朝东南方向，分为新村、旧村两部分，其中新村占地3.5公顷，旧村占地2.5公顷。新、旧村边界清晰，一条约4米宽的水泥路将村落分为新、旧两部分，新村位于旧村西南面。

（2）自然环境

鹤薮村周边的自然资源丰富，最主要的自然资源包括西涌海滨、防风林、自然农田。西涌背靠青山，面向碧海，海湾内有净长3.3公里的沙滩，为深圳第一长滩。水质清澈，沙滩平原平均宽度70米左右，沙滩后面的沙坝高出海平面 8.5—11.5 米，在沙滩背后形成一道天然屏障。沙坝之上种植了 500 多亩防风林。西涌防风林位于西涌沙滩与农田之间，主要由木麻黄组成，形成一道天然屏障，既可以阻挡台风与沙带来的侵扰，又成为一道美丽的风景线，同时可以为旅游提供休憩场所。鹤薮村与防风林之间为大片农田，由村民种植蔬菜水果，近年来，随着旅游业发展逐渐取代农业发展，农田逐渐荒废。

（3）历史文化

①历史背景

鹤薮村内的协天宫修建于明万历年间，宫内石碑刻有村记，据协天宫碑刻记载，刘氏先祖于洪武元年（1368）定居此地，至今已有逾 600 年的历史。有刘、徐、陈、袁等 12 个姓氏，相处和睦。协天宫旁边有一鹤薮小学，于 1951 年兴建，据当地居民介绍，鹤薮古村落很重视文化教育。鹤薮村名字的由来有一种说法，由于村落自然资源丰富，常有仙鹤在村落周边活动，因此命名为鹤薮村。香港日占时期，鹤薮村曾经是东江纵队港九大队的一个基地，何礼文、戴斯德及谭伟程皆曾居于此。如今，古村里只留下不足 10 户人家，而且多为老人。村落内建筑分为三个时期，由东至西依次为 20 世纪 80 年代之前的传统建筑、90 年代初的平顶建筑以及近年兴建的洋楼。

②人文活动

鹤薮村的人文活动包括赛龙舟、舞草龙、特色饮食——盆菜等。

赛龙舟是我国一项历史悠久的活动，常常在村落水系或海洋中举办此活动，是我国南部地区村民最喜爱的活动之一。一般赛龙舟都在端午节举行，活动来源于祭祀龙王、祈求风调雨顺的美好愿望，历史起源可追溯到原始社会，现在作为一项非物质文化遗产，受到越来越多的年轻人喜爱。西涌地区的村落有着丰富的龙舟文化内涵，并已经从过去的民俗文化活动逐渐转变为现在的全民参与其中的健身活动。

"舞草龙"又称"舞火龙"，是西涌渔民极具特色的风俗。舞草龙主要分为"扎龙""舞龙"和"送龙"三个部分。由于渔民长期在海上生活作业，缺乏精神寄托以及民俗活动，因此结合海上生活习惯、海洋崇拜、海洋作业等多个内容，形成了使渔民休闲放松、精神愉悦的舞草龙活动。这项活动蕴含着丰富的历史文化价值，展现了渔民的智慧与艺术表现力，同时，这项活动具有打造成休闲旅游活动的潜力，可以为村落旅游带来发展契机。

2. 鹤薮村公共空间分析及问题

（1）使用人群调研

为了对鹤薮村旅游业发展以及村落公共空间有进一步的认知，以及了解主要使用人群——游客的需求，对鹤薮村游客进行问卷调研，得出的结论如下：在游客基本信息方面，大多数来鹤薮村旅游的人群年龄为20—50岁，以中青年为主力，游客职业以私企工作人员为主。

在游客对于鹤薮村的旅游特色认知方面：①鹤薮村最吸引游客的优势为滨海廊道的便捷、村落风貌具有特色，分别占27%、22%。②最希望产生哪种新的旅游产品中，观光农业和传统建筑再利用所占比重最高，分别占25%、18%；其次是农业采摘与森林乐园，分别占15%、12%。

在游客认为村落外部公共空间存在的问题方面：①鹤薮村外部空间整体上存在的主要问题包括旅游资源利用不充分、休闲旅游设施不足，分别占47%、33%。②从鹤薮村到海滨的道路存在的主要问题包括形式单一且缺乏停留空间、缺乏人行路及行道树，分别占33%、27%。

在游客认为鹤薮村内部公共空间存在的问题方面：鹤薮村内部空间整体上存在的主要问题包括空间之间缺乏引导、休闲旅游服务设施不健全，分别占37%、26%。鹤薮村点状公共空间（古树、伯公庙、门牌坊）存在的主要问题为景观界面单一、休闲旅游设施缺乏，分别占34%、32%。鹤薮村线状公共空间（河涌、街巷）存在的主要问题为整体布局缺乏系统性、街巷风貌差，分别占38%、31%。鹤薮村面状公共空间（运动空间、绿地空间、庙宇空间、村口停车空间）存在的主要问题为平面布局形式单一、休闲旅游设施缺乏，分别占40%、31%。

（2）公共空间现状及问题

①外部公共空间现状及问题

鹤薮村外部的滨海廊道分为三条支路，最短的支路长度约为900米，最长的支路长度约为1100米。廊道两侧依次为农田、防风林、沙滩，除了沙滩利用率较高以外，农田和防风林都没有被很好地利用。主要通道人车混行，水泥铺路，无人行道和行道树。旅游旺季存在交通拥堵问题，廊道无空间序列组织，单调平庸。

②内部公共空间现状及问题

点状空间：古树：鹤薮村内主要古树位置，处于村落边缘以及街巷节点处，主要存在问题是利用率低，空间界面单调，缺乏休闲旅游设施。伯公庙：鹤薮村内有一处伯公庙，处于村落中心偏南，空间整洁，但是游客不愿亲近。门牌坊：村落内部有两处门牌坊，一个位于旧村边缘，是历史年代久远的建筑遗存，另一个位于村落入口，现代形式，较为封闭、呆板。

线状空间：河涌：村落外围有环村水系，现已干涸，由石栏杆围合，栏杆外围种植树木。问题是功能丧失，难以形成趣味性，步行空间紧张，尺度狭小。街巷：村落主要街巷走向为南北向，共有 5 条纵向街巷，其中有 3 条为新村的街道，2 条为旧村街道。横向街巷较少，与纵向道路之间缺乏连接，且新村、旧村之间的街巷不具备引导性。沿街建筑风貌方面，整体街巷风貌不连续，村落主街的建筑与庭院关系不明确，部分建筑的构架侵占了街巷空间，街巷色彩不够统一，体现滨海特色的材质处理以及艺术装置匮乏。

面状空间：庙宇空间：鹤薮村内存在一处协天宫，与一所荒废小学并排布置。空间基本功能为祭祀，除了节庆期间很少使用，功能逐渐丧失。空间界面以矮墙为主，封闭性较强，略显单一，人气不足。运动空间：鹤薮村内有两块篮球场地，分别位于村落中部和南侧一端，形式相似。村落中央的篮球场使用率较高，一般作为游客栖息地和村民晾晒场地，整个空间围合感强。村落南侧篮球场地由于位置较偏，使用程度不高，周边场地开阔。缺乏休闲旅游服务设施，如休闲座椅、遮阳措施、餐饮设施、卫生设施等。绿地空间：在村落东南部有一块大型绿地，利用率低，堆满杂物，影响村落整体风貌。

（3）休闲旅游现状及问题

①村落外部休闲旅游现状及问题

村落外部休闲旅游现状：与整个西涌村落群相似，主要利用的旅游资源为沙滩资源和海洋资源，对于经常来此旅游的游客来说，需要增加新的旅游产品丰富旅游行程，对于第一次来的游客，多元旅游产品将成为吸引点，激发多次休闲旅游的可能性。主要存在的问题为：对于村落外部自然资源的利用不充分,鹤薮村周边丰富的自然资源除了滨海沙滩之外,基本处于闲置状态。由于村民对于休闲旅游开发的认识较为浅薄,缺乏开发相应旅游产品的经验,因此鹤薮村外部休闲旅游的开发不甚理想。

②村落内部休闲旅游现状及问题

鹤薮村内部休闲旅游资源比较丰富,主要以点、线、面三种公共空间为载体,目前村落休闲旅游开发只局限在主街附近,不够全面、系统,主要的休闲旅游问题体现在以下三方面。

休闲旅游功能与公共空间不完善:村落具有特色的公共空间处于一种荒废状态,例如点状空间——古树、古井、伯公庙,隐藏在村落角落,处于闲置状态,虽然具有悠久的历史和文化特色,但是无法展现给游客。其次,这些空间缺乏相应的体验项目,例如面状空间——协天宫,作为鹤薮村内最具文化特征的空间,村民只有在节日才会去举行一些祭祀活动,对于游客来说,很难参与其中并了解其文化特色。

配套设施不完善:鹤薮村内现已开发的主要休闲旅游服务设施为餐饮、住宿、购物设施,其余公共空间配套设施较为匮乏,缺乏旅游服务中心、停车设施、卫生设施、休闲娱乐设施等。同时,已开发的餐饮设施、住宿设施、购物设施缺乏合理规划。

缺乏休闲旅游路线组织:调研中发现鹤薮村内部缺乏合理的旅游线路规划,各空间节点之间相对独立,缺少路线串联。游客大多数沿着主街穿过村落,失去了游览村落各景点的机会,如果建立多元的旅游线路,将会引导游客进入村落有价值的公共空间,以更好地为休闲旅游服务。

3. 村落外部公共空间更新设计

(1) 利用鹤薮村外部空间资源开发旅游产品

鹤薮村外部的旅游资源很丰富,以农田和防风林为主要可利用的资源,同时也是游客最想体验的旅游产品。根据生态性原则,重要的旅游更新空间沿廊道两侧规划发展为核心区、过渡区、自然区三部分,可先发展核心区旅游,取得一定成就之后再发展过渡区,注意控制规模不超过核心区,自然区作为永久保护的部分不发展旅游业。

根据对游客调研结果以及村落现存旅游资源的分析,发现游客最想要的旅游产品为观光农业、农业采摘和森林乐园。沿着主要滨海廊道的两侧重点打造观光农业、森林休闲乐园旅游产品,为游客提供可参与其中并能观赏田园风光的公共空间，在廊道西侧靠近停车场部分，开发花卉观赏区，利用西涌特有的桃金娘、鹤顶兰、野牡丹等花，形成色彩丰富，景观优美的花田。在滨海廊道东侧开发观光农业，利用不同种类、不同颜色的农作物组合成具有主题的农田画，这部分可接纳大量游客，属于旅游开发的核心区域。花卉观赏区以及观光农业区两侧开发农业采摘，供喜爱体验农活的人群使用，这一部分作为过渡区，成为泻湖风光、农田风光与核心区之间的一个缓冲地带。在廊道与防风林交界的部分，开发森林娱乐区，结合麻黄木设计游乐设施，为年轻人及儿童提供活动场地，这部分也属于核心区域。防风林向滨海廊道两侧继续延伸的部分作为防风林休息区，提供小型静修空间，属于旅游开发的过渡区，适合安静地思考、休憩。

（2）滨海廊道更新设计

廊道空间节点方面，鹤薮村滨海廊道由一条主要廊道分叉形成三条小型廊道，并分别通向海边，根据廊道的转折情况、与景观的结合情况，可以形成起始节点、转折节点、停驻节点以及高潮节点。重点处理转折节点，使其成为整个廊道上最大的节点，因其连接着不同的游览区域，也是整个廊道上的大型停驻点，可以给游客提供选择路径和休息的机会。高潮节点应避免扩大面积，从细节处更新，让防风林封闭的空间和沙滩开敞的空间形成反差，激发游客兴奋的心理。停驻节点作为支路上与景观结合紧密的部分，具有最佳的视觉观赏效果，应进行放大处理，为游客提供观赏平台，并适当延伸至景观内部。本书以转折节点为例，进行更新设计，这个节点作为整个滨海廊道的中间部分，可以联系东、西侧不同景观，是汇聚人群的核心节点，结合道路设计成两个梯形广场，利用当地渔船的木材设计成凉亭和座椅，沿着田园边缘布置，方便游客休息、观赏景观。

在廊道的断面方面，农田区域的廊道在人行步道和田野之间设置过渡空间，利用小坡度的土丘种富有层次的植物，并布置栈道越过土丘到达田地，起到缓冲隔离作用。人行步道种植行道树，间隔一定距离设置休闲座椅以及平台，供游客观赏景观以及为其提供游泳前热身的场地。

在交通部分，将原有的停车场位置向北偏移，靠近廊道入口节点，有效缓解主要交通方向的拥堵，避免大量车流进入廊道，影响廊道的使用。停车场结合植物进行遮阳，利用植草砖保证土地的原生态，也使其成为乡野的景观。整体交通分为两种，外部交通以汽车为主，内部交通以电动车、自行车以及人行为主,保证乡村环境的清新、整洁。

4. 村落内部公共空间更新设计

(1)结合鹤薮村休闲旅游功能完善公共空间

①结合村落旅游功能整合空间布局

鹤薮村主要分为新村部分和旧村部分,新村目前已经开发了民宿、餐饮、商店等基本的服务型旅游功能,开发程度比较大。旧村一部分开发为民宿和餐饮,其余仍然为民房,还有部分废弃的危房。根据村落目前的发展状况,将新村打造成旅游服务功能区,旧村打造成传统建筑体验区,根据鹤薮村自身的旅游资源特色,联系特色公共空间,形成一套完整的旅游功能体系。

通过对鹤薮村游客的调研发现,游客对于滨海村落的休闲旅游一般有两方面的要求,首先是基本的滨海使用功能,对于公共空间来说,就是满足滨海旅游者在海洋运动前后所必需的一些空间储备,例如饮食补给、冲凉准备以及拉伸运动等功能;其次是对于村落民俗特色的体验,例如文化建筑观赏、民俗活动表演、农业种植体验、乡村风光欣赏等功能,还有一些根据鹤薮村现状特色以及深圳滨海活动的特色,可以加入涂鸦、音乐节、义工活动、极限运动等逐渐兴起的新功能。综合以上滨海休闲旅游的功能,联系鹤薮村的实际公共空间情况,将村落民俗特色体验功能安排在主要的街巷空间以及旧村公共空间,包括协天宫文化广场、农业休闲场地、旧村观赏区、伯公庙等,将旅游服务功能安排在主街以及西侧新村部分,包括运动场地、集散休闲场地等。

②结合村落公共空间完善休闲配套设施

在整体性空间还要考虑休闲旅游服务设施的合理布局,满足游客使用公共空间的方便舒适。同时,从住宿设施、餐饮设施、娱乐设施、信息服务设施和环境卫生设施、交通设施这几个方面加以考虑。住宿设施主要是鹤薮村主街两侧的民宿以及由鹤薮旧村古建筑改造成的民宿,在村落西侧新村部分,沿主要街巷新增一些民宿,以达到均衡的效果。餐饮设施主要位于主街与副街交叉部分以及一条横向辅街,延续原有餐饮分布,着重强调一条餐饮横街以及主要十字路口的餐饮分布,形成一个餐饮聚集区域。娱乐设施结合面状空间布局,为游客及村民提供运动休闲的空间。在村落出入口设置旅游服务中心,方便协助游客咨询并到达目的地,在协天宫设置旅游服务点，为游客提供文化介绍等相关服务。沿河布置适量购物设施，提供饮品、当地果蔬、海产品等商品的销售，吸引游客在河涌区域休闲放松。卫生间辐射半径为 200—300 米，结合村落主要活动空间布置，方便游客寻找。在村落南侧入口空置场地设置停车空间，并结合景观处理。

③结合村落点线面公共空间构建休闲旅游线路

将鹤薮村保留下来的民俗传统活动以及现代滨海休闲娱乐活动合理布局在村落内部的公共空间之中，达到激活空间的效果。在点状空间，主要安排一些小型活动，例如棋牌类、音乐类、祈福类的活动，在线状空间安排一些流动性较强的活动或者需要沿街开展的活动，例如盆菜宴、舞草龙这样的活动，可以激活村落内主要线性空间，成为对游客展示村落文化的主要窗口。在面状空间安排大型一点的活动，例如祭祖祈福、农业采摘、文艺演出、体育竞赛等活动，面状空间可以为其提供一定场地，并且结合每个面状空间的特点进行合理分布。

根据鹤薮村主要空间吸引点的特征，可以设置四种风格不同的休闲旅游线路，分别从历史文化、农活体验、民俗表演、风貌漫游四个方面构建旅游线路，以全方位地展现鹤薮村的空间特色。对于游客来说，可以根据其自身的爱好选择适合自己的旅游路线。

（2）点状空间更新设计

鹤薮村主要的点状空间包括古树、伯公庙以及门牌坊。其中古树是一个重点的更新内容，因鹤薮村内古树树龄普遍较高，村民对古树存在一种崇拜情结，游客也愿意在古树下进行活动，因此对古树的更新显得尤为重要。前文中提到存在两种古树类型，所处位置比较开放的古树做交流型古树，树龄较大而位置比较偏僻的古树做观赏型古树。对于交流型古树，首先，将古树周围底面进行材质的更新，围绕古树做木质平台以及石材基座，注意根据古树的发展空间进行合理的扩大，以避免影响古树的生长。其次，在古树周围布置一定的休闲设施，古树下布置木质或石材座椅，与古树基座相结合设计（见图 4—13）。在古树周边布置幼儿娱乐设施以及可以供老年人运动休闲的场地。观赏型古树在其周围设置保护区，分层次地处理其界面，依次布置草丛、碎石、木质平台、围栏，对其底面界面的设计以透气砖为主，透气砖采用上宽下窄的梯形砖，有效地保证古树根部的透气性和雨水渗透（见图4—14）。

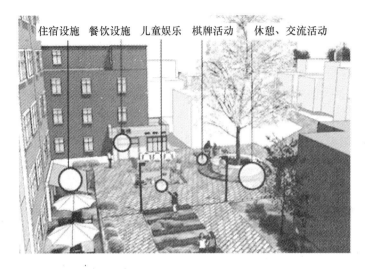

图4—13　鹤薮村交流型古树更新设计（刘丽媛　绘制）

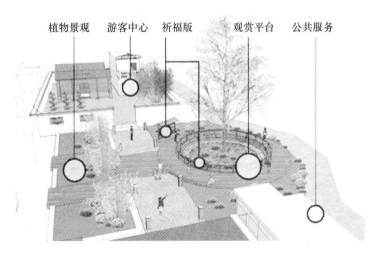

图4—14　鹤薮村观赏型古树更新设计（刘丽媛　绘制）

　　适当的民俗活动介入，有利于激活公共空间。对于交流型古树，其原有的功能就是为村民提供树下喝茶、下棋、开会的空间，应保留这种空间氛围，使游客与村民一同在树下活动交流，因此可以举办游客村民茶会、象棋比赛等多种活动。对于观赏型古树，其树龄较大，适合祈福祭祀的民俗活动，在古树下设置祈福牌，为游客提供签名祈福的平台，同时也作为一处景观渗透到古树周边。

对于伯公庙的更新，现有的伯公庙处于隐藏状态，虽然作为村落的一个文化特色存在，却与游客拉开了距离，因此，在伯公庙附近做一定的景观处理，通过绿化强调伯公庙的位置，引导游客进入。同时强调界面的处理，为游客提供文化资料，使其了解伯公庙的历史及作用。可以对地面进行铺装，作为祭祀怀古的平台，还可以在界面如周边矮墙和地面上加入介绍，与整体环境融为一体。此外，加入休闲设施，例如小型的座椅，以石材为主，成为祭祀空间的一个停驻点，使伯公庙不仅作为村民的祭祀场所，也成为游客学习参观的文化性场所（见图4—15）。

在伯公庙可以举办祭祀和文化活动，在每个月的初二、十六，可以祭拜土地公，每年农历二月二到伯公庙上香最好。同时，由于伯公庙的对联十分具有本土特色以及纪念意义，可以举办伯公庙对联创作活动，邀请游客参与其中，既了解了村落土地文化，也参与了创作体验。

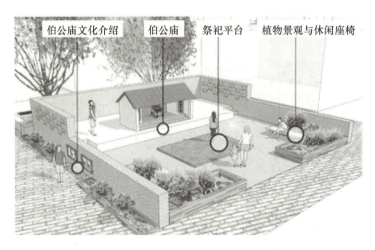

图4—15　鹤薮村伯公庙更新设计（刘丽媛　绘制）

（3）线状空间更新设计

鹤薮村的线性空间，主要分为河涌空间和街巷空间。河涌空间主要在其平面布局上，将其原有的封闭状态打破，创造步行平台以及亲水平台，在适当位置安排放大的节点空间，并布置休闲座椅。在空间风貌上，主要营造一种自然原始的氛围，采用木质平台以及各种不同高度、不同种类的植物，丰富其空间。

　　河涌部分的休闲旅游活动以设置小型购物设施、音乐角等内容，丰富游客的休闲体验。在滨海民俗活动方面，河道内虽然无法举办大型龙舟比赛，但是可以增设示意性的龙舟模型，营造本土文化氛围（见图4—16）。同时，村内盆菜活动也可以沿着河涌以及停车场等的空置场地举办，以获得良好的滨河视觉景观。

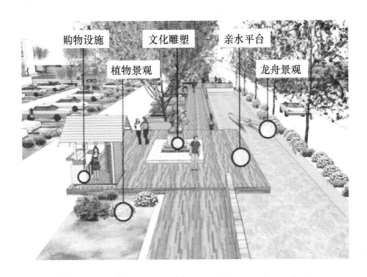

图4—16　鹤薮村河涌更新设计（刘丽媛　绘制）

　　街巷空间主要在平面布局上，加入环状交通道路以及横向的主要游览路线，以补充原有纵向道路的不足。对新村、旧村之间联系的路线及节点进行处理，梳理主要的连接道路，强调旧村、新村结合点。在人车分流的问题上，不同时间段采取不同交通模式，在节假日人车拥堵的情况下，主街以人行为主，其余车流由村落外围车行路疏导，形成以人流为中心、车流环绕村落的交通模式。在淡季的时候，村落内部人员流动少，村落主街采取人车混行模式，提高村落内部交通效率。

　　街巷空间的风貌，在于保证街巷的宜人，将建筑物的主要庭院布置在南北向，避免对主街空间过多侵占。在建筑的色彩搭配上，为了体现村落的特色，延续村落肌理，在原有基础之上，对于色彩不协调的建筑提出更新建议，保证主要街巷色彩的丰富与协调。在空间尺度和连续性方面，利用建筑物的构架、遮阳物、庭院、植物等进行丰富。在材质的运用上，尽可能利用海洋副产品，既体现了村落的滨海特色，也达到环保的效果。可用材质为贝壳类、滨海植物、砂石、卵石等，主要运用于庭院围墙、旧村建筑墙体、地面铺装等部分。最后，在街巷需要细节处理的节点部分布置艺术物品，包括废物利用的船只模型、锚、桨、渔具、救生圈等与海洋相关的物品。

沿着村落内主街可以举办舞草龙这一具有深圳滨海地区特色而又隆重的民俗文化活动。但是，原有的舞草龙是以燃烧的草龙作为主要呈现内容，在村落内部容易引发火灾，所以，主街主要以示意性的未点燃草龙作为民俗文化的展示对象，而点燃的草龙则主要安排于村落外部公共空间以及滨海沙滩地区，这更利于其完整内容的呈现。当村落举办不同类型的活动时，主街可以作为活动主题对外展示的最好窗口，通过一些具有特色的装饰物点缀在行道树和路灯部分。

（4）面状空间更新设计

鹤薮村内面状空间主要为运动空间、绿地空间、庙宇空间以及入口空间。运动空间主要在灵活多变的功能指引下，进行具体设计。首先，在平面布局上考虑其承载的功能，可分为运动类型、文娱活动、民俗活动以及村民存放粮食的功能。由于沿街部分存在高差，可以考虑结合高差处理形成小型看台，并作遮阳处理，为游客提供观看表演以及比赛的场地。在场地一角原有一个活动中心，结合周边场地进行改造，形成局部观景平台，并挑出一定的灰空间，吸引游客停留。其次，在空间风貌上，结合原有的涂鸦墙，将这一特点延伸至街巷内部，引导人流，并运用鲜艳的色彩，营造一种具有动势的体育、娱乐氛围。最后，结合篮球场东部保留的古树，设置休闲座椅，在沿街一侧，结合树木并营造小尺度沙石地，给儿童提供娱乐设施。

鹤薮村入口处有一块开阔场地，节假日作为停车场，但是由于没有合理规划，十分拥堵。更新考虑到其功能的多变性，赋予场地停车、休闲景观两种功能。在平面布局方面，在主街一侧留出一定的人群活动场地，以砖石、木质平台等多种材质对比，形成节点空间，提供小型音乐现场或民俗文化展示平台。用绿色植被分隔停车场与活动场地，起到一定过渡效果，利用植草砖铺装地面，保证停车空间的绿化景观效果。结合树木做圆形休闲座椅，提供给游客看与被看的空间环境。

鹤薮村东部有一座协天宫和一所鹤薮小学，其中鹤薮小学已经废弃作为储藏间使用。对这部分空间的改造首先是从平面布局上，结合海防祭祀功能以及文化展示功能，联系协天宫南侧一系列空置场地，将多个小广场串联，与河流、古树、村落边界共同更新为协天宫文化主题广场。第一个广场为协天宫广场，展示滨海庙宇文化特征，将鹤薮小学改造成一个小型博物馆和服务站，引导游客在广场内参观、休息。第二个广场联系滨河公共建筑，形成一个水文化主题广场，广场中央为水文化景观。第三个广场作为一个休闲运动广场，由一条木质栈道引导至河边小木屋，广场中央种植景观植物，广场周边绿地提供运动设施。三个广场依次形成由静至动的空间次序。

鹤薮村入口东侧有一片空置的绿地空间，不同于其他村前整齐种植的农作物，鹤薮村由于旅游开发的强度，忽视了对土地绿地的利用，并成为垃圾堆放的场地。将休闲农业这一新的功能引入，以吸引更多游客在此处体验休闲种植的乐趣，同时也丰富美化了空间。平面布局上，在地块周边布置一圈木质走道，方便游客在外围观赏，同时也提供休闲座椅，作为等候区域。内圈布置沙砾石子路，作为农作物与外界的隔离区域。中央为种植体验区，并根据不同农作物的种类，纵向分区，每个区域留出 1 米的交通路径。地块最东侧，在原有建筑的基础上更新为种植体验区的附属建筑，形成两层平台用于观景，一层主要为休息区和餐厅，既延续了原有建筑的餐饮功能，又可直接加工游客采摘的农作物，使得休闲旅游的功能更加丰富。地块靠近入口停车场一侧，作为过渡空间设计成休闲娱乐广场，通过休闲座椅、运动辅助器材、滑板坡路等多种运动设施，吸引游客在此停留娱乐。

第 五 章

结　语

　　本书源于对城中村问题研究的扩展。在珠三角地区存在大量的城市边缘村落，在社会空间、经济空间与物质空间等方面，与中国其他地区的边缘村落存在较大的差异性。对珠三角地区边缘村落问题进行专门研究，将有助于更加深入地理解珠三角地区的城市化规律，也有助于在"城市病"产生的早期对其进行根治，避免在快速城市化的过程中城市边缘村进一步演化成城中村，能有效地减少政府投入改造的经济成本和社会成本，并促进社会的整体和谐发展。本书希望通过选取典型案例，针对村落存在的不同问题，将城市边缘村的物质空间研究扩展到社会的、经济的和物质空间各层面的研究，通过分析这些背后的深层次原因，为制定合理的、多元化的改造策略提供依据。

　　本书阐述的城市边缘村落类型多样，这里仅选取典型案例，从不同侧面进行分析和归纳。针对中国城市边缘村落开展研究是一项十分复杂的系统工程，难以做到全景性的分析和概述，虽针对局部研究有一定的进展，但还不够深入、不够全面。对我国城市边缘村落的研究不但具有广阔的学术背景，也具有重要的现实意义，笔者认为对其进一步的研究应包含以下两个方面。

　　（1）由于珠三角城市边缘社区的形成过程、社会、经济、物质空间层面的特征不同于中国其他经济发达地区的城边村，对其进行专项研究，将有助于了解珠三角独特的城市化现象，目前针对珠三角城市边缘社区的研究主要体现在深圳、佛山、顺德等城市个案的物质空间改造策略上，缺乏对该区域城市边缘社区空间概念的系统理解，还没有形成对此类现象科学的、客观的全面阐释。

（2）村社区的形式构成了珠三角城市边缘区的基本单位，这些单位的发展和互动将影响珠三角城市边缘区的社会经济发展，已有研究多为城市边缘区尺度，对社区微观尺度的城市边缘村的研究不多，基于 SPSS 数据统计软件、GIS 技术的空间模拟方法，以及 SWOT 空间分析方法研究城市边缘村的空间结构应进一步加强。

参考文献

［1］深圳两城中村改造项目诞生数十亿万富豪，南方新闻网，2010 年 2 月 4 日。

［2］Adedayo Adesina. Social-Spatial Transformations and the Urban Fringe Landscape in Developing Countries，presented at United Nation University Institute for Environment and Human Security（UNU-UHS）Summer Academy on Social Vulnerability and Resilience Building in Mega City. Munich，Germany，July 22nd – 28th 2007.

［3］顾朝林、丁金宏、陈田、郑兴年：《中国大城市边缘区研究》，科学出版社 1995 年版。

［4］刘江涛、杨开忠、冯长春：《城市边缘区土地利用规制：缘起 失灵 改进》，新华出版社 2005 年版。

［5］隆少秋：《广州市边缘区发展研究》，广东科技出版社 2005 年版。

［6］吴晓：《"边缘社区"探察——中国流动人口聚居区的现状特征透析》，《城市规划》2003 年第 7 期。

［7］王玲慧：《大都市边缘地区空间整合与社区发展》，中国建筑工业出版社 2008 年版。

［8］刑忠：《边缘区与边缘效应——一个广阔的城乡生态规划视域》，科学出版社 2007 年版。

［9］李俊夫：《城中村的改造》，科学出版社 2004 年版。

［10］闫小培、魏立华、周锐波：《快速城市化地区称乡关系协调研究——以广州市"城中村"改造为例》，《城市规划》2004 年第 3 期。

［11］仝德、冯长春、邓金杰：《城中村空间形态的演化特征及原因——

以深圳特区为例》,《地理研究》2011 年第 3 期。

[12] 魏立华、闫小培:《"城中村":存续前提下的转型——兼论"城中村"改造的可行性模式》,《城市规划》2005 年第 7 期。

[13] Huang Ping, Pieke, Frank N. China Labor Migration: Some Policy Issues, *Social Science in China*, 2005 (3).

[14] 张京祥、赵伟:《二元规制环境中城中村发展及其意义的分析》,《江苏城市规划》2006 年第 8 期。

[15] 郑文升、金玉霞、王晓芳:《城市低收入住区治理与克服城市贫困——基于对深圳"城中村"和老工业基地城市"棚户区"的分析》,《城市规划》2007 年第 5 期。

[16] Wang YP, Wang YI, Wu JS. Urbanization and Informal Development in China: Urban Villages in Shenzhen. International Journal of Urban and Regional Research, 2009 33 (4): 957—973.

[17] 张京祥、赵伟:《二元规制环境中城中村发展及其意义的分析》,《江苏城市规划》2006 年第 8 期。

[18] 李立勋:《城中村的经济社会特征——以广州市典型城中村为例》,《北京规划建设》2005 年第 3 期。

[19] 贾生华、郑文娟、田传浩:《城中村改造中利益相关者治理的理论与对策》,《城市规划》2011 年第 5 期。

[20] Zhang L, Zhao Simon X B, Tian J P. Self-help in Housing and Chengzhongcun in China's Urbanization. International Journal of Urban and Regional Research, 2003 (4): 912 – 937.

[21] Song Yan, Yves Zenou, Ding Chengri. Let's not Throw the Baby out with bath Water: The Role of Urban Villages in Housing Rural Migrants in China. Urban Studies, 2008 (2): 313 – 330.

[22] Peter Hall. Cities of Tomorrow (Third Edition). Cambridge: Blackwell Publishers Ltd., 2002.

[23] Vinit Mukhija. An Analytical Framework for Urban Upgrading: Property Rights, Property Values and Physical Attributes. Habitat international, 2002 (26): 553 – 570.

[24] Lin G C S. Peri-urbanism in globalizing China: A Study of New Urbanism

in Dongguan. Eurasian Geography and Economics，2006，47（1）：28 – 531.

[25] Wang Y P, Wang Yl, Wu J S. Urbanization and Informal Development in China：Urban Villages in Shenzhen. International Journal of Urban and Regional Research，2009，33（4）：957 – 973.

[26] Chan R C K, Yao Y M, Zhao X B. Self-help Housing Strategy for Temporary Population in Guangzhou，China. Habitat International，2003（27）：19 – 351.

[27] Leaf M. A Tale of Two Villages：Globalization and peri2urban Change in China and Vietnam. Cities，2002，19（1）：23 – 311.

[28] Leaf M. Chengzhongcun：China's Urbanizing Villages from Multiple Perspectives. In：Proceedings of the Second International Symposium on Urban Development and Land Policy in China，2006：145 – 1591.

[29] Liu X L, Liang W1 Zhejiangcun：Social and Spatial Implications of Informal Urbanization on the Periphery of Beijing. Cities，1997，14（2）：95 – 108.

[30] Zhu J M. Urban Development under Ambiguous Property Rights：A Case of China's Transition Economy. International Journal of Urban and Regional Research，2002，26（1）：41 – 571.

[31] Zhang L, Zhao S X B, Tian J P. Self-help in Housing and Chengzhongcun in China's Urbanization. International Journal of Urban and Regional Research，2003，27（4）：912 – 937.

[32] 刘韶军：《欠发达地区城市边缘区村庄发展特征及规划布局分析——以河南省为例》，《城市规划汇刊》2000 年第 3 期。

[33] 刘晖：《珠三角城市边缘传统聚落形态的城市化演进研究》，博士学位论文，华南理工大学，2005 年。

[34] 李郇、黎云：《农村集体所有制与分散式农村城市化空间——以珠江三角洲为例》，《城市规划》2005 年第 7 期。

[35] 黄华：《城乡一体化进程中城市边缘的乡村变革——顺德市大良镇城市化研究》，硕士学位论文，中山大学，2000 年。

[36] 裴丹、李迪华、俞孔坚：《城市边缘区农村城市化和谐发展的模式

研究——以佛山市顺德区马岗片区为例》，《城市发展研究》2006
年第 3 期。

[37] 胡智清、周俊、洪江：《城市边缘区域村庄规划策略研究——以经
济发达、村镇密集地区为例》，《规划师》2003 年第 11 期。

[38] 何鸿鹄：《大城市边缘区村庄更新策略研究》，硕士学位论文，华中
科技大学，2005 年。

[39] 周毅刚： 《珠三角"城边工业旧村"的社区发展目标及路线初
探——以深圳龙岗六联社区为例》，《华中建筑》2007 年第 8 期。

[40] 马航：《深圳城中村改造的城市社会学视野分析》， 《城市规划》
2007 年第 1 期。

[41] 马航：《我国城中村现象的经济理性的分析》，《城市规划》2007 年
第 12 期。

后　记

对珠三角地区城市边缘村的关注源于 2003 年我开始对深圳城中村的研究，作为中国一种特殊的城市化现象，我的研究对象由位于城市中心区的城中村扩展至位于城市边缘区的村落。本书主要是结合多年来的教学和科研项目的成果完成的。

感谢提供宝贵资料的深圳市规划与国土委的领导与朋友们，感谢深圳大学城图书馆的支持与帮助，感谢在各地调研过程中给予帮助的朋友们。

本书得到国家自然科学基金（51208138）的资助，为此深表感谢！

感谢我的团队成员王鹏、何宁宁、赵金龙、孙瑶、曲鹏、刘琳、张文奇，刘丽媛，他们参与了本书的部分研究与编写工作。

本书参阅、借鉴了许多专家、学者的研究成果，也在此深表感谢。由于水平有限，尚有很多疏忽遗漏之处，恳请各位专家、学者、朋友们指正！谢谢！

最后，感谢我的先生和六岁的儿子对我的理解与支持，感谢我的家人对我的照顾和包容。

马航

2016 年 5 月于深圳塘朗山下